FABIOLA ALBUQUERQUE LOBO

MULTIPARENTALIDADE

EFEITOS NO DIREITO DE FAMÍLIA

2021 © Editora Foco

Autor: Fabiola Albuquerque Lobo
Diretor Acadêmico: Leonardo Pereira
Editor: Roberta Densa
Assistente Editorial: Paula Morishita
Revisora Sênior: Georgia Renata Dias
Capa Criação: Leonardo Hermano
Diagramação: Ladislau Lima
Impressão miolo e capa: GRAFNORTE

Dados Internacionais de Catalogação na Publicação (CIP) (Câmara Brasileira do Livro, SP, Brasil)

L799m   Lobo, Fabiola Albuquerque
      Multiparentalidade: efeitos no direito de família / Fabiola Albuquerque Lobo. -
Indaiatuba, SP : Editora Foco, 2021.

      192 p. ; 17cm x 24cm.

      Inclui índice e bibliografia.

      ISBN: 978-65-5515-218-0

      1. Direito. 2. Direito de família. 3. Multiparentalidade. I. Título.

2021-227   CDD 342.16   CDU 347.61

Elaborado por Vagner Rodolfo da Silva - CRB-8/9410

Índices para Catálogo Sistemático:

1. Direito de família 342.16   2. Direito de família 347.61

DIREITOS AUTORAIS: É proibida a reprodução parcial ou total desta publicação, por qualquer forma ou meio, sem a prévia autorização da Editora FOCO, com exceção do teor das questões de concursos públicos que, por serem atos oficiais, não são protegidas como Direitos Autorais, na forma do Artigo 8º, IV, da Lei 9.610/1998. Referida vedação se estende às características gráficas da obra e sua editoração. A punição para a violação dos Direitos Autorais é crime previsto no Artigo 184 do Código Penal e as sanções civis às violações dos Direitos Autorais estão previstas nos Artigos 101 a 110 da Lei 9.610/1998. Os comentários das questões são de responsabilidade dos autores.

NOTAS DA EDITORA:

Atualizações e erratas: A presente obra é vendida como está, atualizada até a data do seu fechamento, informação que consta na página II do livro. Havendo a publicação de legislação de suma relevância, a editora, de forma discricionária, se empenhará em disponibilizar atualização futura.

Erratas: A Editora se compromete a disponibilizar no site www.editorafoco.com.br, na seção Atualizações, eventuais erratas por razões de erros técnicos ou de conteúdo. Solicitamos, outrossim, que o leitor faça a gentileza de colaborar com a perfeição da obra, comunicando eventual erro encontrado por meio de mensagem para contato@editorafoco.com.br. O acesso será disponibilizado durante a vigência da edição da obra.

Impresso no Brasil (01.2021) – Data de Fechamento (01.2021)

2021

Todos os direitos reservados à
Editora Foco Jurídico Ltda.

Rua Nove de Julho, 1779 – Vila Areal
CEP 13333-070 – Indaiatuba – SP

E-mail: contato@editorafoco.com.br
www.editorafoco.com.br

Ao meu marido Paulo Lobo, com amor.

AGRADECIMENTOS

À minha família nas pessoas de Luiz Lobo (filho), Socorro (mãe) e Marieta (tia) representando todos os outros membros da família pelo encorajamento constante na trajetória acadêmica.

Aos integrantes do Grupo de Pesquisa Constitucionalização das Relações Privadas (CONREP) que o tempo possibilitou a formação de uma família socioafetiva.

Ao IBDFAM, por instrumentalizar a transformação do direito de família brasileiro, sob o viés democrático e humanizado.

PREFÁCIO
MULTIPARENTALIDADE E SEUS DESAFIOS

O julgamento, pelo Supremo Tribunal Federal, do Tema de Repercussão Geral de número 622 (RE 898060), em 2017, foi por muitos comemorado como o ponto final de uma longa discussão acerca dos efeitos do reconhecimento da parentalidade socioafetiva no sistema jurídico brasileiro. Muitos destacaram a importância do julgado, que pode ser considerado mais um marco na recente história do direito das famílias em nosso país, cada vez mais influenciado por construções doutrinárias e entendimentos jurisprudenciais, dada a letargia legislativa em analisar projetos de leis que têm por objetivo reduzir o abismo entre a realidade das relações familiares contemporâneas e a disciplina de um Código Civil que mesmo sob os auspícios da Constituição Federal de 1988, ainda não conseguiu desvencilhar-se totalmente de uma herança patriarcal com foco em questões puramente patrimoniais.

Ocorre que, ao contrário de um *ponto final*, a decisão acima referida nos remete a um *novo capítulo* sobre a compreensão da multiparentalidade em nosso ordenamento. Surgem novos problemas interpretativos, em especial quando analisados aspectos das relações familiares que não foram objeto de apreciação específica quando do julgamento do Tema 622, como, por exemplo, a possibilidade de reconhecimento da multiparentalidade em casos de inseminação artificial heteróloga ou adoção.

A análise dos exemplos acima apontados torna evidentes os limites da atividade jurisprudencial enquanto fonte do direito, uma vez que ao contrário da abstração e generalidade típicas dos textos legislativos, a decisão judicial está adstrita aos limites do caso concreto. Eis aqui a importância de se valorizar o trabalho de pesquisa acadêmica e os estudos doutrinários sobre temas complexos, como o estudo dos múltiplos vínculos de parentalidade. Aqui repousa uma das primeiras qualidades deste livro, que permitirá ao leitor entender os antecedentes que ensejaram o debate sobre o tema no âmbito do STF e os exatos contornos da decisão, com seus méritos e pontos que ainda carecem de maior discussão.

Se ninguém nega a importância do reconhecimento da parentalidade socioafetiva pela mais alta Corte de nosso país e a consagração da tese de que não existe primazia do vínculo biológico sobre o socioafetivo, a maior parte dos votos que concluíram pelo fim de um modelo binário de parentalidade, admitindo a coexistência dos vínculos afetivo e biológico no registro de nascimento da pessoa natural não enfrentou as contribuições doutrinárias que distinguem filiação da origem biológica. Todos temos direito a conhecer nossa ancestralidade, sem que a identificação da origem genética corresponda necessariamente a parentalidade, compreensão que vem sendo forjada a partir do reconhecimento da posse do estado de filiação, intimamente relacionada à construção de vínculos socioafetivos.

O livro está dividido em cinco partes, iniciando-se com um belo resgate histórico do direito à filiação na experiência brasileira, que apresenta o modo progressivo como nossa sociedade tratou o reconhecimento de filhos e as mudanças provocadas pelo processo de constitucionalização do direito a partir de 1988 e do desenvolvimento dos estudos sobre os princípios jurídicos da afetividade, melhor interesse da criação e do adolescente e da paternidade responsável.

Estabelecidas as premissas para a compreensão do tema, a autora aborda a disciplina legislativa sobre as relações de filiação, tratando das presunções e das diferenças na formação dos vínculos de filiação, com destaque para o capítulo que trata do parentesco por afinidade, que serve como interessante exemplo para uma melhor compreensão da natureza singular, socioafetiva ou multiparental das relações entre os integrantes das mais diversas formas de entidades familiares, especialmente aquelas reconstituídas na realidade da vida e da comunhão dos afetos.

Alcança-se assim a terceira parte do livro, integralmente dedicada à análise da repercussão doutrinária e dos efeitos do reconhecimento da multiparentalidade em nosso país a partir do julgamento pelo STF do Tema 622. Merecem destaque as conclusões da autora sobre a possibilidade de reconhecimento de relações existenciais incompatíveis com a multiparentalidade.

Este profícuo caminho sobre a compreensão da multiparentalidade em nosso sistema jurídico apresenta ainda mais uma parada antes das suas conclusões. Um momento específico para refletir sobre o tratamento do tema no Estado de Louisiana (EUA), paradigma destacado no voto do relator da matéria quando do julgamento do RE 898.060; afinal, não é possível incorrer no erro de se importar acriticamente institutos e soluções desconectadas da evolução social e doutrinária de nosso meio.

Ao estabelecer, como premissa, a relação necessária entre multiparentalidade e socioafetividade, sustentando que esta antecede àquela, Fabíola apresenta perspectiva fundamental para a compreensão de seu pensamento, num momento histórico de pouco debate acadêmico sobre os limites e possibilidades da multiparentalidade. Conclui que em vários aspectos, a decisão do STF em análise não considerou adequadamente a sólida produção acadêmica sobre a filiação socioafetiva e sua distinção com o direito ao conhecimento de ascendência genética que havia décadas vinha sendo empregada em nosso país.

É justamente através da interlocução entre multiparentalidade e socioafetividade que a autora propõe uma interpretação adequada à criação de limites para a aplicação da multiparentalidade, que, em sua compreensão, deve ter aplicação excepcional, restrita a situações nas quais o sistema jurídico não apresenta resposta adequada para o conflito entre as parentalidades socioafetiva e biológica. Aqui reside uma importante contribuição da autora, que mesmo restringindo sua análise aos efeitos da multiparentalidade no direito de família, propõe premissas que igualmente podem ser aplicadas às repercussões do instituto nos direitos sucessórios.

É de todos conhecida a escassez de trabalhos doutrinários neste campo, especialmente com esse nível de pesquisa e corte metodológico, razão pela qual o trabalho consiste em importante contribuição à doutrina nacional. Além disso, é preciso considerar e festejar outro aspecto relevante: o livro é fruto da tese de titularidade de Fabíola Lôbo, apresentada à Universidade Federal de Pernambuco (UFPE), que marca o momento histórico da primeira mulher a conquistar uma cátedra de Direito Civil nessa prestigiosa universidade.

Hora de concluir estas breves linhas e ressaltar a qualidade do enfrentamento do tema, mediante uma sólida pesquisa doutrinária e jurisprudencial, que permite a exata compreensão do atual estado da arte do direito de filiação no Brasil, tarefa de que Fabíola Lôbo desincumbiu-se com a maturidade, a clareza e a objetividade que são características de sua produção acadêmica.

Marcos Ehrhardt Júnior

Doutor em Direito pela Universidade Federal de Pernambuco (UFPE). Professor de Direito Civil da Universidade Federal de Alagoas (UFAL) e do Centro Universitário CESMAC. Editor da Revista Fórum de Direito Civil (RFDC). Vice-Presidente do Instituto Brasileiro de Direito Civil (IBDCIVIL). Presidente da Comissão de Enunciados do Instituto Brasileiro de Direito de Família (IBDFAM). Membro Fundador do Instituto Brasileiro de Direito Contratual – IBDCont e do Instituto Brasileiro de Estudos de Responsabilidade. Advogado. Civil (IBERC). *E-mail*: contato@marcosehrhardt.com.br

O pai primitivo não sabe que o filho possui qualquer ligação biológica com ele; o filho é fruto da mãe que ele ama. Esse fato ele sabe, já que assistiu ao nascimento da criança, e é esse fato que produz o vínculo instintivo entre ele e a criança. Nessa fase, ele não vê nenhuma importância biológica, sua relação com a criança é uma relação afetiva. Temer o amor é temer a vida, e quem teme a vida já está a meio caminho da morte.[1]

Bertrand Russel

---

1. RUSSEL Bertrand. **Casamento e moral**. Fernando Santos (trad.). 1ª ed. São Paulo: UNESP, 2015.

APRESENTAÇÃO

A Constituição Federal de 1988 instituiu intensas e inúmeras transformações ao direito de família, como ápice de transformações sucessivas. Pessoas, após árdua, lenta e longa trajetória de direitos vilipendiados foram alçadas à centralidade do ordenamento jurídico, através do princípio jurídico da dignidade humana. Temas, até então invisíveis ganharam visibilidade e pujança nos corredores do direito familiarista brasileiro.

Indiscutivelmente, um dos maiores desafios neste cenário transformativo relaciona-se com à apreensão da afetividade enquanto princípio jurídico e fundamento das relações familiares na atualidade.

O reconhecimento do princípio jurídico da afetividade como norteador das relações de família reverberou positivamente no campo da filiação no direito brasileiro ampliando sua compreensão. O mencionado princípio, embora implícito na Constituição Federal/88 foi expressamente acolhido pelo Código Civil/2002, ao dispor que o parentesco é natural ou civil, conforme resulte de consanguinidade ou outra origem (art. 1593).

Esse cenário de ruptura com o modelo de filiação inserto na codificação civil de 1916 dotado de complexidades e perplexidades impulsionou doutrina e jurisprudência dar um "giro copernicano" na compreensão e no enfrentamento desta nova realidade da filiação que se desenhava sob o manto da socioafetividade.

Quando as bases da socioafetividade na filiação mostravam-se assentadas, nos deparamos com um outro desafio, incorporado pelo Supremo Tribunal Federal (STF), referente à recepção da multiparentalidade no direito brasileiro. O julgamento paradigmático e surpreendente do STF (RE 898060), em 22.09.2016, gerou uma certa inquietação na comunidade jurídica. Entenda-se por surpreendente o fato que o cerne do julgado recaia na controvérsia da prevalência da paternidade socioafetiva em detrimento da paternidade biológica, portanto não havia até àquele momento do julgamento, inexistia qualquer discussão amadurecida sobre a multiparentalidade quer pela doutrina ou pela jurisprudência familiarista. Bem como não havia da parte autora nenhum pedido suscitando a multiparentalidade.

No entanto o resultado final **foi o entendimento favorável à** coexistência de parentalidades simultâneas, com a fixação da Tese nº 622 de seguinte teor: "A paternidade socioafetiva, declarada ou não em registro público, não impede o reconhecimento do vínculo de filiação concomitante baseado na origem biológica, com os efeitos jurídicos próprios", ou seja, **a coexistência das parentalidades institui a multiparentalidade carreada dos consectários jurídicos existenciais e patrimoniais ínsitos às relações de filiação.**

Da realidade jurisprudencial **da multiparentalidade ingressando no direito brasileiro** extrai-se positivamente da Tese nº 622, o reconhecimento da igualdade jurídica entre a **parentalidade socioafetividade e a parentalidade biológica. Por lógico, o** manuseio da multiparentalidade há de ser necessariamente em conformidade com a socioafetividade e não com a finalidade de sobrepujá-la, pelo viés do critério biológico. Esta interlocução é o meio de viabilizar a eficácia da multiparentalidade e sempre na perspectiva do atendimento ao princípio do melhor interesse da filiação.

Como sabido, a tese de repercussão geral gera expectativas na comunidade jurídica, pois sua finalidade principal é uniformizar a interpretação constitucional, mediante o apaziguamento das divergências nos casos idênticos. Mas, será que esta função prestante da repercussão geral, no caso da multiparentalidade se confirma, ou permanece dando margens a celeumas interpretativas?

E em relação a filiação socioafetiva juridicamente reconhecida e consolidada na doutrina e jurisprudência brasileiras, apresentava-se naquele momento suficiente no enfretamento das questões relativas a controvérsia da prevalência da paternidade socioafetiva em detrimento da paternidade biológica ou havia uma anomia no direito brasileiro para dirimir àquelas questões e a multiparentalidade surge para colmatar esta lacuna?

Neste sentido a presente obra tem por objetivo verificar se a multiparentalidade trouxe relevantes e significativos avanços para o direito de família brasileiro, ou o esforço jurisprudencial empreendido revelou-se desnecessário. Razão pela qual, a opção em analisar a multiparentalidade encontra-se circunscrita ao âmbito do direito material de família (convivência familiar, guarda dos filhos, exercício do poder familiar e alimentos) deixando de lado as interlocuções com os direitos sucessório, processual e previdenciário.

A compreensão do estado da arte da multiparentalidade pressupõe passar em revista alguns pressupostos, quais sejam: o estatuto jurídico da socioafetividade, a aplicação direta e imediata dos princípios constitucionais às relações privadas e a superação do modelo binário das relações de parentalidade ante a coexistência de parentalidades simultâneas.

A obra encontra-se estruturada em quatro partes.

A primeira delas destina-se a demonstrar os pilares estruturantes das relações de parentesco e de filiação na perspectiva histórica do Direito Civil brasileiro até a promulgação da Constituição Federal de 1988.

A segunda parte volta-se ao estudo do estatuto jurídico da socioafetividade construído em conformidade com as engrenagens da realidade social, a partir das diversas e complexas transformações, com especial olhar aos efeitos conferidos pela doutrina, jurisprudência e legislação brasileiras às relações de família socioafetivas.

Nesse esquadro, a doutrina nacional foi propositadamente privilegiada, em razão do estágio invejável de amadurecimento, da credibilidade alcançada perante a comunidade familiarista internacional e da respeitabilidade da produção científica realizada, em torno da socioafetividade. Aspectos que sedimentaram o direito de família brasileiro em um patamar elevado de reconhecimento no meio jurídico, como um dos mais avançados da contemporaneidade.

A terceira parte destina-se a analisar a viabilidade da multiparentalidade e seus consectários jurídicos na pluralidade das relações existenciais extraídas na realidade social. Tal perspectiva exige pensar o alcance em relação à Tese 622-STF, de repercussão geral sob duas dimensões distintas, quais sejam:

1. Situações iguais ou semelhantes à Tese;

2. Situações incompatíveis com à Tese.

Por fim, a quarta parte volta-se à análise da multiparentalidade na perspectiva legislativa e doutrinária do direito do Estado de Louisiana (EUA), modelo referencial utilizado na Tese 622-STF, a fim de averiguar os reflexos da importação da multiparentalidade para o direito brasileiro. E nestes termos confirmar as contribuições efetivas do instituto ou, **em sentido diametralmente oposto**, sua desnecessidade **ante a consolidação da socioafetividade e os institutos já existentes no sistema jurídico brasileiro.**

SUMÁRIO

AGRADECIMENTOS... V

PREFÁCIO MULTIPARENTALIDADE E SEUS DESAFIOS..................................... VII

APRESENTAÇÃO.. XI

PRIMEIRA PARTE
RESGATE HISTÓRICO DA FILIAÇÃO
NO DIREITO BRASILEIRO

CAPÍTULO 1 – RECONHECIMENTO JURÍDICO PROGRESSIVO DA FILIAÇÃO NO
BRASIL.. 3

    1.1 Efeitos jurídicos do casamento no Código Civil Brasileiro de 1916.................. 6

    1.2 Efeitos jurídicos da filiação no Código Civil Brasileiro de 1916 9

CAPÍTULO 2 – PROCESSO DE CONSTITUCIONALIZAÇÃO DO DIREITO DE FAMÍ-
LIA BRASILEIRO.. 15

    2.1 A constitucionalização do direito civil.. 15

    2.2 A constitucionalização e seus impactos no direito de família brasileira 18

    2.3 Princípios constitucionais aplicáveis às relações de família 20

        2.3.1 Princípio jurídico da afetividade.. 22

        2.3.2 Princípio do melhor interesse da criança e do adolescente 23

        2.3.3 Princípio da paternidade responsável.. 25

SEGUNDA PARTE
RELAÇÕES DE FILIAÇÕES SOCIOAFETIVAS

CAPÍTULO 3 – DA CLÁSSICA PRESUNÇÃO *PATER IS EST* À SUA RECONFIGURAÇÃO... 29

CAPÍTULO 4 – DISTINÇÃO ENTRE ESTADO DE FILIAÇÃO E ORIGEM GENÉTICA E
A ESTREITA RELAÇÃO COM AS ESPÉCIES DE FILIAÇÕES SOCIOAFETIVAS 33

    4.1 Filhos provenientes da adoção... 33

    4.2 Filhos provenientes da utilização das técnicas de reprodução assistida heteró-
loga 35

    4.3 Filhos provenientes da posse de estado 41

CAPÍTULO 5 – A SOCIOAFETIVIDADE E OS IMPACTOS NAS PRETENSÕES NEGA-TÓRIAS E INVESTIGATÓRIAS DE PATERNIDADE 45

CAPÍTULO 6 – O DIREITO AO RECONHECIMENTO DO ESTADO DE FILIAÇÃO 57

CAPÍTULO 7 – PARENTESCO POR AFINIDADE: SINGULAR, SOCIOAFETIVO OU MULTIPARENTAL? 61

TERCEIRA PARTE
MULTIPARENTALIDADE NO DIREITO BRASILEIRO

CAPÍTULO 8 – SURGIMENTO DA IDEIA DE MULTIPARENTALIDADE NO DIREITO BRASILEIRO 69

CAPÍTULO 9 – AFIRMAÇÃO DA MULTIPARENTALIDADE COM BASE NA TESE 622 DO STF 73

    9. 1 Fundamentos do voto condutor no STF 78

    9.2 Fundamentos do voto divergente no STF 80

    9.3 Argumentos encontrados nos demais votos dos ministros do STF 82

CAPÍTULO 10 – REPERCUSSÃO NA DOUTRINA DA TESE 622 DO STF 85

CAPÍTULO 11 – EFEITOS DECORRENTES DA MULTIPARENTALIDADE 89

CAPÍTULO 12 – REQUISITOS NECESSÁRIOS PARA APLICAÇÃO DA MULTIPAREN-TALIDADE 95

CAPÍTULO 13 – RELAÇÕES EXISTENCIAIS E A MULTIPARENTALIDADE 101

CAPÍTULO 14 – RELAÇÕES EXISTENCIAIS INCOMPATÍVEIS COM A MULTIPAREN-TALIDADE 109

    14.1 A gestação de substituição (cessão temporária do útero) e a multiparentalidade 112

QUARTA PARTE
A MULTIPARENTALIDADE NO ESTADO
DE LOUISIANIA (EUA) E NO BRASIL

CAPÍTULO 15 – A MULTIPARENTALIDADE NO ESTADO DE LOUISIANA (EUA) 123

    15.1 As presunções de paternidade na legislação civil do Estado de Louisiana (EUA) 124

    15.2 Reflexões doutrinárias da experiência do Estado de Louisiana (EUA) sobre a multiparentalidade 126

CAPÍTULO 16 – DA RELAÇÃO BINÁRIA DE FILIAÇÃO À MULTIPARENTALIDADE: TRANSIÇÃO NECESSÁRIA NO BRASIL? 141

CAPÍTULO 17 – SOLUÇÕES EXISTENTES NO DIREITO BRASILEIRO ANTE O DESCUMPRIMENTO DOS DEVERES PARENTAIS: DISPENSA DA MULTIPARENTALIDADE?...... 145

CONCLUSÃO...... 153

ANEXO...... 159

REFERÊNCIAS...... 163

Primeira parte

RESGATE HISTÓRICO DA FILIAÇÃO NO DIREITO BRASILEIRO

Capítulo 1
RECONHECIMENTO JURÍDICO PROGRESSIVO DA FILIAÇÃO NO BRASIL

Este primeiro capítulo tem por finalidade apresentar um breve excurso histórico legislativo no tratamento destinado à filiação, nas legislações constitucionais e infraconstitucionais no Brasil, desde a Independência.

Preliminarmente, um adendo acerca das Constituições Primeiras do Arcebispado da Bahia, publicada pela primeira vez por ocasião do Sínodo de 1707 e republicada em 1853. Considerada a principal legislação eclesiástica do Brasil Colônia voltada à adequação das regras do Concílio de Trento a organização da vida religiosa no Brasil. Como da parentalidade não tratava, eis a razão de não ter sido objeto de maiores considerações.

Fazendo-se uma incursão nas constituições encontramos na Constituição Política do Império do Brasil, elaborada por um Conselho de Estado e outorgada pelo Imperador D. Pedro I, em 25.03.1824, uma única referência à família e, mesmo assim, voltada exclusivamente à Família Imperial. Omissão, também persistente na segunda Constituição Brasileira e primeira do Brasil República, decretada e promulgada pelo Congresso Nacional Constituinte, em 24/02/1891.

É na Constituição de 1934 (Segunda República) que constam as primeiras manifestações acerca da constitucionalização do direito privado no Brasil, com a ordem econômica e social regulamentadas. Nela há um capítulo próprio destinado à família, com um dispositivo voltado ao filho natural.[1]

A Constituição de 1937, na esteira da anterior, destina também um capítulo exclusivo à família e, de modo mais incisivo facilita o reconhecimento do filho natural, além de estabelecer igualdade de direitos em relação ao filho legítimo.[2] Em caráter primevo, também dispôs sobre a tutela da infância e da juventude, com a incidência de responsabilidade, nos casos de abandono moral, intelectual ou físico[3]. Como se percebe houve a ampliação constitucional da tutela destinada ao público infantojuvenil.

---

1. Art. 147. O reconhecimento dos filhos naturais será isento de quaisquer selos ou emolumentos, e a herança, que lhes caiba, ficará sujeita, a impostos iguais aos que recaiam sobre a dos filhos legítimos.
2. Art. 126. Aos filhos naturais, facilitando-lhes o reconhecimento, a lei assegurará igualdade com os legítimos, extensivos àqueles os direitos e deveres que em relação a estes incumbem aos pais.
3. Art. 127. A infância e a juventude devem ser objeto de cuidados e garantias especiais por parte do Estado, que tomará todas as medidas destinadas a assegurar-lhes condições físicas e morais de vida sã e de harmonioso desenvolvimento das suas faculdades. O abandono moral, intelectual ou físico da infância e da juventude importará falta grave dos responsáveis por sua guarda e educação, e cria ao Estado o dever de provê-las do conforto e dos cuidados indispensáveis à preservação física e moral.

As duas Constituições posteriores (1947 e 1967) e a EC/69 não trouxeram referências significativas à filiação. Com ressalva, a Emenda à Constituição 9 que alterou a Constituição de 1967, para fins de regulamentar a dissolubilidade do casamento, nos casos expressos em lei.

No plano infraconstitucional, entremeando as Constituições de 1824 e 1891, o destaque fica por conta da Consolidação das Leis Civis (1858).

Em relação a filiação propriamente dita, a Consolidação traz a estratificação da filiação em "filhos legítimos, illegitimos e adoptivos. Os filhos legítimos – sao taes pela presumpção da paternidade – is pater est, quem justae nuptiae demonstrant". Aos ilegítimos a classificação era a seguinte:

> Art. 207. Os filhos illegitimos são naturaes, ou espúrios.
>
> Art. 208. Filhos naturaes são aquelles, cujo pai e mai ao tempo do coito não tinhão entre si parentesco, ou outro impedimento, para casarem.
>
> Art. 209. Quando havia o dito impedimento, os filhos são espúrios; e estes podem sêr de damnado e punivel coito, como os sacrilegos, adulterinos e incestuosos
>
> Art. 210. São sacrilegos os filhos de clérigo religioso, ou religiosa. São adulterinos os illegitimos de homem casado, ou de molhér casada. São incestuosos os nascidos de ajuntamento de parentes em gráo prohibido.[4]

O Esboço de Teixeira de Freitas, apesar de inacabado, mas, de magnitude indiscutível é publicado parcialmente, em 1864. Estabelecendo o cotejo entre a Consolidação e o Esboço, neste percebe-se a sistematização estruturada, com detalhamento mais minucioso e inovação em relação a alguns temas.

No tocante ao direito de família, por exemplo, visualiza-se a pormenorização do tratamento destinado a filiação legítima, aos legitimados, aos ilegítimos e a inclusão da adoção.[5]

Apenas para registro, o Decreto 181/1890, sob os ares republicanos e introduzindo o Estado laico, promulga a lei sobre o casamento civil.[6] Assomam-se à matéria do casamento, alguns atos normativos concentrados na Collecção das Leis da Republica dos Estados Unidos do Brazil de 1890.[7]

Mais de uma década depois das Leis da Republica dos Estados Unidos do Brazil de 1890, Clovis Bevilaqua apresenta o Projecto de Codigo Civil Brazileiro (1906) com inspiração nos escritos de Teixeira de Freitas, exceto quanto a localização do direito de família na parte especial.

Ao contrário do Esboço, que iniciou com o direito das obrigações, Bevilaqua optou por situar o direito de família inaugurando a parte especial, por entender que "no grupo das relações juridicas da familia, a idéa predominante é a da pessoa. É o homem,

---

4. FREITAS, Augusto Teixeira de. *Consolidação das Leis Civis*, 2003, T1.
5. FREITAS, Augusto Teixeira de. *Esboço do Código Civil*. 1983.
6. Disponível em: https://www2.camara.leg.br/legin/fed/decret/1824-1899/decreto-181-24-janeiro-1890-507282-publicacaooriginal-1-pe.html. Decreto 181/1890.
7. Disponível em: https://bd.camara.leg.br/bd/handle/bdcamara/19080. Collecção das Leis da Republica dos Estados Unidos do Brazil de 1890. 1895, parte 1.

a pessoa, o sujeito do Direito que primeiro se déve destacar, encabeçando a serie dos grandes grupos de relações civis".[8] Segundo Bevilaqua, os institutos jurídicos do direito de família, enquanto círculo de organização social é parte integrante dos fundamentos de toda a sociedade civil.

Nesta altura, ao tratar da "polêmica matéria do divórcio" e justificar seu posicionamento contrário a medida, Bevilaqua utilizou-se do seguinte argumento, em relação aos filhos:

> A moral domestica deve ser de extrema delicadeza, particularmente em attenção aos filho cuja educação se compromette, cujo espirito se conturba e cujo interesse não são escrupulosamente attendidos quando os seus progenitores, esquecidos da sagrada missão que lhe é confiada se deixam arrastar pelos desregramentos de conducta, sem procurar siquer disfarçal-os aos olhos da candidas creaturas que são fadadas a tomal-os por modelo, e em cujas consciencia esses actos produzem, necessariamente, um precipitado moral funestíssimo.[9]

No tocante a filiação, a estratificação em classe foi mantida, restando uma única diferença entre o Projeto e Consolidação, quanto a classe dos filhos sacrílegos.

> Repelle tambem o Projecto a distincção egualmente injusta entre os filhos simplesmente naturaes e os chamados espurios, que hoje, se acham reduzidos, em nosso direito, aos incestuosos e adulterinos, tendo desapparecido, com a organização politica republicana a classe dos sacrílegos.[10]

Em que pese a inclinação favorável de Bevilaqua de a lei permitir a investigação de paternidade, "mas só em alguns casos, com as cautelas e reservas aconselhadas pela experiencia dos factos", aduz que:

> contradictoriamente alguns juristas receiam a investigação da paternidade pela nota de escandalo que póde dar ao pleito, trazendo a perturbação á paz das famílias, mas vêm, com indifferença, a investigação da maternidade que, si é mais facil de determinar, não está mais ao abrigo do escândalo.[11]

Interessante foi a discussão travada em torno da adoção. Por ocasião da apreciação da matéria, na comissão do Senado, encarregada de estudar o Projecto de Codigo Civil em elaboração, a proposta foi no sentido de eliminar o instituto, por considerá-la "antiquada e destituída de função no momento jurídico atual".

Bevilaqua, em defesa demonstra que o instituto da adoção, não estava em desuso e que atos normativos destinados à matéria eram reiterados tanto na Monarquia, como na República. E segue afirmando:

> a adopção tinha uma alta funcção social a desempenhar como instituição de beneficencia destinada a satisfazer e desenvolver sentimentos affectivos do mais doce matiz, dando filhos a quem não teve a ventura de geral-os, e desvelos paternaes ou maternaes a quem, privado deles pela natureza, estaria talvez, sem ella, condemnado a descer, pela escada da miseria, ao abysmo do vicio e dos crimes.

---

8. BEVILAQUA, Clovis. *Projecto de Codigo Civil Brazileiro*, 1906, p. 50-51.
9. BEVILAQUA, Clovis. *Projecto de Codigo Civil Brazileiro*, 1906, p. 98.
10. BEVILAQUA, Clovis. *Projecto de Codigo Civil Brazileiro*, 1906, p. 101.
11. BEVILAQUA, Clovis. *Projecto de Codigo Civil Brazileiro*, 1906, p. 101.

E, esta elevada funcção ethico-social assignalada à adopção seria sufficiente para que, si o instituto não existisse na tradição de nossas leis, a começar do direito romano, o devessemos organisar e inscrever no codigo civil.[12]

No antigo direito romano, a adoção tinha papel relevante. Segundo Gaio (*Institutas*, I, 99 a 107) havia dois tipos de adoção:

a) a *ad rogatio*, porque o adotante era consultado (*rogatus*), isto é, era interrogado se queria que o adotando fosse seu filho legítimo, e o adotando era interrogado sobre se consentia, além da aprovação do *populus*, reunido em comício, presidido por um pontífice – nessa hipótese, justificava-se a solenidade, porque uma pessoa *sui iuris* passava a *alieni iuris*, submetida a outro *pater familias*;

b) a *adoptio*, ou adoção propriamente dita que chegou até nós, aplicável ao *alieni iuris*, ou seja, àquele que estava sob a *potestas* de algum ascendente, e que se fazia perante um magistrado, cedendo-se o filho em adoção a um ascendente (exemplo, avô) ou a estranho.[13]

Segundo Fustel de Coulanges, a religião constituía o elemento básico da antiga família. Era em torno da religião que a família formava um corpo, que por sua vez obrigava-se a continuar a descendência, para garantir a perpetuação do culto doméstico.

A obrigação de perpetuar o culto doméstico era tão intrínseca à família que foi a causa do direito de adoção, entre os antigos. A adoção foi a solução encontrada para prevenir a extinção do culto religioso, mas sua utilização só era permitida a quem não tinha filhos homens. O filho adotivo tornava-se *heres sacrorum*, renunciando ao culto de sua família de origem.

Com a adoção, a linha de parentesco do nascimento estava rompida; o novo vínculo do culto substituíra o parentesco. O homem tornava-se a tal ponto estranho à primitiva família que, se morresse, o pai natural não tinha mais o direito de encarregar-se de seus funerais e de conduzir-lhe o enterro. O filho adotado nunca mais poderia tornar a entrar na família em que nascera. Quando muito, a lei lhe facultava que se fizesse isso, ou seja, deixando, em seu lugar, na família adotante, o filho que tivesse. Considerava-se assim que, uma vez assegurada a perpetuidade dessa família, pudesse dela sair. Nesse caso, porém, rompia-se todo laço existente com o próprio filho. [14]

Retornando ao direito brasileiro, entre o "Projecto de Codigo Civil Brazileiro" e a promulgação do Código Civil Brasileiro de 1916, dista aproximadamente uma década. Como foram muitas e intensas as repercussões da codificação, no direito de família dividimos a abordagem em dois momentos. O primeiro destinamos aos aspectos gerais provenientes do casamento e respectivos efeitos e o segundo direcionado à análise, propriamente dita, das regulações em torno da filiação.

1.1 EFEITOS JURÍDICOS DO CASAMENTO NO CÓDIGO CIVIL BRASILEIRO DE 1916

Pontes de Miranda, acerca da sistematização da codificação civil e a distribuição das matérias em parte geral e parte especial, também acolheu a localização do direito

---

12. BEVILAQUA, Clovis. *Projecto de Codigo Civil Brazileiro*, 1906, p. 535.
13. GAIO. *Institutas*. Trad. Alfredo di Pietro. 1997, p. 114.
14. COULANGES, Numa Denis Fustel de. *A cidade antiga*. 2011, p. 72.

de família iniciando a parte especial. Segundo ele, o fundamento para justificar a opção dava-se "a certo sentimentalismo de sociedade em que o máximo de organização ainda se acha no círculo social da família".[15]

Fato é que a centralidade da codificação civil, pertinente ao direito de família, gravitava no lócus do casamento, com o desenho da sociedade conjugal delineado numa relação hierárquica, patriarcal e patrimonialista funcionalizada a questões econômicas, casamentos entre famílias (patrimoniais) religiosas e procracionais.

A codificação civil de 1916, marcada por desigualdades e desvantagens historicamente acumuladas impunha restrições legais que situavam a mulher numa posição de total desigualdade em relação ao homem. Indiscutivelmente, uma legislação garantista de um plexo de direitos conferidos ao homem [16]na condução da família, mediante a submissão da mulher (poder marital) e dos filhos (pátrio poder).

O Código Civil de 1916, originariamente voltava-se à tutela da família matrimonializada e da família legítima, estabelecendo que o casamento legitima os filhos comuns, antes dele nascidos ou concebidos (Art. 229), centralizando no homem, enquanto chefe de família (Art. 233 – O marido é o chefe da sociedade conjugal) e enquanto provedor (compete ao marido prover à manutenção da família – art. 233, V). Saliente-se que tal obrigação cessaria para o marido se a mulher abandonasse sem justo motivo a habitação conjugal, e a esta recusasse voltar. Nesse caso, o juiz poderia, segundo as circunstâncias, ordenar, em proveito do marido e dos filhos, o sequestro temporário de parte dos rendimentos particulares da mulher.[17]

A manutenção e a preservação do patrimônio da família perpassavam necessariamente pelo crivo da legitimidade das relações. Era uma família patriarcal sublimada na dependência da mulher em relação ao marido e "na sua tendencial incapacidade para o exercício dos direitos, que eram exercidos pelo marido, como uma espécie de direito natural do mundo masculino. O casamento era uma biografia do marido".[18]

> A indissolubilidade do matrimônio, estabelecida pela doutrina da Igreja católica era usada como principal argumento a favor de uma escolha cuidadosa visando ao futuro do que um entusiasmo presente ditado pelo interesse físico ou outros. Nada de amor-paixão ou de outro sentimento parecido.
>
> [...]
>
> O casamento é uma instituição básica para a transmissão do patrimônio, sendo sua origem fruto de acordos familiares e não da escolha pessoal do cônjuge.[19]

Ao longo do Código Civil de 1916 é possível identificar vários dispositivos que demarcam o viés patriarcal e legitimador do poder marital e do pátrio poder. Vejamos exemplificativamente e, respectivamente alguns deles. Começamos por indicar a capacidade relativa da mulher casada, durante a subsistência da sociedade conjugal (art. 6º, II)

---

15. PONTES DE MIRANDA, Francisco Cavalcanti. *Fontes e evolução do direito civil brasileiro*. 1981, p. 165.
16. CC/16, art. 233 e incisos.
17. CC/16, art. 234.
18. LANÇA. Hugo Cunha. Pinceladas sobre a condição jurídica da mulher, quarenta anos depois do 25 de abril: uma análise de antropologia jurídica. *Revista Brasileira de Direito de Família*, 2014, p. 163.
19. PRIORE, Mary Del. *História do amor no Brasil*. 2005, p. 26-27.

Nos efeitos jurídicos do casamento, ao marido cabia a representação legal da família, à administração dos bens comuns e os particulares da mulher, o direito de fixar e mudar o domicílio da família (a mulher casada tem por domicílio o do marido, salvo se estiver desquitada ou lhe competir a administração do casal)[20], o direito de autorizar a profissão da mulher (a mulher não pode, sem autorização do marido exercer profissão)[21] e o direito de autorizar a sua residência fora do tecto conjugal.

Quanto aos capítulos, destinados a proteção da pessoa dos filhos e ao exercício do pátrio poder, o Código Civil assim dispunha:

Art. 326. Sendo o desquite judicial, ficarão os filhos menores com o conjugue inocente.

§ 1º Se ambos forem culpados, a mãe terá direito de conservar em sua companhia as filhas, enquanto menores, e os filhos até a idade de seis anos.

§ 2º Os filhos maiores de seis anos serão entregues à guarda do pai.

Art. 380. Durante o casamento, exerce o pátrio poder o marido, como chefe da família (art. 233), e, na falta ou impedimento seu, a mulher;

Art. 383. O filho ilegítimo não reconhecido pelo pai fica sob o poder materno [...].

Como registro, a codificação civil trazia em sua essência a filiação estruturada em categorias distintas, ou seja, filhos legítimos, legitimados ou ilegítimos.

A dinamicidade e complexidade das relações sociais contribuíram diretamente na superação dos paradigmas de outrora e, os impactos no direito de família foram imediatos. Consequentemente, a necessária adequação da lei à realidade social fomentou a modificação ou supressão de vários daqueles dispositivos codificados, ao mesmo tempo que assegurou e ampliou direitos às mulheres e aos filhos. Em apertada síntese, ressaltamos o Estatuto da Mulher Casada (Lei 4.121/62) e a Lei do Divórcio (6.515/77).

Caio Mário, enaltecendo a importância do Estatuto da Mulher Casada, assim se manifestou:

O Estatuto começou por abolir aquele romanismo que se incrustara em nosso direito como uma excrescência inqualificável e injustificável. O Código de 1916, parecendo volver-se para um passado já superado e retrogradando para dois mil anos, ainda proclamava a incapacidade relativa da mulher casada, que o diploma de 62 aboliu.

[...]

Foi desta lei que lhe adveio a participação na *pátria potestas*, que exerce em colaboração com o marido.[22]

O artigo codificado que conferia o exercício exclusivo do pátrio poder pelo marido foi substituído pela atribuição do exercício do pátrio poder aos pais, exercendo-o o marido com a colaboração da mulher.[23] Outra significativa alteração, inclusive oposta a regra codificada, foi a não perda do pátrio poder da mãe quanto aos filhos do leito anterior, exercendo-os sem qualquer interferência do marido.[24]

---

20. CC/16, art. 36 parágrafo único.
21. CC/16, art. 242, VII.
22. PEREIRA, Caio Mario da Silva. *Instituições de Direito Civil*– Direito de Família. 14. ed. 2004, p. 13-14.
23. Lei 4.121/62, art. 380.
24. Lei 4.121/62, art. 393.

CAPÍTULO 1 • RECONHECIMENTO JURÍDICO PROGRESSIVO DA FILIAÇÃO NO BRASIL

Em relação ao casamento, a então indissolubilidade foi quebrada com a Lei 6.515/77, que introduziu o divórcio no ordenamento jurídico brasileiro. Manifestação cabal do exercício da autonomia da vontade, quanto a liberdade de escolha entre manter-se ou não casado.

Após o panorama geral das regras de direito de família, nos debruçaremos nas regras pertinentes à filiação.

1.2 EFEITOS JURÍDICOS DA FILIAÇÃO NO CÓDIGO CIVIL BRASILEIRO DE 1916

Iniciamos nossas considerações, com apoio na obra *Direitos de Família*, de Lafayette Pereira[25]

O autor, iniciava suas considerações conceituando a filiação legítima, nos seguintes termos:

> a relação que o facto da procreação estabelece entre duas pessoas, das quaes uma é nascida da outra. Considerada com respeito ao filho, esta relação toma particularmente o nome de filiação; com respeito ao pai, o de paternidade e com respeito á mae, o de maternidade. [...]. Assim a legitimidade da filiação é determinada pela legitimidade das relações do pae e da mae ao tempo da concepção.[26]

Na sequência, ao tratar da prova de filiação legítima, o mencionado autor afirmava que a posse de estado resultava de uma série de fatos, que redundavam no reconhecimento do filho pela família.

> Para produzir o indicado effeito deve a posse do estado ser constante e sem interpolação, simultânea e indivísivel em relação ao pai e á mae. A posse do estado pode ser firmada em juizo por todo o genero de provas admittidas em direito. A prova da posse do estado induz virtualmente, e, portanto, supre: a prova do nascimento, a da paternidade e a da maternidade. [27]

Ao se reportar à ação de filiação, extraía dela dois efeitos imediatos: o primeiro o estado de filho legítimo e, o segundo, em decorrência do primeiro, todos os direitos resultantes do status de filho legítimo.[28]

Tal abordagem também esteve presente no Código Civil, nos artigos 349, II e 350 respectivamente.[29] A posse de estado de filho, destinava-se a legitimação dos filhos, naqueles casos em que não havia como produzir o principal meio de prova, no caso o registro.

---

25. Obra clássica da literatura jurídica, publicada inicialmente, no Brasil Império (1869), cuja segunda tiragem da edição de 1889, ora se reproduz, com anotações e adaptações ao Código Civil de 1916, por José Bonifácio de Andrada e Silva.
26. PEREIRA, Lafayette Rodrigues. *Direitos de família*. Obra fac-similar 1889, 2004, p. 218.
27. PEREIRA, Lafayette Rodrigues. *Direitos de família*. Obra fac-similar 1889, 2004, p. 228.
28. PEREIRA, Lafayette Rodrigues. *Direitos de família*. Obra fac-similar 1889, 2004, p. 225-226.
29. CC/16, art. 349. Na falta, ou defeito do termo de nascimentos poderá provar-se a filiação legitima, por qualquer modo admissível em direito: II – Quando existem veementes presunções resultantes de fato já certos.
    Art. 350. A ação de prova da filiação legitima compete ao filho, enquanto viver, passando aos herdeiros, se ele morrer menor, ou incapaz.

A hipótese não era de perda do registro, a qual poderia ser alcançada por meio de segunda via, mas a impossibilidade de obtê-lo. Para estes casos, a solução encontrada pela lei foi tomar por empréstimo os mesmos elementos destinados à prova da posse de estado de casados (nome, tratamento e reputação). Entretanto, tal prova do estado de filiação, limitava-se aos pais que tivessem convivido em família matrimonializada.

Em relação à filiação ilegítima, Lafayette dividia-a em filhos naturais e espúrios. Por espúrios, entendia-se àqueles "filhos provindos de coito damnado e punível por Direito Civil".[30] Neste rol, os incestuosos, os adulterinos e os sacrílegos. Quanto a estes, cabe lembrar que, a partir da República, as relações com as ordens religiosas desapareceram, razão por que o Projeto de Código Civil, não recepcionou esta espécie de filiação. Portanto, espúrios eram os incestuosos e os adulterinos.

Nesta direção, a legislação civil de 1916 dispunha que o casamento legitimava a família e, por extensão os filhos provenientes das justas núpcias. Emergia o dever de fidelidade absoluto da mulher (relativo para o homem) e a presunção da legitimidade dos filhos[31]. A base estruturante para o parentesco era categorizada em legítimo, ou ilegítimo, segundo procedesse, ou não de casamento; natural, ou civil, conforme resultasse de consanguinidade, ou adoção.[32]

Aos filhos tidos por natural, ilegítimos naturais ou legitimados[33], a lei conferia a possibilidade de reconhecimento.[34] Quanto aos filhos adulterinos e incestuosos recaia sobre eles a restrição legal.[35]

Por força do Decreto-Lei 3.200/41 verifica-se um tímido passo quanto a proteção do filho ilegítimo.[36] Posteriormente, o Decreto-Lei 4.737/42 dispondo sobre o reconhecimento dos filhos naturais, assegurou ao filho havido pelo cônjuge fora do matrimônio pode, depois do desquite, ser reconhecido ou demandar que se declare sua filiação (Art. 1º).

Não tardou muito, o Decreto-Lei 4.737/42 foi revogado pela Lei 883/49 que albergou o reconhecimento de filhos ilegítimos e a concessão de alguns direitos:

> Art. 1º Dissolvida a sociedade conjugal, será permitido a qualquer dos cônjuges o reconhecimento do filho havido fora do matrimônio e, ao filho a ação para que se lhe declare a filiação.
>
> Art. 2º O filho reconhecido na forma desta Lei, para efeitos econômicos, terá o direito, a título de amparo social, à metade da herança que vier a receber o filho legítimo ou legitimado.
>
> Art. 3º Na falta de testamento, o cônjuge, casado pelo regime de separação de bens, terá direito à metade dos deixados pelo outro, se concorrer à sucessão exclusivamente com filho reconhecido na forma desta Lei.

---

30. PEREIRA, Lafayette Rodrigues. *Direitos de família*. Obra fac-similar 1889, 2004, p. 254.
31. CC/16, art. 337. São legítimos os filhos concebidos na constância do casamento, ainda que anulado, ou nulo, se contraiu de boa-fé.
32. CC/16, art. 332.
33. CC/16, art. 353. A legitimação resulta do casamento dos pais, estando concebido, ou depois de havido o filho (art. 229).
34. CC/16, art. 355. O filho ilegítimo pode ser reconhecido pelos pais, conjuntas ou separadamente.
35. CC/16, art. 358. Os filhos incestuosos e os adulterinos não podem ser reconhecidos.
36. Decreto Lei 3.200/41, art. 14. Nas certidões de registro civil, não se mencionará a circunstância de ser legítima, ou não, a filiação, salvo a requerimento do próprio interessado ou em virtude de determinação judicial.

Art. 4º Para efeito da prestação de alimentos, o filho ilegítimo poderá acionar o pai em segrêdo, de justiça, ressalvado ao interessado o direito à certidão de todos os têrmos do respectivos processo.

Art. 5º Na hipótese de ação investigatória da paternidade terá direito o autor a alimentos provisionais desde que lhe seja favorável a sentença de primeira instância, embora se haja, desta interposto recurso.

Pontes de Miranda, em relação à filiação ilegítima, a dividia em duas classes: filiação simples natural e filiação espúria. Esta, por seu turno, dividida em três classes: os simplesmente espúrios, os adulterinos e os incestuosos.[37] Em relação aos simplesmente espúrios, "esses são reconhecíveis (art. 363)"[38]. O artigo em tela tinha a seguinte redação: "Os filhos ilegítimos de pessoas que não caibam no art. 183, ns. I a VI, têm ação contra os pais, ou seus herdeiros, para demandar o reconhecimento da filiação, nas hipóteses indicadas nos incisos".

Pontes de Miranda em trabalho posterior, revisitando o artigo retro mencionado diz que ele autorizou "a investigação de paternidade, em condições amplas".[39] Em relação aos filhos adulterinos ou incestuosos, a regra era impiedosa, pois sequer podiam ser reconhecidos.

Da proibição do art. 358 resultava que o reconhecimento, ainda que se fizesse com os requisitos legais de forma, seria considerado nulo desde o momento em que se provasse, quando possível, a filiação adulterina ou incestuosa do reconhecido. Não produziria, portanto, nenhum efeito, nem contra o filho, nem a seu favor.[40]

Segundo Pontes de Miranda, o mencionado artigo do Código Civil foi tisnado de inconstitucionalidade, diante da previsão do artigo 126 da Constituição 1937, o qual regulou a efetiva facilitação ao reconhecimento e, a igualdade de direitos.[41] "A revogação expressa pela Lei 883, de 21 de outubro de 1949, art. 6º, somente teve significação de explicitude".[42] Em parte, a lei referida minorou as restrições impostas no Código Civil de 1916 aos filhos ilegítimos.

Mais adiante, sob os influxos das Leis 6.515/77 e 7.250/84, novas alterações foram promovidas pela Lei 883/49, em prol do direito ao reconhecimento do filho ilegítimo e do direito sucessório.[43]

---

37. PONTES DE MIRANDA, Francisco Cavalcanti. *Tratado de Direito Privado*, 1974, T. IX, p. 67-68.
38. PONTES DE MIRANDA, Francisco Cavalcanti. *Tratado de Direito Privado*, 1974, T. IX, p. 68.
39. PONTES DE MIRANDA, Francisco Cavalcanti. *Fontes e evolução do direito civil brasileiro*. 1981, p. 174.
40. PONTES DE MIRANDA, Francisco Cavalcanti. *Tratado de Direito Privado*, 1974, t. IX, p. 74.
41. CF de 1937. art. 126. Aos filhos naturais, facilitando-lhes o reconhecimento, a lei assegurará igualdade com os legítimos, extensivos àqueles os direitos e deveres que em relação a estes incumbem aos pais.
42. PONTES DE MIRANDA, Francisco Cavalcanti. *Tratado de Direito Privado*, 1974, T. IX, p. 81.
    Lei 883/49, art. 6º Esta Lei não altera os Capítulos II, III e IV do Título V, do Livro I, parte especial do Código Civil (arts. 337 a 367), salvo o artigo 358.
43. Lei 6.515/77, art. 51. A Lei 883, de 21 de outubro de 1949 passa a vigorar com as seguintes alterações:
    1) "Art. 1º (...)
    Parágrafo único. Ainda na vigência do casamento qualquer dos cônjuges poderá reconhecer o filho havido fora do matrimônio, em testamento cerrado, aprovado antes ou depois do nascimento do filho, e, nessa parte, irrevogável.
    2) Art. 2º Qualquer que seja a natureza da filiação, o direito à herança será reconhecido em igualdade de condições."

Art. 1º Dissolvida a sociedade conjugal, será permitido a qualquer dos cônjuges o reconhecimento do filho havido fora do matrimônio e, ao filho a ação para que se lhe declare a filiação.

§ 1º Ainda na vigência do casamento qualquer dos cônjuges poderá reconhecer o filho havido fora do matrimônio, em testamento cerrado, aprovado antes ou depois do nascimento do filho, e, nessa parte, irrevogável. (Incluído pela Lei 6.515, de 1977). (Renumerado pela Lei 7.250, de 1984).

§ 2º Mediante sentença transitada em julgado, o filho havido fora do matrimônio poderá ser reconhecido pelo cônjuge separado de fato há mais de 5 (cinco) anos contínuos. (Incluído pela Lei 7.250, de 1984).

Art. 2º O filho reconhecido na forma desta Lei, para efeitos econômicos, terá o direito, a título de amparo social, à metade da herança que vier a receber o filho legítimo ou legitimado.

Art. 2º Qualquer que seja a natureza da filiação, o direito à herança será reconhecido em igualdade de condições. (Redação dada pela Lei 6.515, de 1977).

Art. 3º Na falta de testamento, o cônjuge, casado pelo regime de separação de bens, terá direito à metade dos deixados pelo outro, se concorrer à sucessão exclusivamente com filho reconhecido na forma desta Lei.

Art. 4º Para efeito da prestação de alimentos, o filho ilegítimo poderá acionar o pai em segrêdo, de justiça, ressalvado ao interessado o direito à certidão de todos os têrmos do respectivo processo.

Posteriormente, a investigação de paternidade dos filhos havido fora do casamento foi regulada pela Lei 8.560/92, por sua vez alterada pela Lei 12.004/2009, a qual revogou a Lei 883/49.

Seguindo para o instituto da adoção temos que desde a codificação civil/16,[44] até os dias hodiernos, não foram poucas as alterações legislativas incidentes no instituto. A adoção era vista como uma filiação de segunda classe, inclusive com restrições de direitos dos filhos adotados, frente aos filhos legítimos.

A redação original da codificação civil dispunha da seguinte forma a matéria: A adoção tinha como função precípua dar filhos a quem não tinha. Só os maiores de cinquenta anos, sem prole legítima, ou legitimada, podiam adotar[45], o parentesco limitava-se às partes[46], era passível de dissolução,[47] o procedimento não era judicial,[48] e mantinham-se os vínculos com o parentesco natural.[49]

A Lei 3.133/57 alterou os artigos 368, 369, 372, 374 e 377 do Código Civil com reflexos no instituto da adoção. A título exemplificativo destacamos a legitimidade para adotar que passou para maiores de trinta anos e não mais de maiores de cinquenta

---

44. CC/16, art. 332. O parentesco é legitimo, ou ilegítimo, segundo procede, ou não de casamento; natural, ou civil, conforme resultar de consanguinidade, ou adoção.

45. CC/16, art. 368. Só os maiores de cinquenta anos, sem prole legítima, ou legitimada, podem adotar e Art. 377. A adoção produzirá os seus efeitos ainda que sobrevenham filhos ao adotante, salvo se, pelo fato do nascimento, ficar provado que o filho estava concebido no momento da adoção.

46. CC/16, art. 376. O parentesco resultante da adoção (art. 336) limita-se ao adotante e ao adotado, salvo quanto aos impedimentos matrimoniais.

47. CC/16, art. 373. O adotado, quando menor, ou interdito, poderá desligar-se da adoção no ano imediato ao em que cessar a interdição, ou a menoridade.

   Art. 374. Também se dissolve o vínculo da adoção:

   I. Quando as duas partes convierem.

   II. Quando o adotado cometer ingratidão contra o adotante.

48. CC/16 art. 375. A adoção far-se-á por escritura pública, em que se não admite condição, em termo.

49. CC/16 art. 378. Os direitos e deveres que resultam do parentesco natural não se extinguem pela adoção, exceto o pátrio poder, que será transferido do pai natural para o adotivo.

anos, ninguém podendo adotar, sendo casado, senão decorridos 5 (cinco) anos após o casamento[50], condicionando o direito sucessório do adotado, à inexistência de filhos legítimos, legitimados ou reconhecidos.[51]

Observando o critério temporal, em 1965 foi instituída a legitimação adotiva (Lei 4.665), considerada um marco em face das inovações contempladas, a exemplo da irrevogabilidade da legitimação adotiva, da equiparação de direitos e deveres com os filhos legítimos supervenientes[52],do procedimento judicial adotado[53], da extensão dos vínculos com a família dos legitimantes, mediante aquiescência dos ascendentes e a ruptura com os vínculos do adotado com os parentes de origem [54]. Induvidosamente, vários avanços, mas cabe registrar a manutenção das restrições de direitos sucessórios.

As Leis 6.697/77 e 6.515/77 provocaram impactos imediatos e mediatos, no instituto da adoção. A primeira, o Código de Menores, revogou a lei da legitimação adotiva e, em substituição estabeleceu as modalidades de adoção simples e plena.

A modalidade de adoção simples, destinada ao menor em situação irregular foi remetida à lei civil[55], enquanto a adoção plena, sob a égide do Código de Menores, manteve a essência da legitimação adotiva.[56]

A Lei 6.515/77 (Divórcio) deu um significativo passo, rumo à igualização de direitos sucessórios entre os filhos, ao dispor que: "qualquer que seja a natureza da filiação, o direito à herança será reconhecido em igualdade de condições".[57]

Este resgate histórico em torno da filiação mostra-se relevante para demonstrar a pesada e longa peregrinação imposta ao filho ilegítimo e adotivo, até a recepção do princípio constitucional da igualdade plena da filiação.

---

50. CC/16, art. 368, parágrafo único.
51. CC/16, art. 377.
52. Lei 4.665/65, art. 7°A legitimação adotiva é irrevogável, ainda que aos adotantes venham a nascer filhos legítimos, aos quais estão equiparados aos legitimados adotivos, com os mesmos direitos e deveres estabelecidos em lei.
53. Lei 4.665/65, art. 6° A sentença deferindo a legitimação terá efeitos constitutivos devendo ser inscrita, mediante mandando no Registro Civil, como se se tratasse de registro fora do prazo, no qual se consignará os nomes dos pais adotivos como pais legítimos e os nomes dos ascendentes dos mesmos. O mandado será arquivado, dêle não podendo o oficial fornecer certidões.
54. Lei 4.665/65, art. 9° O legitimado adotiva tem os mesmos direitos e deveres do filho legítimo, salvo no caso de sucessão, se concorrer com filho legítimo superveniente à adoção (Cód. Civ. § 2° do art. 1.605).
    § 1° O vínculo da adoção se estende à família dos legitimantes, quando os seus ascendentes derem adesão ao ato que o consagrou.
    § 2° Com a adoção, cessam os direitos e obrigações oriundos, da relação parentesco do adotado com a família de origem.
55. Lei 6.697/77, art. 27. A adoção simples de menor em situação irregular reger-se-á pela lei civil, observado o disposto neste Código.
56. Lei 6.697/77, art. 29. A adoção plena atribui a situação de filho ao adotado, desligando-o de qualquer vínculo com pais e parentes, salvo os impedimentos matrimoniais.
57. Lei 6.515/77, art. 51.

Capítulo 2
PROCESSO DE CONSTITUCIONALIZAÇÃO DO DIREITO DE FAMÍLIA BRASILEIRO

Antes de iniciarmos a incursão pela Constituição Federal de 1988 faremos uma breve exploração dos aspectos gerais da constitucionalização do direito civil, seguida dos impactos da constitucionalização no direito de família, sobremaneira no direito de filiação e os princípios constitucionais aplicáveis às relações de família.

2.1 A CONSTITUCIONALIZAÇÃO DO DIREITO CIVIL

A constitucionalização do direito civil, tendo em vista a incorporação às Constituições brasileiras, a partir da Constituição de 1934, de normas fundamentais das relações civis (ordem econômica e ordem social), impôs a estruturação de novos critérios de interpretação constitucional e infraconstitucional, quando interligados.

Joaquim de Sousa Ribeiro acerca do tema, assim se manifestou:

> Esta projecção do direito constitucional no direito civil é um fenómeno contemporâneo que, tendo como pressuposto um certo modelo de sociedade e uma certa ideia de Estado, dá resposta normativa a exigências da nossa época. Pondo o nosso direito civil em sintonia com o espírito do tempo [...]. A Constituição prefigurou, o regime de relações jurídico-civis, funcionando como promotora de modificações substanciais ao seu conteúdo. Assim pode provocar ou programar modificações do direito civil, quer de forma imediata, derrogando, por inconstitucionalidade, preceitos que a infrinjam, quer através de mandatos ao legislador para que dê realização plena aos valores que consagra. Por qualquer das duas formas, o direito civil assume, por influxo constitucional, uma nova configuração, diferente da que, sem ele, teria. [1]

A incidência de valores humanistas norteando as relações jurídicas fomenta a oxigenação e revisitação crítica dos principais institutos civilísticos. Como referenciando acima, os primeiros traços de sistematização da constitucionalização, se deram na Constituição 1934, com a regulação da ordem econômica e social.

A evolução desse modelo interpretativo deve-se ao relevante papel desempenhado pela doutrina civilística que o adotou como orientação e na aplicação casuística pela jurisprudência, máxime para solução de *hard cases*, notadamente a partir da Constituição Federal de 1988.

---

1. RIBEIRO, Joaquim de Sousa. Constitucionalização do direito civil. *Boletim da Faculdade de Direito*, 1988, p. 732 a 735.

Esta transição impôs um completo redirecionamento no conteúdo e na hermenêutica diferenciada das relações jurídicas privadas. Os três institutos fundamentais e clássicos do direito civil, o contrato, a família e a propriedade passaram a ter regulação constitucional. Esta migração à orbita constitucional impulsionou um modelo jurídico exigente de um constante diálogo entre o conjunto normativo do direito civil e a Constituição. Tal apreensão dos institutos fundamentais pela Constituição não desconsidera a função da legislação civil, porém é exigente de sua interpretação em conformidade com a Constituição, cujas normas, inclusive dos princípios, têm plena e superior força normativa.

Desse modo, a interpretação do direito civil, notadamente nas relações jurídicas privadas deve ser compreendida, prioritariamente, em três níveis, quais sejam: o formal, o substancial e o transformativo. Entenda-se por nível formal a migração da configuração essencial dos três institutos fundamentais das relações civis (contrato, família e propriedade) para a Constituição jurídico-positiva. O nível substancial diz respeito à existência de uma principiologia jurídica radicada expressa ou implicitamente na Constituição que aproxima as fronteiras entre o direito público e o direito privado. E por nível transformativo, o concernente à transformação do direito civil em razão da jurisprudência. Propugna-se por um direito civil construído rente à realidade,[2] de modo a possibilitar o constante diálogo entre a realidade social e as normas jurídicas, para o qual muito contribui a metodologia civil constitucional.

Com base na unicidade e na harmonização do sistema, a metodologia do direito civil constitucional possibilita diminuir esse distanciamento entre a lei e a realidade social mediante a aplicação dos princípios e outras normas constitucionais, de modo direto e imediato às relações jurídicas civis e responder adequadamente à complexidade crescente dessas novas demandas.

Para a abordagem normativa principiológica algumas premissas essenciais se revelam:

a) O princípio jurídico tem força normativa própria e suficiente, não sendo relevante para sua estrutura deôntica a fraca determinação de conteúdo nem a ausência de consequência jurídica, as quais advêm do todo do sistema jurídico;

b) O princípio jurídico é hierarquicamente superior às demais normas infraconstitucionais.

Diferentemente das concepções tradicionais negativistas ou limitantes, o princípio jurídico não apresenta diferença estrutural com as demais normas jurídicas. O princípio, como as demais normas jurídicas, incide sobre o suporte fático nele previsto, que se converte em fato jurídico, quando se concretiza no mundo da vida.

A ductibilidade dos princípios e adaptabilidade às mudanças não significa que seja um espaço sem limite para juízos subjetivos do julgador ou do intérprete. Interpretar o princípio é ato posterior à incidência, como Pontes de Miranda sempre advertiu em suas obras. O ponto de partida da interpretação ou da aplicação é a identificação da incidência,

---

2. FACHIN, Luiz Edson. Palestra proferida durante o *II Congresso Nacional de Direito Civil e Processo*, Recife-PE, ago. 2002.

ou seja, constatar se esta ocorreu ou não, ou se deveria ocorrer, ante as circunstâncias, para a produção dos efeitos respectivos.

O caráter abstrato e genérico da lei impossibilita a determinação perfeita e exauriente do seu conteúdo, bem como a demarcação precisão de todas as consequências, o que não significa omissão do sistema jurídico. Por outro lado, a natureza fluida e a ductibilidade dos princípios, diante das demandas da sociedade possibilitam respostas mais adequadas ao caso concreto. O juiz, por sua vez, não pode legislar e nem tem competência para fazer a lei, a seu juízo, até porque há de observar o mandamento constitucional de fundamento da decisão.

Canotilho ao tratar sobre princípios afirma que:

> há princípios que são constitutivos e indicativos das ideias directivas básicas de toda a ordem constitucional. Os princípios constitutivos ganham concretização através de outros princípios, os quais ele denomina de subprincípios, que por sua vez densificam e iluminam o sentido jurídico-constitucional e político-constitucional, formando, ao mesmo tempo, com eles (princípios constitutivos) um sistema interno. [3]

Nesta toada, configura-se de suma importância ratificar a revitalização da constitucionalização do direito civil, com a aplicação dos princípios, em especial no direito de família. Tal constatação se extrai das decisões judiciais, sejam as provenientes do STJ ou do STF, com fundamento nos princípios.

A respeito da orientação hermenêutica prospectada na constitucionalização do direito civil é importante registrar, que não é recebida de forma uníssona na comunidade jurídica. Para ilustrar trazemos as considerações de Torquato Castro Júnior, que enxerga na constitucionalização do direito civil, um certo tom metafórico, o que tornaria imprecisa a linguagem adotada.

> A importância da Constituição para a interpretação e desenvolvimento (judicial) do direito privado é inegável. Porém, a constituição atende a funções político-retóricas diversas daquelas da codificação civil. A Constituição é escrita com estilo diverso do código civil, emprega palavras bem menos semanticamente determinadas do que o Código Civil e persegue outros fins. São duas formas diversas da técnica de legislar, distintas formas de pensamento e tradições.[4]

Porém, o mesmo autor reconhece que "o moderno normativismo positivista fez-nos acreditar que toda juridicidade decorreria das normas ditadas pelo poder constituído".[5] E, no entanto, não é exatamente isto que observamos com os princípios jurídicos que transitam em espaços mais abertos que as normas ditadas de modo pretensamente exauriente.

Os institutos da socioafetividade e da multiparentalidade, integrantes do núcleo desta investigação, enquanto fenômenos reais não teriam obtido o reconhecimento jurídico na doutrina e na decisão paradigmática referida do STF, sem a compreensão da aplicabilidade direta dos princípios constitucionais às relações de filiação.

---

3. CANOTILHO, J.J. Gomes. *Direito constitucional e teoria da Constituição*. 1998, p. 1099.
4. CASTRO Jr., Torquato da Silva. Constitucionalização do direito privado e mitologias da legislação: código civil versus constituição? *O judiciário e o discurso dos direitos humanos*. 2011, p. 66.
5. CASTRO Jr., Torquato da Silva. *A pragmática das nulidades e a teoria do ato jurídico inexistente*: reflexões sobre metáforas e paradoxos da dogmática privatista. 2009, p, 124.

2.2 A CONSTITUCIONALIZAÇÃO E SEUS IMPACTOS NO DIREITO DE FAMÍLIA BRASILEIRA

Orlando Gomes, em artigo anterior à Constituição Federal de 1988 prelecionando sobre a modernização do direito de família, anunciava que, "o terreno das relações de família está profundamente revolvido por fato novo, cujas consequências ainda não foram medidas, mas que repercutem de modo decisivo na organização social e jurídica do grupo familiar".

Doutrina vanguardista e modificações legislativas significativas já atentavam para a necessidade de modernizar a imagem da família codificada, para abraçar os diversos arranjos, que se estruturavam à margem do Código.

> Toda esta vegetação, exuberante de seiva humanitária, cresce nas barrancas da corrente tranquila do direito codificado, sem que por sua existência dêm os que a singram alheios ao que se passa de redor. No entanto, diante destes fatos novos, um nome direito está procurando discipliná-los, com a preocupação de criar as condições elementares á estabilidade dos grupos familiares, constituídos ou não segundo o modelo oficial, para surpresa e alarme dos indiferentes à marcha da História. Um Código Civil atualizado não pode ignorá-los. É de admitir-se até que os regule diferentemente, o que não se tolera é o seu desconhecimento. [6]

Os ares soprando a modernização do direito de família tiveram eco na Constituição Federal de 1988 que disruptivamente rompeu com a estrutura do código civil elaborado sob os influxos do privatismo doméstico, com forte influência na organização social do Brasil.[7]

A Constituição Federal de 1988 representou e continua representando o grande marco divisório para o Direito de Família. Daquele modelo pintado em branco e preto inserto na codificação civil de 1916, só restam às referências históricas. A feição acromática da família codificada, juntamente com suas características e fundamentos sucumbiram. O modelo codificado que relegava as formações familiares à margem do casamento, à condição de juridicamente invisíveis, foi substituído por um modelo inclusivo e plural.

Este cenário plural dos diversos arranjos familiares sob a lente constitucional provoca uma mudança de sentido e de funções atribuídas à família com reflexos imediatos nas relações de parentesco e, por extensão, nas relações de filiação.

Joyceane Bezerra, refletindo sobre a ressignificação da família na atualidade, aponta que as mudanças fomentaram a formação de "uma família democrática, cuja energia constitutiva é a vontade: a substância caracterizadora é a afetividade e o perfil funcional é a promoção da pessoa e de seus integrantes".[8]

Na mesma esteira Paulo Lobo afirma: "a família patriarcal, que nossa legislação civil tomou como modelo, entrou em crise. Como a crise é sempre a perda de fundamentos, a família atual está matizada em um fundamento que explica sua função atual: a afeti-

---

6. GOMES, Orlando. O novo direito de família. 1984, p. 8.
7. GOMES, Orlando. *Raízes históricas e sociológicas do código civil brasileiro*, 2003, p. 14.
8. MENEZES, Joyceane Bezerra de. A família e o direito de personalidade: a cláusula geral de tutela na promoção da autonomia e da vida privada. *Direito das famílias por juristas brasileiras*, 2013, p. 92 e 93.

CAPÍTULO 2 • PROCESSO DE CONSTITUCIONALIZAÇÃO DO DIREITO DE FAMÍLIA BRASILEIRO | **19**

vidade". [9] Na sequência afirma que a afetividade é o elemento nuclear das relações de família constitucionalizadas e, como tal "o suporte fático da família tutelada na nova Constituição". [10]

A família passou a ser compreendida como *lócus* privilegiado de desenvolvimento da personalidade dos sujeitos integrantes do grupo familiar, centrada na humanização e na democratização das relações.

A Constituição enfatizou o sentido de família ao reconhecê-la enquanto base da sociedade e detentora de especial proteção do Estado (art. 226). Neste diapasão reconheceu explicitamente, ao lado do casamento, a união estável e a família monoparental como entidades familiares. Desta maneira, concretiza o transcurso da singularidade para um modelo plural, aberto e complexo das entidades familiares.

Paulo Lobo, em marcante artigo sobre o pluralismo das entidades familiares demonstrou que, em face dos critérios de interpretação constitucional, o rol de entidades familiares explicitados na Constituição, não configura *numerus clausus*, pois o rol das unidades de vivência da sociedade brasileira é formado por entidades familiares explícitas e implícitas, mas todas dignas de tutela estatal.

> Os tipos de entidades familiares explicitados nos parágrafos do art. 226 da Constituição são meramente exemplificativos, sem embargo de serem os mais comuns, por isso mesmo com referência expressa. As demais entidades familiares são tipos implícitos incluídos no âmbito de abrangência do conceito amplo e indeterminado de família indicado no *caput*. Como todo conceito indeterminado depende de concretização dos tipos, na experiência da vida, conduzindo à tipicidade aberta, dotada de ductibilidade e adaptabilidade. [11]

Para corroborar com suas conclusões, o referido autor se valeu à época, da pesquisa anual e regular do IBGE, intitulada Pesquisa Nacional por Amostragem de Domicílios (PNAD), cujos dados revelaram um perfil das relações familiares distanciado dos modelos legais, que até hoje se apresentam atuais. Vejamos:

a) par andrógino, sob regime de casamento, com filhos biológicos;

b) par andrógino, sob regime de casamento, com filhos biológicos e filhos adotivos, ou somente com filhos adotivos, em que sobrelevam os laços de afetividade;

c) par andrógino, sem casamento, com filhos biológicos (união estável);

d) par andrógino, sem casamento, com filhos biológicos e adotivos ou apenas adotivos (união estável);

e) pai ou mãe e filhos biológicos (comunidade monoparental);

f) pai ou mãe e filhos biológicos e adotivos ou apenas adotivos (comunidade monoparental);

g) união de parentes e pessoas que convivem em interdependência afetiva, sem pai ou mãe que a chefie, como no caso de grupo de irmãos, após falecimento ou abandono dos pais; h) pessoas sem laços de parentesco que passam a conviver em caráter permanente, com laços de afetividade e de ajuda mútua, sem finalidade sexual ou econômica;

i) uniões homossexuais, de caráter afetivo e sexual;

---

9. LOBO, Paulo. A repersonalização das relações de família. *O direito de família e a constituição de 1988*. 1989, p. 54.
10. LOBO, Paulo. A repersonalização das relações de família. *O direito de família e a constituição de 1988*. 1989, p. 71.
11. LOBO, Paulo. Entidades familiares constitucionalizadas: para além do *numerus clausus*. *Revista Brasileira de Direito de Família*. 1999, p. 40.

j) uniões concubinárias, quando houver impedimento para casar de um ou de ambos os companheiros, com ou sem filhos.

k) comunidade afetiva formada com "filhos de criação", segundo generosa e solidária tradição brasileira, sem laços de filiação natural ou adotiva regular.[12]

2.3 PRINCÍPIOS CONSTITUCIONAIS APLICÁVEIS ÀS RELAÇÕES DE FAMÍLIA

A Constituição Federal de 1988 não apenas instituiu a volta do Estado Democrático e Social de Direito, como também elencou os valores supremos consagrados pela ordem jurídica brasileira. É com este status privilegiado de princípio estruturante, que o princípio da dignidade da pessoa humana, alçou o pórtico do edifício normativo constitucional. [13]

A localização do princípio, dentro do contexto compromissório dos fundamentos da Constituição visou superar o déficit social e a promoção da realização da pessoa, como fim do próprio Estado. Enquanto princípio estruturante, a dignidade da pessoa humana, assume a condição de fio condutor do sistema jurídico constitucional, de maneira que todas as relações humanas são por ele conformadas.

Inúmeras são as contribuições doutrinárias, no sentido de preencher o conteúdo do princípio da dignidade. Nos valemos da utilizada por Kant, enunciada nos seguintes termos:

No reino dos fins tudo tem ou um preço ou uma dignidade. Quando uma coisa tem um preço, pode-se pôr em vez dela qualquer outra como equivalente; mas quando uma coisa está acima de todo o preço, e, portanto, não permite equivalente, então tem ela dignidade[14]

Juarez Freitas, a respeito, também se manifesta:

O princípio jurídico da dignidade da pessoa, sendo, como é, um dos pilares supremos do nosso ordenamento, apto a funcionar como vetor-mor da compreensão superior de todos os ramos do Direito. Mais do que in dubio *pro libertate*, princípio valioso nas relações do cidadão perante o Poder Público, faz-se irretorquível o mandamento humanizante segundo o qual em favor da dignidade não deve haver dúvida. [15]

Tal opção colocou a pessoa como centro das preocupações do ordenamento jurídico, de modo que todo o sistema, que tem na Constituição, sua orientação e seu fundamento, se direciona para a proteção da pessoa.[16]

Também na categoria de princípio fundamental/estruturante, ombreado ao princípio da dignidade humana, temos o princípio da solidariedade. Enquanto aquele privilegia

---

12. LOBO, Paulo. Entidades familiares constitucionalizadas: para além do *numerus clausus*. *Revista Brasileira de Direito de Família*, 1999, p. 41.
13. LOBO, Fabiola Albuquerque. Os princípios constitucionais e sua aplicação nas relações jurídicas de família. *Direito das relações familiares contemporâneas: estudos em homenagem a Paulo Luiz Netto Lôbo*. 2019.
14. KANT, Immanuel. *Fundamentação da metafísica dos costumes*. 1997. p. 77
15. FREITAS, Juarez. O intérprete e o poder de dar vida à Constituição. *Direito Constitucional. Estudos em homenagem a Paulo Bonavides* 2001, p. 242.
16. FACHIN, Luiz Edson. Palestra proferida durante o *II Congresso Nacional de Direito Civil e Processo*, Recife-PE, ago. 2002.

CAPÍTULO 2 • PROCESSO DE CONSTITUCIONALIZAÇÃO DO DIREITO DE FAMÍLIA BRASILEIRO

a pessoa em sua essência. Neste exprime a ideia de situação relacional, de reciprocidade de direitos e deveres entre as pessoas. Na dimensão constitucional temos o seguinte exemplo: "os pais têm o dever de assistir, criar e educar os filhos menores, e os filhos maiores têm o dever de ajudar e amparar os pais na velhice, carência ou enfermidade" (Constituição Federal de 1988, art. 229).

Nas palavras de Paulo Lobo, a família hodierna "é fundada na solidariedade, na cooperação, no respeito à dignidade de cada um de seus membros, que se obrigam mutuamente em uma comunidade de vida". [17]

> A dignidade de cada um apenas se realiza quando os deveres recíprocos de solidariedade são observados ou aplicados. [...] A solidariedade familiar é fato e direito; realidade e norma. No plano fático, as pessoas convivem, no ambiente familiar, não por submissão a um poder incontrariável, mas porque compartilham afetos e responsabilidades. No plano jurídico, os deveres de cada um para com os outros impuseram a definição de novos direitos e deveres jurídicos. [18]

O mesmo autor refletindo sobre o princípio da solidariedade afirma que ele cresceu de importância a partir da Constituição de 1988, quando se inscreveu como princípio jurídico conferindo unidade de sentido e proporcionando a tomada de consciência da interdependência social.

> O princípio jurídico da solidariedade resulta da superação do individualismo jurídico, que por sua vez é a superação do modo de pensar e viver a sociedade a partir do predomínio dos interesses individuais [...].
>
> No mundo contemporâneo, busca-se o equilíbrio entre os espaços privados e públicos e a interação necessária entre os sujeitos, despontando a solidariedade como elemento conformador dos direitos subjetivos. [19]

Como decorrência direta dos princípios estruturantes da dignidade e da solidariedade extrai-se as características atuais do direito de família, quais sejam: a repersonalização e a funcionalização. Àquela sendo compreendida como o processo de deslocamento da tutela jurídica do indivíduo proprietário, para a tutela do indivíduo enquanto pessoa, dotada de dignidade. É a manifestação concreta da repersonalização em detrimento da patrimonialização das relações jurídicas.

> O desafio que se coloca ao jurista e ao direito é a capacidade de ver a pessoa humana em toda a sua dimensão ontológica e não como simples e abstrato sujeito de relação jurídica. A pessoa humana deve ser colocada como centro das destinações jurídicas, valorando-se o ser e não o ter, isto é, sendo fator de medida do patrimônio, que passa a ter função complementar. [20]

A funcionalização exprime a ideia de que a família na atualidade tem como função prestante a garantia da realização existencial e do desenvolvimento de cada um dos integrantes do grupo familiar, bem como de servir de instrumento de promoção da dignidade da pessoa humana. Esta funcionalização adquirida, conduz a uma axiologia dotada de

---

17. LOBO, Paulo. A repersonalização das relações de família. *O direito de família e a constituição de 1988*. 1989, p. 71.
18. LOBO, Paulo. Princípio da solidariedade familiar. **Anais do VI Congresso Brasileiro de Direito de Família**. Rodrigo da Cunha Pereira (Coord.). 2008, p. 40.
19. LOBO, Paulo. Princípio da solidariedade familiar. **Anais do VI Congresso Brasileiro de Direito de Família**. Rodrigo da Cunha Pereira (Coord.). 2008, p. 43.
20. LOBO, Paulo. *Direito Civil*: famílias, 2020, p. 24.

critérios flexíveis, a fim de capturar as singularidades de cada caso concreto, em frontal oposição a aplicação da lógica formal e neutra própria da codificação civil/1916.

A instituição familiar deixou de ser aquele núcleo protegido como instituição insular, de interesse transpessoal, superior aos interesses de seus membros e reconfigurou-se enquanto instrumento de estruturação e desenvolvimento da personalidade dos sujeitos que a integram.[21]

Para além dos princípios estruturantes há também outros princípios constitucionais que contribuem sobremaneira para as transformações do direito de direito de família. São os princípios da pluralidade das entidades familiares, da liberdade, da convivência familiar e da igualdade. Este, essencialmente impactante, ante a amálgama constitucional que confere igualdade entre cônjuges e entre os filhos. Nosso olhar, entretanto, voltar-se-á aos princípios da afetividade, da paternidade responsável e do melhor interesse da criança e do adolescente.

2.3.1 Princípio jurídico da afetividade

Como visto, o princípio da afetividade passou a ser compreendido como paradigma estruturante das relações de família. Sua presença se verifica na formação e na manutenção dos diversos arranjos familiares, os quais se pautam exclusivamente na liberdade e no desejo das pessoas de conviverem uma com as outras. Nesse sentido é a adequada compreensão da emenda constitucional 66/2010 que facilitou a dissolubilidade do casamento, mediante a extinção do critério temporal e da desnecessária motivação para o pedido. O divórcio passou a ser compreendido como um direito potestativo da parte, ou seja, o imperativo da vontade da parte que o outro necessariamente se sujeita. Nesta linha evolutiva, destaque-se o Provimento 6/2019, aprovado pela Corregedoria Geral da Justiça do TJPE, que "regulamenta o procedimento de averbação, nos serviços de registro civil de casamentos, do que se denomina de divórcio impositivo e que se caracteriza por ato de autonomia de vontade de um dos cônjuges, em pleno exercício do seu direito potestativo". Todavia, não tardou para a Corregedoria Nacional de Justiça determinar a revogação do referido Provimento, juntamente com a recomendação a todos os tribunais de Justiça do país para que se abstenham de editar atos normativos no mesmo sentido.[22]

O princípio da afetividade infere-se do texto constitucional, em correlação com o princípio da solidariedade. Da intrínseca relação entre afetividade e solidariedade desponta a já referida característica da repersonalização das relações de família, ou seja, a centralidade na dignidade da pessoa e de cada um dos integrantes do núcleo familiar acompanhado dos deveres jurídicos, cujo descumprimento incidirá as consequências jurídicas correspondentes.

A larga maioria da doutrina e da jurisprudência brasileiras absorveu à afetividade, enquanto princípio jurídico, com a devida apropriação do conteúdo dos efeitos jurídicos

---

21. PEREIRA, Caio Mario da Silva. *Instituições de Direito Civil*. 2004, p. 50.
22. Disponível em: https://www.cnj.jus.br/corregedoria-nacional-proibe-divorcio-impositivo-em-todo-pais/.

CAPÍTULO 2 • PROCESSO DE CONSTITUCIONALIZAÇÃO DO DIREITO DE FAMÍLIA BRASILEIRO

próprios. É certo também que uma ala mais conservadora da doutrina e da jurisprudência rejeitam a afetividade enquanto princípio jurídico, pois o relacionam ao afeto, entendido como sentimento ou fato psicológico.

Afeto, enquanto exteriorização de sentimento é elemento estranho ao Direito, mas sua projeção como dever de afetividade é recepcionada como princípio jurídico. Portanto afeto e afetividade não constituem sinonímia, integram planos e dimensões distintas. Segundo, Paulo Lobo "a afetividade é dever imposto aos pais em relação aos filhos e destes em relação àqueles, ainda que haja desamor ou desafeição entre eles". [23]

Fazendo uma breve digressão histórica é interesse trazer as considerações de Fustel de Coulanges, quando afirma que nem o nascimento, nem o afeto natural constituem o fundamento da família antiga romana. Segundo o autor, "tanto o direito grego como o direito romano não levam em consideração esse sentimento. Este pode existir no fundo dos corações, mas, para o direito, nada vale. O pai pode amar a filha, mas não pode legar os bens".[24]

O imediato efeito do princípio da afetividade, ante a pluralidade das entidades familiares repercute nas espécies de parentesco, por conseguinte na filiação. No campo da filiação, presenciamos o evoluir da superação do estatuto da desigualdade da filiação, para a plena igualdade dos filhos. Sem dúvida, um dos maiores avanços do direito de família constitucionalizado. Esta igualação da filiação vai ao encontro do princípio da dignidade humana, em não tolerar nenhuma discriminação na filiação. Para o ordenamento jurídico brasileiro não há filiação de "segunda classe".

A equiparação plena entre os filhos, independentemente de serem ou não provenientes de entidade familiar legalmente chanceladas pelo Estado, trouxe como consequência imediata a compreensão que família não se esgota no critério biológico.

Isto é o que Villela denomina de *quid* específico da paternidade. Em outros termos, "o que faz de alguém um pai, independentemente da geração biológica? E sua resposta é no sentido de demonstrar a afetividade, como base estruturante da família imprimiu "considerável reforço ao esvaziamento e transcendência do conteúdo biológico da paternidade". [25]

2.3.2 Princípio do melhor interesse da criança e do adolescente

Numa perspectiva evolutiva migra-se do *quantum* despótico absoluto do pai, no exercício do pátrio poder, passando pela sua paulatina redução, até o outro lado da margem, albergada pelo instituto da autoridade parental "poder familiar", na locução do Código Civil.

Na ambiência democrática da relação paterno filial a mudança de pátrio poder para poder familiar não constitui apenas uma mudança simbólica, mas uma completa

---

23. LOBO, Paulo. *Direito civil*: famílias. 2020, ps. 74-75.
24. COULANGES, Numa Denis Fustel de. *A cidade antiga*. 2011, p. 54.
25. VILLELA, João Baptista. Desbiologização da paternidade. *Revista da Faculdade de Direito*. 1979, p. 407 e 412.

mudança de paradigma. Enquanto no pátrio poder conferia-se mais direitos ao pai, o poder familiar caracteriza-se por um conjunto de deveres atribuídos aos pais em prol do melhor interesse do filho.

Esta guinada de direção do poder familiar, embora recepcionada expressamente no Código Civil de 2002, mas sua influência é bem anterior e remonta à diretriz voltada à proteção da criança, desde a Declaração de Genebra dos Direitos da Criança, de 1924. Tutela que foi mantida na Declaração Universal dos Direitos Humanos (1948), embora de maneira mais genérica e posteriormente acolhida na Declaração dos Direitos da Criança adotada pela Assembleia Geral em 20 de novembro de 1959 e ratificada pelo Brasil pelo Decreto 50.517, de 2 de maio de 1961. A Declaração constituiu-se em marco na proteção dirigida às crianças, tendo em conta a pressuposta vulnerabilidade, enquanto pessoa em desenvolvimento. Da Declaração decorreram inúmeros instrumentos voltados à formulação da Doutrina da Proteção Integral das Nações Unidas para a Infância, tais como: o Pacto Internacional de Direitos Civis e Políticos (especialmente os artigos 23 e 24), o Pacto Internacional de Direitos Econômicos, Sociais e Culturais (especialmente o artigo 10) e os estatutos e instrumentos pertinentes das Agências Especializadas e das organizações internacionais voltadas ao bem-estar da criança.

Desse conjunto jurídico culminou a Convenção sobre os Direitos da Criança, adotada pela Assembleia Geral da ONU em 20 de novembro de 1989. Entrou em vigor em 2 de setembro de 1990 e foi ratificada pelo Brasil, por meio do Decreto n° 99.710/1990. Conforme a Convenção, os Estados Partes comprometem-se a assegurar à criança a proteção e o cuidado que sejam necessários ao seu bem-estar, levando em consideração os direitos e deveres de seus pais, tutores legais devem tomar todas as medidas legislativas e administrativas adequadas, para que as ações relativas à criança considerem primordialmente o melhor interesse (art. 3°). Da Convenção emerge o princípio do "interesse superior da criança", o qual emana da doutrina da proteção integral.

Os influxos da doutrina da proteção integral foram determinantes à redação do paradigmático artigo 227, caput, da Constituição Federal de 1988, mediante o revolucionário reconhecimento jurídico da igualdade de direitos da filiação com a expressa proibição de quaisquer designativos preconceituosos ou discriminadores.[26] Ademais, se instaurou no direito brasileiro a diretriz de que todas as crianças e adolescentes são sujeitos de direitos dotados de absoluta prioridade e titulares da proteção integral, materializada no princípio do melhor interesse da criança e do adolescente. Princípio esse explicitado na Constituição Federal de 1988[27], no Código Civil de 2002[28], no Estatuto da Criança e do Adolescente de 1990[29] e na Lei de Adoção[30].

O princípio do melhor interesse da criança e do adolescente é o farol para todas as questões relacionadas à proteção da pessoa dos filhos, cujo pressuposto basilar centra-se na manutenção dos vínculos afetivos, notadamente com os pais que não vivam mais sob

---

26. CF/88, art. 227, § 6°.
27. CF/88, art. 227.
28. CC/02, art. 1.583, § 2°.
29. Lei 8.069/90.
30. Lei 12.010/2009, modificada pela Lei 13.509/2017.

CAPÍTULO 2 • PROCESSO DE CONSTITUCIONALIZAÇÃO DO DIREITO DE FAMÍLIA BRASILEIRO

o mesmo teto. O princípio se explicita no direito fundamental à Convivência Familiar e Comunitária (ECA art. 19).

Na atualidade do direito de família, o direito de visita, recorrente na guarda exclusiva, é residual. A guarda compartilhada converteu-se em regra no direito brasileiro, mercê da compreensão de ser o meio mais profícuo de garantir um equilibrado período de convívio dos filhos com seus pais e respectivos parentes.

> Por isso, é mais correto dizer direito à convivência, ou à companhia, ou ao contato (permanente) do que direito de visita (episódica). [...]. O direito de ter o filho em sua companhia é expressão do direito à convivência familiar, que não pode ser restringido em regulamentação de visita. Uma coisa é a visita, outra a companhia ou convivência. Neste sentido, o "direito a companhia" é relativo e não pode ser exercido contrariamente ao interesse do filho, que deve ser assegurado o direito à companhia do pai ou mãe que não seja o guardião. Em suma, o direito de um não exclui o direito do outro e o fim tem direito companhia de ambos.[31]

2.3.3 Princípio da paternidade responsável

A figura do pai provedor resta apenas na lembrança da história do direito de família. Sendo assim, qual o sentido atual da parentalidade?

A Declaração Universal dos Direitos das Crianças reconheceu um rol de direitos e liberdades dirigidas às crianças e atribuiu aos pais, em primeiro lugar, o protagonismo na concretização e observância daqueles direitos, dada à inerente e indiscutível vulnerabilidade da criança que requer proteção e cuidados especiais, seja antes ou depois do nascimento. Orientação essa ratificada na Convenção sobre os Direitos da Criança, que dispõe em vários princípios acerca da responsabilidade atribuída aos pais, tutores legais ou outras pessoas legalmente responsáveis pela criança.

Da tutela de proteção integral à criança emerge o princípio da paternidade responsável, placitado na Constituição Federal de 1988 e no Código Civil 2002.

Na Constituição brasileira, planejamento familiar e paternidade responsável constituem faces da mesma moeda. O direito ao planejamento familiar correlacionado ao dever da paternidade responsável.[32] Ademais, confere o rol de deveres jurídicos destinados aos pais, relativos à assistência, criação e educação dos filhos menores. (art. 229). Acresça-se ainda o *caput* e o § 6º do art. 227 para composição normativa constitucional de proteção integral à criança.

Na esfera infraconstitucional, o Código Civil ao regular o poder familiar também contempla vários deveres jurídicos impostos a ambos os pais, que devem cumpri-los conjuntamente, no interesse dos filhos (art. 1634). Excepciona-se a hipótese de separação ou divórcio dos pais. Importante ressaltar que as relações de conjugalidade

---

31. LOBO, Paulo. Do poder familiar. *Direito de família e o novo código civil*, 2001, p. 49.
32. CF/88, art. 226 § 7º Fundado nos princípios da dignidade da pessoa humana e da paternidade responsável, o planejamento familiar é livre decisão do casal, competindo ao Estado propiciar recursos educacionais e científicos para o exercício desse direito, vedada qualquer forma coercitiva por parte de instituições oficiais ou privadas.

(sentido amplo) e as relações de parentalidade, não se confundem, conforme a diretriz contemplada nos arts.1.579 e 1.632 do Código Civil.

Essa diretriz traduz a conscientização do imprescindível papel dos pais na estruturação fisiopsíquica dos filhos e a percepção dos delicados entrelaçamentos inerentes à relação paterno-filial, consagrados na assunção integral de todos os deveres parentais.

Neste diapasão, as considerações de Didier Houzel apresentam-se muito apropriadas, quando ele demonstra as implicações da parentalidade a partir de três eixos, intrinsicamente relacionados, quais sejam: exercício da parentalidade, experiência da parentalidade e prática da parentalidade. O exercício da parentalidade situa o indivíduo, nos seus laços de parentesco e, com eles, os direitos e deveres decorrentes. "A experiência da parentalidade consiste no fato de tornar-se pai passar pelo processo de transição em direção à parentalidade e de preencher os papéis parentais correspondentes". Não basta ser genitor, nem ser designado como pai para preencher todas as condições, é necessário "tornar-se pais." E, por fim, a prática da parentalidade, no campo da execução das tarefas cotidianas dos pais, para com os filhos. [33]

É manifesta a mudança de comportamento, principalmente dos homens, que aos poucos saem da cômoda posição de "pai de final de semana" ou pai adimplente da pensão alimentícia, para uma postura proativa e participante da vida cotidiana do filho. Essa afirmativa é corroborada com os dados que comprovam o crescimento da guarda compartilhada. "Entre 2014 e 2017, esta modalidade passou de 7,5% nos casos de divórcio de casais com filhos menores para 20,9%, de acordo com as Estatísticas do Registro Civil, do IBGE".[34]

Ultimamos nossas considerações com uma sensível reflexão acerca da paternidade responsável:

> Significa a tomada de atitude consciente de que a "cria" é parte do homem também. É uma atitude e uma categoria, que demonstra a nova forma, ou uma outra forma de comportamento do homem, mais sensível, mais entrosado com a célula social chamada família; é carinho, atenção, observação, atitude proativa, como pai e como pessoa que cuida, que cria, que educa, que auxilia a companheira/esposa/apenas mãe, de forma constante e íntima em relacionar-se com aquele que chamamos de filho (a). É o despertar para o fato de que ser pai é raciocinar o filho (a) conhecê-lo, pensá-lo e esforçar-se ao máximo para ser parte da vida dele, formando-o, reprimindo seus erros (pois pai e mãe podem e devem exercer autoridade e cobrar disciplina, não importando a orientação que sigam quanto a seus papéis) amando-o, pois sem isso não há pai.[35]

---

33. HOUZEL. Didier. As implicações da parentalidade. Ser pai, ser mãe. *Parentalidade: um desafio para o terceiro milênio*. 2004, p. 48.
34. Disponível em: https://agenciadenoticias.ibge.gov.br/agencia-noticias/2012-agencia-de-noticias/noticias/23931-pais-dividem-responsabilidades-na-guarda-compartilhada-dos-filhos.
35. Disponível em: www.pailegal.netreistemot.asp. REIS, Luís Eduardo Bittencourt dos. Agosto/2010.

SEGUNDA PARTE
RELAÇÕES DE FILIAÇÕES SOCIOAFETIVAS

Capítulo 3
DA CLÁSSICA PRESUNÇÃO *PATER IS EST* À SUA RECONFIGURAÇÃO

A ausência de critério científico seguro que indicasse com precisão a legitimidade dos filhos, redundou na utilização do método das presunções legais.[1] A presunção é uma ficção jurídica. "É uma ilação que a lei tira de um fato certo, e que prevalece enquanto não contraditada por outra prova. Uma vez produzida esta, fica demonstrada a desvalia daquela ou a sua falta de correspondência com a realidade".[2]

As presunções mais recorrentes são: a *pater is est quem nuptia demonstrante*, a impotência generandi e a *exception plurium concubentium*. Àquela baseava-se na centralidade do casamento, para legitimar a filiação.[3] Estas, utilizadas para refutar a paternidade.

Como referido anteriormente, o casamento tinha o condão de estabelecer a diferença entre os filhos e categorizá-los em legítimos ou ilegítimos. O Código Civil de 1916 blindava a família matrimonializada e trazia em seu bojo as justas núpcias como critério legitimador da filiação (art. 229). Portanto, a essência da presunção *pater is est* é que se presume pai o marido da mãe, ou seja, o fundamento da presunção radica no filho concebido na constância do casamento, ancorada na fidelidade feminina e na coabitação do casal, dentro do prazo previsto na lei (art.338).

O critério da legitimação da filiação era tão contundente, no Código Civil de 1916 que os prazos prescricionais para a ação do marido contestar a paternidade dos filhos nascidos de sua mulher eram de dois a três meses, dependendo da circunstância fática prevista na lei (art. 178§3° e 4°, I. Mesmo diante do adultério da mulher (art. 343), ou da confissão materna (art. 346) não eram circunstâncias suficientes para excluir a paternidade. Uma vez prescrito o prazo, a paternidade estava consolidada e impedia qualquer discussão da filiação, ainda que restassem dúvidas, quanto a origem.

Na década de 1980, precisamente no ano de 1985, houve a descoberta do DNA, que revolucionou o critério de determinação de paternidade. Através dele tornou-se possível comparar o "padrão genético de dois ou mais indivíduos e, pela primeira vez, comprovar com certeza absoluta (superior a 99,9999%) se um indivíduo é ou não o pai biológico de uma criança".[4]

---

1. CC/16, arts. 338-346.
2. PEREIRA, Caio Mario da Silva. *Instituições de Direito Civil*– Direito de Família, 2004, p. 13-14.
3. CC/16, art. 342.
4. Disponível em: *www.cienciahoje.org.br/coluna/ a revolução dos testes de DNA*. PENA, Sergio Danilo. A revolução dos testes de DNA. 2010.

Para a comunidade científica mundial essa descoberta foi um grande feito, uma revolução na determinação da paternidade. A novidade também foi recepcionada efusivamente por grande parte da comunidade jurídica, principalmente a partir de junho 1988 quando "o Laboratório Gene /MG anunciou oficialmente ao público brasileiro que já realizava o revolucionário exame de paternidade pelo DNA".[5]

Interessante demarcar o coincidente período temporal, do início da realização do exame genético pelo DNA no Brasil e da promulgação da Constituição (Outubro/ 1988). Ambos referenciados como revolucionários e com repercussões imediatas nas relações de filiação, mas com vieses completamente distintos.

Experimentamos a transição da incerteza (presunções) para um elevado grau de certeza (DNA) quanto à atribuição ou negatória de paternidade e ladeando o percurso, a paternidade consolidada nas escolhas pessoais e afetivas, independentemente da origem.

Algumas vozes foram dissonantes, quanto aos supostos efeitos positivos daquela "revolucionária técnica científica", nas relações de parentalidade. Nesse diapasão, a contundente crítica operada por João Batista Vilela.

> Um raciocínio que, perdido nas seduções da genética e ofuscado pelo impacto do espetacular, supõe que todo o complexíssimo tema da paternidade se deixe aprisionar e resolver pelos exames do DNA. Percebe-se aí uma obsessão do tangível, cujo efeito é reduzir o direito a um ramo ancilar das ciências positivas. Pensar que a paternidade possa estar no coincidir de sequências genéticas constitui, definitivamente, melancólica capitulação da racionalidade crítica neste contraditório fim de século. O reducionismo do direito aos parâmetros da ciência positiva, vício em que incorre a paternidade sustentada nas sequências genéticas, importa afastá-lo de seu ambiente próprio, fora do qual os achados são equívocos e as propostas erráticas.[6]

Doutrina e jurisprudência mais uma vez divididas. De um lado, os defensores da filiação biológica e, de outro, os da filiação socioafetiva. Aqueles enalteciam o preciosismo do critério biológico da filiação se valendo do argumento que o exame de DNA proporcionaria a verdade jurídica da filiação, a qual coincidiria, necessariamente, com a verdade biológica. Noutra banda, os entusiastas da filiação socioafetiva pregavam a ruptura entre paternidade e procriação. A paternidade não mais caberia ser vista pela reduzida ótica do código genético, mas na estabilização da filiação, baseada nos vínculos afetivos construídos e moldados nos fatos do cotidiano dos arranjos familiares.

O dilema resultante dessas duas espécies de filiação (biológica e socioafetiva) é se a *priori* há prevalência de uma em detrimento da outra. Porém, se partimos do pressuposto que inexiste qualquer hierarquia entre as respectivas espécies de filiação, que ambas são reconhecidas e detentoras de efeitos jurídicos não há como estabelecer ou afastar uma espécie de paternidade previamente, sem a devida consideração das peculiaridades envoltas no caso concreto.

---

5. Disponível em: *www.cienciahoje.org.br/coluna/ a revolução dos testes de DNA*. PENA, Sergio Danilo. A revolução dos testes de DNA. 2010.
6. VILELA, João Batista. O modelo constitucional da filiação: verdade & superstições. *Revista Brasileira de Direito de Família*, 1999, p. 133.

CAPÍTULO 3 • DA CLÁSSICA PRESUNÇÃO *PATER IS EST* À SUA RECONFIGURAÇÃO

Se com o DNA a paternidade é reconhecida sem margem de dúvidas, é preciso indagar a respeito dos efeitos decorrentes desta paternidade, perguntando-se: há sempre que prevalecer a verdade biológica em detrimento da socioafetividade?

Nesse dilema entre privilegiar a verdade biológica e a socioafetiva, ainda que sobre aquela não paire quaisquer dúvidas em razão do exame do DNA, é possível ficar com a segunda em detrimento da primeira. Para isso, não é necessário grande esforço de raciocínio, mas uma simples ponderação teleológica, segundo a qual da aplicação do direito não deve resultar injustiças.[7]

O desassossego acerca de qual espécie de filiação deve prevalecer no caso concreto bateu às portas da doutrina e da jurisprudência e posteriormente também reverberou no Código Civil de 2002.

Nos moldes da Constituição Federal, o Código Civil de 2002 albergou o princípio da igualdade da filiação (art. 1.596) e da afetividade, enquanto critério balizador das demandas sobre a guarda dos filhos (art. 1.583, § 5º). Nessa dimensão houve o reconhecimento do parentesco civil proveniente de outra origem (art.1.593) e pela inscrição da filiação socioafetiva no rol das hipóteses de presunção de filiação. (art. 1.597, V).

Por outro lado, ao contrário da Constituição que enalteceu a paternidade socioafetiva, o Código Civil de 2002 andou mal ao tornar imprescritível o direito do marido de contestar a paternidade dos filhos nascidos de sua mulher (art. 1.601). A regra desnuda sua opção pela perquirição da verdade jurídica da paternidade, firmada no critério biológico para fins de estabilização da paternidade. A oscilação se confirma, pois Constituição Federal de 1988 e Código Civil de 2002 ora alinham-se nos palcos transformadores da vida, ora dissociam-se ante o distanciamento da lei em relação as demandas sociais.

O Código Civil de 2002, no tocante às presunções de filiação, inovou ao contemplar às provenientes das técnicas de reprodução assistida homóloga (art. 1.597, III e IV) e heteróloga (art.1.597, V). Esta última é essencialmente de natureza socioafetiva.

Nada obstante, a manutenção legal da presunção *pater is est*, seu fundamento clássico apresenta-se inservível, na ambiência da socioafetividade. Para a harmonização necessária na realidade da pluralidade de entidades familiares, o conteúdo da presunção passa por uma total remodelagem. É o que Paulo Lobo chama de reconfiguração da presunção *pater is est*.

A mudança do direito de família, da legitimidade para o plano da afetividade, redireciona a função tradicional da presunção *pater is est*. Destarte, sua função deixa de ser a de presumir a legitimidade do filho, em razão da origem matrimonial, para a de presumir a paternidade em razão do estado de filiação, independentemente de sua origem ou de sua concepção. A presunção da concepção relaciona-se ao nascimento, devendo este prevalecer. [...].[8] Hoje, presume-se pai o marido da mãe que age e se apresenta como pai, independentemente de ter sido ou não o genitor biológico.[9]

---

7. CAMBI, Eduardo. O paradoxo da verdade biológica e socioafetiva na ação negatória de paternidade, surgido com o exame de DNA, na hipótese de "adoção à brasileira". *Revista Trimestral de Direito Civil*, 2002, p. 254-5.

8. LOBO, Paulo. Direito ao estado de filiação e direito à origem genética: uma distinção necessária. **Afeto, ética, família e o novo Código Civil**, 2004, p. 516.

9. LOBO, Paulo. *Direito Civil* – Famílias, 2020, p. 265.

Capítulo 4
DISTINÇÃO ENTRE ESTADO DE FILIAÇÃO E ORIGEM GENÉTICA E A ESTREITA RELAÇÃO COM AS ESPÉCIES DE FILIAÇÕES SOCIOAFETIVAS

Conforme referido anteriormente, a dimensão do parentesco no Código Civil de 2002 foi ampliada com a internalização do parentesco de outra origem, levando ao reconhecimento jurídico do parentesco socioafetivo.[1] Nessa esteira, o instituto da filiação também recebe os influxos correspondentes.

O tratamento mais adequado é de se visualizar a filiação enquanto gênero, da qual são espécies a filiação biológica e a filiação socioafetiva. Esta, por sua vez, se subdivide em três espécies de filiação: a proveniente da adoção, a proveniente da utilização das técnicas de reprodução assistida heteróloga e a proveniente da posse de estado de filiação.

O reconhecimento da filiação socioafetiva, com todos os consectários jurídicos inerentes à paternidade, tal e qual a paternidade biológica, indiscutivelmente, humanizou o direito de família. Sua insígnia demarca a superação do critério exclusivamente biológico, para fins de estabelecimento de parentalidade às relações constituídas no afeto e consolidada na convivência familiar.

A pluralidade das entidades familiares encontra na filiação socioafetiva sua maior expressão. Da relação socioafetiva emerge a clara dissociação entre estado de filiação e origem genética, ou entre a figura de genitor/genitora e a de pai/mãe. Genitor é quem gera e pai é quem assume responsabilidade parentais para com seu filho. Enquanto o estado de filiação localiza-se no âmbito do direito de família, o direito ao conhecimento da origem genética radica no campo dos direitos da personalidade. A distinção acima, será retomada e demonstrada minuciosamente, ao tratarmos de cada uma das espécies de filiação socioafetivas.

4.1 FILHOS PROVENIENTES DA ADOÇÃO

A igualdade da filiação proclamada na Constituição e repercutida no Estatuto da Criança e do Adolescente instaurou uma situação peculiar, em relação a adoção. Durante o período temporal, compreendido entre o Estatuto da Criança e do Adolescente e o Código Civil de 2002 às regras da adoção eram distintas, a depender do destinatário.

---

1. CC/02, art. 1.593. O parentesco é natural ou civil, conforme resulte de consanguinidade ou outra origem.

Quer dizer, a modalidade da adoção simples era dirigida aos adultos e regida pelo Código Civil de 1916, enquanto a adoção plena, voltada para crianças e adolescentes, era regulada pelo ECA.

Somente com o advento do Código Civil de 2002 unificou-se o instituto da adoção e por extensão seus principais efeitos: o vínculo se constituirá por sentença judicial[2], o deferimento da adoção encontra-se condicionado, à comprovação de reais vantagens para o adotando (princípio do melhor interesse),[3]fundar-se-á em motivos legítimos,[4] e a criança, como principal interessada, deve ter assegurada a oportunidade de ser ouvida em todos os processos judiciais ou administrativos que a afetem.[5]

A adoção atribui a condição de filho ao adotado, desligando-o de quaisquer vínculos com pais e parentes, salvo os impedimentos matrimoniais e, mesmo diante da morte dos adotantes, não restabelece o poder familiar dos pais naturais.[6]A irrevogabilidade da adoção é a sublimação da filiação socioafetiva e retira da esfera da liberdade individual a possibilidade de arrependimento posterior. É o chamado contrato vitalício de paternidade.[7]

Conforme visto anteriormente, a finalidade inicial da adoção era dar filhos a quem não tinha. Como diz Villela, é um exemplo de uma situação prevista na lei, cuja "paternidade é atribuída a quem bem pode não ser o pai biológico ou a quem manifestamente não o é".[8]

Inversamente, ao que ocorreu no direito pretérito, a função atual da adoção é a de garantir a criança ou adolescente o direito fundamental à convivência familiar, numa família substituta, diante da ausência da família natural ou extensa.

Quanto a distinção entre estado de filiação e origem genética revela-se no ECA, nos dispositivos correspondentes à adoção:

> Art. 41. A adoção atribui a condição de filho ao adotado, com os mesmos direitos e deveres, inclusive sucessórios, desligando-o de qualquer vínculo com pais e parentes, salvo os impedimentos matrimoniais;
>
> Art. 49. A morte dos adotantes não restabelece o poder familiar dos pais naturais
>
> Art. 43. A adoção será deferida quando apresentar reais vantagens para o adotando e fundar-se em motivos legítimos.
>
> Art. 47. O vínculo da adoção constitui-se por sentença judicial, que será inscrita no registro civil mediante mandado do qual não se fornecerá certidão (caput e parágrafos).
>
> Art. 48. O adotado tem direito de conhecer sua origem biológica, bem como de obter acesso irrestrito ao processo no qual a medida foi aplicada e seus eventuais incidentes, após completar 18 (dezoito) anos. (Redação dada pela Lei 12.010, de 2009) Vigência

---

2. ECA, art. 47 e CC/02, art. 1.623.
3. ECA, art. 43. A adoção será deferida quando apresentar reais vantagens para o adotando e fundar-se em motivos legítimos. Ver também Convenção sobre os Direitos da Criança. art. 21.
4. ECA, art. 43 e CC/02, art. 1.625.
5. Convenção sobre os Direitos da Criança, art. 12.2.
6. ECA, art. 41 e CC/02, art. 1.626.
7. WELTER, Belmiro Pedro Igualdade entre as filiações biológica e socioafetiva. *Revista Brasileira de Direito de Família*. 2002, p. 132.
8. VILLELA, João Baptista. Desbiologização da paternidade. *Revista da Faculdade de Direito*. 1979, p. 406.

CAPÍTULO 4 • ESTADO DE FILIAÇÃO, ORIGEM GENÉTICA E RELAÇÃO COM AS FILIAÇÕES SOCIOAFETIVAS **35**

Parágrafo único. O acesso ao processo de adoção poderá ser também deferido ao adotado menor de 18 (dezoito) anos, a seu pedido, assegurada orientação e assistência jurídica e psicológica.

Art. 19-A. A gestante ou mãe que manifeste interesse em entregar seu filho para adoção, antes ou logo após o nascimento, será encaminhada à Justiça da Infância e da Juventude. (Incluído pela Lei 13.509, de 2017).

§ 9º É garantido à mãe o direito ao sigilo sobre o nascimento, respeitado o disposto no art. 48 desta Lei. (Incluído pela Lei 13.509, de 2017).

Do teor destes dispositivos pode-se extrair ainda as seguintes considerações: à mãe é conferido o direito de entregar seu filho para adoção; sobre esse ato recai o direito ao sigilo; porém esse direito da mãe é conformado ao direito do adotado de conhecer a sua origem biológica (direito da personalidade), o qual, por sua vez, não desafia o estado de filiação.

O estado de filiação, que decorre da estabilidade dos laços afetivos construídos no cotidiano de pai e filho, constitui fundamento essencial da atribuição de paternidade ou maternidade. Nada tem a ver com o direito de cada pessoa ao conhecimento de sua origem genética. São duas situações distintas, tendo a primeira natureza de direito de família e a segunda de direito da personalidade.

Toda pessoa tem direito fundamental, na espécie direito da personalidade, de vindicar sua origem biológica [...]. Esse direito é individual, personalíssimo, não dependendo de ser inserido em relação de família para ser tutelado ou protegido. Uma coisa é vindicar a origem genética, outra a investigação da paternidade/ maternidade.[9]

Na mesma linha, defendida por Paulo Lobo, colacionamos o interessante enunciado extraído da *I Jornada de Direito Civil*.

Enunciado 111, art. 1.626: A adoção e a reprodução assistida heteróloga atribuem a condição de filho ao adotado e à criança resultante de técnica conceptiva heteróloga; porém, enquanto na adoção haverá o desligamento dos vínculos entre o adotado e seus parentes consanguíneos, na reprodução assistida heteróloga sequer será estabelecido o vínculo de parentesco entre a criança e o doador do material fecundante.[10]

4.2 FILHOS PROVENIENTES DA UTILIZAÇÃO DAS TÉCNICAS DE REPRODUÇÃO ASSISTIDA HETERÓLOGA

O Código Civil de 2002 inseriu a filiação proveniente da utilização das técnicas de reprodução assistida heteróloga, no rol das presunções de filiação ocorridas na constância do casamento (art. 1.597, V). O legislador apesar de ter feito essa inserção no Código Civil, mas, até o presente momento não há nenhuma lei regulando as técnicas de reprodução humana assistida, apesar de haver inúmeros projetos de lei em tramitação.[11]

Conforme o artigo acima referido, se extrai que a lei estabeleceu um condicionante para a utilização da técnica de inseminação artificial heteróloga, pela mulher que receberá

---

9. LOBO, Paulo. Direito ao estado de filiação e origem genética: uma distinção necessária. *Revista Brasileira de Direito de Família*, 2003, p. 151 e 153.
10. Disponível em: www.cjf.jus.br. I Jornada de Direito Civil, 2002.
11. Disponível em: www.camara.leg.br/proposicoesWeb. CÂMARA DOS DEPUTADOS. Estatuto da Reprodução Assistida. PL 4892/2012 e a ele apensados os PL 115/2015, PL 7591/2017 e PL 9403/2017.

material genético de doador anônimo, a autorização do marido. Esta autorização demanda dois aspectos que ratificam e sobrelevam os vínculos afetivos da relação paterno-filial, bem como a estreita relação com a distinção entre estado de filiação e origem genética. O primeiro deles é que a verdade jurídica da filiação não coincidirá com a verdade real ou biológica. O marido da mulher não será o pai biológico da criança que nascerá, mas incidirá a presunção da filiação na constância do casamento, portanto será o pai com a assunção de todos os deveres jurídicos correlatos à paternidade. E o segundo é que a impotência do cônjuge para gerar, à época da concepção como meio para ilidir a presunção da paternidade é refutado diante da autorização do marido à sua mulher para utilização da técnica de inseminação artificial heteróloga. Por conseguinte, o marido não terá direito a ingressar com ação negatória de paternidade, pois incidirá no *venire contra factum proprium*.

Outro tópico importante da reprodução assistida heteróloga é o direito ao sigilo do doador, com a consequente garantia que sobre ele não incidirá nenhuma responsabilidade parental. O sigilo constitui um dos núcleos do princípio fundamental da Dignidade da Pessoa Humana, dada a necessária proteção dos dados genéticos, conforme a Declaração Universal do Genoma Humano e dos Direitos Humanos[12]. Essa Declaração foi *aprovada principalmente pelo reconhecimento* dos avanços das investigações científicas, *inclusive com* impactos nos *seres humanos, pela constatação da insuficiência normativa regulando os variados aspectos das* pesquisas genéticas e pela imperiosidade de se estabelecer uma pauta com princípios e valores intangíveis impeditivos de toda e qualquer tentativa de transformar os seres humanos em moeda de troca, frente aos interesses econômicos e avanços tecnológicos nas variadas áreas do conhecimento.[13]

Princípios como o da não discriminação com fundamento nas características genéticas do indivíduo[14], do sigilo dos dados genéticos[15], do consentimento das pessoas envolvidas em pesquisas, tratamento ou diagnóstico que afetem o genoma[16] e o da limitação da quebra do sigilo ou do consentimento[17] têm por fito expressar que:

> nenhuma pesquisa ou aplicação de pesquisa relativa ao genoma humano, em especial nos campos da biologia, genética e medicina, deve prevalecer sobre o respeito aos direitos humanos, às liberdades fundamentais e à dignidade humana dos indivíduos ou, quando for o caso, de grupos de pessoas.[18]

As técnicas de reprodução assistidas, juntamente com a clonagem, células troncos, transgênicos e o projeto Genoma Humano integram as diversas possibilidades das pesquisas

---

12. Disponível em: http://www.ghente.org/doc_juridicos/dechumana.htm. UNESCO. 1997.
13. Declaração art. 4º O genoma humano em seu estado natural não deve dar lugar a ganhos financeiros.
14. Declaração art. 6º Ninguém será sujeito a discriminação baseada em características genéticas que vise infringir ou exerça o efeito de infringir os direitos humanos, as liberdades fundamentais ou a dignidade humana.
15. Declaração art. 7º Quaisquer dados genéticos associados a uma pessoa identificável e armazenados, ou processados para fins de pesquisa ou para qualquer outra finalidade devem ser mantidos em sigilo, nas condições previstas em lei.
16. Declaração art.5b) Em todos os casos é obrigatório o consentimento prévio, livre e informado da pessoa envolvida. Se esta não se encontrar em condições de consentir, a autorização deve ser obtida na maneira prevista pela lei, orientada pelo melhor interesse da pessoa.
17. Declaração art. 9º Com o objetivo de proteger os direitos humanos e as liberdades fundamentais, as limitações aos princípios do consentimento e do sigilo só poderão ser prescritas por lei, por razões de força maior, dentro dos limites da legislação pública internacional e da lei internacional dos direitos humanos.
18. Declaração art.10.

na área de engenharia genética. Esta pode ser compreendida como "técnicas de manipulação e recombinação dos genes, através de um conjunto de conhecimentos científicos (genética, biologia molecular, bioquímica, entre outros), que reformulam, reconstituem, reproduzem e até criam seres vivos".[19]

Interessante observar que, no Código Civil de 2002 não há qualquer alusão a que o casal beneficiado pela técnica não deva conhecer o doador do material genético. Essa omissão do legislador, todavia, não afasta o direito ao sigilo previsto na Declaração supramencionada.

Conforme referido acima, diante da ausência legislativa e da inércia na aprovação da lei regulando a reprodução humana assistida, a temática vem sendo tratada através de Resoluções, de natureza deontológica *direcionadas aos médicos brasileiros*, editadas pelo Conselho Federal de Medicina (CFM) e, pela edição de Provimentos do Conselho Nacional de Justiça (CNJ).

Nenhum dos atos emanados, por aqueles órgãos detêm natureza de normas gerais (jurídicas). Eles não são detentores de competência legiferante, consequentemente há uma usurpação da competência legislativa. Sistematicamente, o equívoco se repete quando os operadores do Direito, sob o argumento do vazio legislativo, se valem daqueles atos para fundamentar a utilização das técnicas de reprodução humana assistida, sem a devida conformidade com o sistema jurídico.

Paulo Lobo, de maneira incisiva critica aqueles atos, que têm a pretensão de funcionar como um "ordenamento paralelo e, em alguns momentos, às expensas dos valores jurídicos, além *de ostentaram déficit democrático, pois não emanam dos representantes do povo*".[20]

As críticas iniciais não se esgotam e pode em princípio parecer contraditório utilizarmos dos referidos *atos do CFM e CNJ, mas as disposições emanadas que porventura contenham incongruências com o sistema jurídico brasileiro serão sobressaltadas.*

A Resolução do CFM 2.168/2017 [21], ao tratar da doação de gametas ou embriões observa a distinção entre estado de filiação e origem genética, expressamente dispõe sobre a proibição do caráter lucrativo ou comercial da técnica, da obrigatoriedade do sigilo do doador constando apenas um registro com dados clínicos de caráter geral com as características fenotípicas e uma amostra de material celular dos doadores.[22]

---

19. Disponível em: **www.todamateria.com.br**/engenharia-genetica. *Toda Matéria*: conteúdos escolares/ engenharia genética. 2018.
20. Disponível em youtube/jaC28d-1YV8. CONREP. Avanços da engenharia genética, questões bioéticas e seus impactos nas relações familiares. Constitucionalização das Relações Jurídicas Privadas (CONREP) Reunião do grupo de pesquisa. 2020.
21. Disponível em: https://portal.cfm.org.br/index. Resolução CFM 2.168/2017.
22. IV – Doação de gametas ou embriões 1. [...]. 2. Os doadores não devem conhecer a identidade dos receptores e vice-versa. 3. [...]. 4. Será mantido, obrigatoriamente, sigilo sobre a identidade dos doadores de gametas e embriões, bem como dos receptores. Em situações especiais, informações sobre os doadores, por motivação médica, podem ser fornecidas exclusivamente para médicos, resguardando-se a identidade civil do(a) doador(a). 5. As clínicas, centros ou serviços onde são feitas as doações devem manter, de forma permanente, um registro com dados clínicos de caráter geral, características fenotípicas e uma amostra de material celular dos doadores, de acordo com legislação vigente.

Ainda sobre a temática, oportuno destacar alguns enunciados provenientes das Jornadas de Direito Civil, promovidas pelo Conselho da Justiça Federal.

Enunciado 111, art. 1.626: A adoção e a reprodução assistida heteróloga atribuem a condição de filho ao adotado e à criança resultante de técnica conceptiva heteróloga; porém, enquanto na adoção haverá o desligamento dos vínculos entre o adotado e seus parentes consanguíneos, na reprodução assistida heteróloga sequer será estabelecido o vínculo de parentesco entre a criança e o doador do material fecundante.[23]

Enunciado 258. Não cabe a ação prevista no art. 1.601 do Código Civil se a filiação tiver origem em procriação assistida heteróloga, autorizada pelo marido nos termos do inc. V do art. 1.597, cuja paternidade configura presunção absoluta.[24]

Enunciado 5, art. 21: As informações genéticas são parte da vida privada e não podem ser utilizadas para fins diversos daqueles que motivaram seu armazenamento, registro ou uso, salvo com autorização do titular.[25]

Enunciado 570, arts. 1.607 e 1.609. O reconhecimento de filho havido em união estável fruto de técnica de reprodução assistida heteróloga "a patre" consentida expressamente pelo companheiro representa a formalização do vínculo jurídico de paternidade-filiação, cuja constituição se deu no momento do início da gravidez da companheira.[26]

A distinção entre estado de filiação e origem genética encontra-se contemplada no Provimento do CNJ 63/2017,[27] nos seguintes termos:

Art. 8º O oficial de registro civil das pessoas naturais não poderá exigir a identificação do doador de material genético como condição para a lavratura do registro de nascimento de criança gerada mediante técnica de reprodução assistida.

Art. 16 [...], § 3º O conhecimento da ascendência biológica não importará no reconhecimento do vínculo de parentesco e dos respectivos efeitos jurídicos entre o doador ou a doadora e o filho gerado por meio da reprodução assistida.

Fazendo-se uma breve digressão é importante destacar que os tópicos referidos da Resolução do CFM 2.168/2017 e do Provimento do CNJ 63/2017 reportam-se a reprodução assistida heteróloga (material genético de doador anônimo). Diferentemente, do que ocorre nas presunções de filiações dos incisos III e IV, do artigo 1.597 do Código Civil que tratam da reprodução da forma homóloga (material genético do casal).

Quanto a garantia do sigilo do doador já se tem notícias de decisões relativizando a respectiva blindagem. Para exemplificar trazemos um caso que chegou ao STJ.

(...) E, nesse ponto, vale reconhecer, em breve digressão, as dificuldades consideráveis a serem enfrentadas pelo legislador, na futura disciplina da matéria, dada a controvérsia em torno do tema relativo à inviolabilidade do sigilo da identidade de doadores de gametas, entendendo alguns estudiosos de bioética ser imprescindível a regra do anonimato à luz do direito à intimidade e à privacidade, enquanto outros conclamam sua insubsistência em face do direito ao conhecimento da origem genética titularizado pelas crianças concebidas, direito de personalidade indissociável da condição humana

---

23. Disponível em: www.cjf.jus.br. I Jornada de Direito Civil, 2002.
24. Disponível em: www.cjf.jus.br. III Jornada de Direito Civil, 2005.
25. Disponível em: www.cjf.jus.br. V Jornada de Direito Civil, 2012.
26. Disponível em: www.cjf.jus.br. VI Jornada de Direito Civil, 2013.
27. Disponível em: www.cnj.jus.br. CNJ: Provimento 63/2017.

CAPÍTULO 4 • ESTADO DE FILIAÇÃO, ORIGEM GENÉTICA E RELAÇÃO COM AS FILIAÇÕES SOCIOAFETIVAS **39**

(…). De qualquer forma, enquanto pendentes de específica regulamentação legal as questões inerentes à reprodução humana assistida, há de se reconhecer a necessidade de sopesar a aplicabilidade do princípio do anonimato dos doadores de gametas mediante revisão judicial de sua serventia ao caso concreto (…).[28]

Situação que externou a colisão entre a autolimitação de privacidade e o direito ao anonimato do doador de gametas ou embriões à luz do direito à intimidade e à privacidade foi a enfrentada pelo Agravo em Recurso Especial interposto pelo Conselho Regional de Medicina do Estado de São Paulo, contra decisão do TRF – 3ª Região. O STJ conheceu do Agravo, para não conhecer do Recurso Especial, pelo óbice da Súmula 7. Originalmente trata-se de pedido de autorização, dirigido ao Conselho Regional de Medicina/SP, para realização de procedimento de fertilização *in vitro* mediante utilização de óvulos de doadora conhecida, no caso de A. A. de S. L. à sua irmã, A. A. da S. L. de S. O Conselho Regional denegou o pedido com fundamento no seguinte argumento: na doação de gametas ou embriões os doadores não devem conhecer a identidade dos receptores e vice-versa (item 2, IV, da Resolução 2013/2013), emanada do Conselho Federal de Medicina, ou seja, a permissão para o procedimento colidiria com o direito ao anonimato do doador. Inconformados com a decisão, o casal beneficiário e a doadora interpuseram ação ordinária, em face do Conselho Regional de Medicina do Estado de São Paulo. O Juízo de 1º Grau julgou o processo extinto, sem resolução do mérito, e o TRF – 3ª Região, por sua vez, deu provimento ao apelo dos autores, para julgar procedente a ação. O Conselho recorreu da decisão, mas o Tribunal inadmitiu o Recurso Especial, com acórdão assim ementado:

> Constitucional e processual civil. Reprodução assistida – Fertilização *in vitro* – Ilegitimidade ativa e passiva *ad causam* – Inocorrência – Doadora e receptora de óvulos – Doação entre irmãs – Regra do anonimato – Resolução/CFM 2121/2015 – Inaplicabilidade – Planejamento familiar – Saúde – Direito fundamental.[29]

Curiosamente, destaque-se a ponderação realizada por ocasião do julgamento da apelação, mas que foi desconsiderada na decisão ofertada:

> A razão de resguardar a identidade de doador(a) e receptor(a), "encontra fundamento ético nos riscos de questionamento da filiação biológica da futura criança, desestabilizando as relações familiares e pondo em xeque o bem estar emocional de todos os envolvidos".[30]

Nas razões da decisão, a Ministra Relatora do STJ, ratifica os fundamentos da decisão do TRF e destaca:

> a intenção de resguardar a identidade de doadores(as) e receptores(as) encontra fundamento, principalmente, nos riscos de futuro questionamento da filiação biológica da criança gerada, desestabilizando

---

28. Disponível em: stj.jus.br. AREsp 1.042.172 SP. Ministra Relatora Assusete Magalhães, Data de Publ. 11.10.2017.
29. Disponível em: https://www.trf3.jus.br/. TRF 3. Apelação cível 0007052-98.2013.4.03.6102/SP. Relator. Mairan Maia, DJ. 23.11.15. Argumento que foi ratificado no AREsp 1.042.172 SP. Ministra Relatora Assusete Magalhães, Data de Publ. 11.10.2017.
30. Disponível em: https://www.trf3.jus.br/. TRF 3. Apelação cível 0007052-98.2013.4.03.6102/SP. Relator. Mairan Maia, DJ. 23/11/15. Argumento que foi ratificado no AREsp 1.042.172 SP. Ministra Relatora Assusete Magalhães, Data de Publ. 11.10.2017.

as relações familiares e pondo em cheque o bem estar emocional de todos os envolvidos (...)Por outro lado, se o sigilo é importante para garantir aos doadores de gametas isenção de responsabilidade em face dos deveres inerentes às relações de filiação, sob esse aspecto também não se mostra consentâneo com o caso concreto, no qual a relação de parentesco verificada entre doadora, casal e futura criança caracteriza vínculo do qual decorrem obrigações preexistentes de cuidado e assistência mútua. Outrossim, conforme salientado pelos interessados, em seu apelo, o laço afetivo e a cumplicidade entre as irmãs, somados ao fato de que a irmã já possui a sua própria família, torna claro que a razão de ser da norma federal não se aplica a esse caso, no qual não existem chances de haver uma posterior disputa pela maternidade da criança. Impõe-se reconhecer o direito do casal de se submeterem ao procedimento de fertilização in vitro a partir de óvulos doados pela irmã da autora. A par do exposto, outra razão nos leva a flexibilizar a regra em testilha diante do caso concreto: a ausência de lei, em sentido estrito, a disciplinar, no Brasil, os procedimentos de concepção artificial, ou seja, o adequado emprego das técnicas de reprodução humana assistida.[31]

No caso, apreciado pelo STJ houve o reconhecimento da necessidade de se sopesar a aplicabilidade do princípio do anonimato dos doadores de gametas considerando-se a situação concreta.

Na mesma linha, em torno da quebra do sigilo do doador, registre-se um interessante julgado, ocorrido na Alemanha, cuja decisão foi no sentido que a clínica de reprodução tem o dever de informar a identidade do doador de sêmen.[32]

Independentemente, da relevância da controvérsia, entendemos que a quebra de sigilo do doador anônimo deve ser ponderada frente ao disposto na Declaração Universal do Genoma Humano e dos Direitos Humanos[33] . De tal sorte que, a quebra do sigilo do doador deve ser a última medida utilizada no deslinde do caso concreto. Percebe-se nas entrelinhas dessas decisões a prevalência da origem biológica da filiação, ainda que não claramente assumida.

Nesse mesmo sentido, valemo-nos das reflexões de Paulo Lobo:

> Para garantir a tutela do direito da personalidade não há necessidade de investigar a paternidade. O objeto da tutela do direito ao conhecimento da origem genética é assegurar a direito da personalidade, na espécie direito à vida, pois os dados da ciência atual apontam para a necessidade de cada indivíduo saber a história de saúde de seus parentes biológicos próximos para prevenção da própria vida. Não há necessidade de se atribuir a paternidade a alguém para se ter o direito da personalidade de conhecer, por exemplo, os ascendentes biológicos paternos do que foi gerado por dador anônimo de sêmen, ou do que foi adotado.[34]

Registramos que oportunamente, a temática das técnicas de reprodução assistida heteróloga, na espécie gestação de substituição (cessão temporária do útero) será enfrentada, por ocasião da sua contextualização na ambiência da multiparentalidade.

---

31. Disponível em: stj.jus.br/STJ. AREsp 1.042.172 SP. Ministra Relatora Assusete Magalhães, Data de Publ. 11.10.2017.
32. FRITZ, Karina Nunes. Disponível em https://www.migalhas.com.br/coluna/german-report/303148. 05/2019.
33. Disponível em: http://www.ghente.org/doc_juridicos/dechumana.htm
34. LOBO, Paulo. Direito ao estado de filiação e origem genética: uma distinção necessária. *Afeto, ética, família e o novo Código Civil*. 2004, p. 518.

CAPÍTULO 4 • ESTADO DE FILIAÇÃO, ORIGEM GENÉTICA E RELAÇÃO COM AS FILIAÇÕES SOCIOAFETIVAS

4.3 FILHOS PROVENIENTES DA POSSE DE ESTADO

Inauguramos o capítulo com as contribuições de João Baptista Villela, nos seguintes termos:

> Se o fundamento capital da paternidade é de natureza afetiva e não biológica, torna-se imperioso abrir maior espaço, entre nós, à posse do estado de filho, cujo papel no direito de família não pode ficar limitado ao âmbito da prova, senão que deve alcançar a própria constituição do *status familiae*.
>
> [...]
>
> Na medida, pois, que a paternidade se constitui pelo fato, é fácil perceber que a posse do estado de filho pode entrar em conflito com a presunção pater is est. Igualmente o podem outras situações que não resultam da norma, mas de comportamentos concretos.[35]

O atual Código Civil, nos mesmos termos do anterior, não regula, expressamente a posse de estado de filho, mas assegura que a filiação poderá ser provada, a partir da regra prevista no art. 1.605, II.[36]A diferença que se opera entre as codificações é que na atual, a posse de estado de filho se apresenta com uma função distinta, qual seja: o registro civil sai do papel de protagonista, para concorrer em igualdade de condições, com a situação fática do caso concreto. A consolidação de vínculo afetivo entre as partes legitima o reconhecimento jurídico da filiação socioafetiva, radicada na posse de estado de filho, independentemente da existência do registro e de vínculo biológico.

Nessa linha de entendimento, nos valemos das contribuições de Belmiro Pedro Welter:

> a doutrina, de um modo geral, afirma que filiação afetiva 'consiste no gozo do estado, da qualidade de filho legítimo e das prerrogativas dela derivadas' e 'a posse e o estado são inseparáveis, pois se possuem simultaneamente o estado de pai e o estado de filho'.[37]

A respeito da temática, Paulo Lobo afirma que "a posse de estado de filiação é a exteriorização da convivência familiar e da afetividade. Trata-se de conferir à aparência os efeitos da verossimilhança, que o direito considera satisfatória".[38] Situação fática que se consolida no tempo e entrelaçada aos elementos denotativos da posse de estado de filiação (nome, fama e trato) converte-se nas primeiras linhas da terna trama que tece a filiação.

O estado de filiação é a qualificação jurídica dessa relação de parentesco compreendendo um complexo de direitos e deveres reciprocamente considerados. O filho é titular do estado de filiação, da mesma forma que o pai é titular do estado de paternidade em relação a ele. Assim, onde houver paternidade juridicamente considerada haverá estado de filiação.[39]

---

35. VILELA, João Batista. *O modelo constitucional da filiação*: verdade & superstições. 1999, p. 132.
36. CC/02 Art. 1605, II – Quando existirem veementes presunções resultantes de fatos já certos.
37. WELTER, Belmiro Pedro. *Igualdade entre as filiações biológica e socioafetiva*. 2002, p. 136.
38. LOBO, Paulo. Direito ao estado de filiação e origem genética: uma distinção necessária. *Afeto, ética, família e o novo Código Civil*. 2004, p. 520.
39. LOBO, Paulo. Paternidade socioafetiva e o retrocesso da súmula n. 301/ STJ. *Anais do V Congresso Brasileiro de Direito de Família*. 2006, p.797.

Neste gênero, nos valemos também dos escritos de Rospigliosi e Chaves quando afirmam que, essa relação decorre de uma situação fática, onde a pessoa desfruta da condição de filho, independente do vínculo biológico. Sendo tal situação matizada nos seguintes componentes:

(i) o comportamento aparente de parentes (a pessoa é ostensivamente tratada pelos pais quando criança e a pessoa os trata como pais); (ii) nomen (a pessoa tem o sobrenome dos pais) e (iii) fama (imagem e reputação social: a pessoa é reconhecida como filha da família e da comunidade em que vive, sendo assim considerada pelas autoridades. [40]

Também colacionamos as considerações de João Aguirre, para quem:

a posse de estado de filho não deve sofrer interrupção e a sua prova pode se dar por todos os meios admitidos em direito, posto buscar-se adequar a realidade jurídica à verdade social, partindo-se do princípio que a paternidade se molda por uma relação fundada em amor, afeto, respeito, amparo e solidariedade. Isso significa dizer que a posse de estado de filho não deve se restringir à meio de prova da filiação na falta ou defeito do termo de nascimento, mas deve servir para confirmar o vínculo da filiação, que tem sua origem em uma relação sociológico afetiva entre pai e filho. [41]

A posse de estado de filho denota relação de reciprocidade, ou seja, a consolidação de vínculo afetivo entre as partes equipara-se a uma via de mão dupla, a posse de estado de filho e posse de estado de pai/mãe consolidadas. Conforme preceitua Paulo Lobo, direitos de filiação e, por conseguinte, deveres de paternidade "envolvem a constituição de valores e da singularidade da pessoa e de sua dignidade humana, adquiridos principalmente na convivência familiar durante infância e a adolescência". [42]

A materialização da posse de estado de filho exige do julgador olhar minucioso, quando da apreciação das circunstâncias subjacentes ao caso concreto, a fim de apreender a existência ou não da relação paterno-filial socioafetiva. Ilustrativamente, colacionamos interessante notícia de pedido de reconhecimento de paternidade socioafetiva *post mortem*:

Juíza da 1ª vara de Família e Sucessões de Uberaba/MG negou pedido de Eurípedes Humberto Higino dos Reis, que ingressou com ação pedindo o reconhecimento da sua filiação socioafetiva post mortem com o médium Chico Xavier.

Segundo o autor, que nasceu em Ituiutaba, em 1950, e que conviveu com o pai biológico até os cinco anos de idade, quando o pai faleceu. Aos sete anos, ele passou a conviver semanalmente com Chico Xavier e, aos oito anos este pediu autorização à mãe para que àquele passasse a residir em sua casa, sob seus cuidados e responsabilidade. Afirmou ainda que conviveu em relação familiar com o médium

---

40. ROSPIGLIOSI, Enrique Varsi e CHAVES, Marianna. Paternidad socioafectiva. La evolución de las relaciones paterno-filiales del imperio del biologismo a la consagración del afecto. *Novedades jurídicas*, 2015, p. 26.

"(i) tractatus comportamiento aparente de parientes (la persona es tratada por los padres ostensiblemente como hijo, y esta los trata como padres); (ii) nomen (la persona tiene el nombre de familia de los padres) y (iii) fama (imagen social y reputación: la persona es reconocida como hija de la familia y por la comunidad en que viven, siendo así considerada por las autoridades".

41. Disponível em: https://revistas.unilasalle.edu.br/index.php/redes/article/view/3670. AGUIRRE, João. Reflexões sobre a multiparentalidade e a repercussão geral 622 do STF. Redes: R. Eletr. Dir. Soc, 2017, p. 280.

42. LOBO, Paulo. Paternidade socioafetiva e o retrocesso da súmula n. 301/ STJ. *Anais do V Congresso Brasileiro de Direito de Família*. 2006, p.796.

de 1957 até o falecimento de Chico, em junho de 2002. Ele também afirma que o médium o chamava de "filho de coração" e que era apresentado como filho para todos, inclusive para a imprensa.

Além do reconhecimento da declarada da paternidade socioafetiva, o autor pediu também que o sobrenome "Xavier" fosse acrescentado ao seu registro, passando a assinar "Eurípedes Humberto Higino dos Reis Xavier"

Ao negar o pedido, a magistrada observou que, para que seja reconhecida a filiação, deve ser demonstrada a intenção inequívoca do suposto pai de ser concebido juridicamente desta forma. No caso, ficou demonstrada a relação entre os dois e a existência de forte vínculo de afeto e confiança, porém, não ficou provada "manifesta intenção de estabelecimento de paternidade" e fundamentou a decisão nos seguintes termos:

Do que foi dito é possível concluir que Eurípedes foi criado por Francisco Cândido Xavier desde a infância, sendo estabelecido entre ambos, profunda relação de afeto, confiança e amizade. Porém, isso não implica o reconhecimento da relação de parentalidade socioafetiva, porquanto, tais sentimentos podem ser inspirados pela solidariedade ou mesmo por convicções religiosas [...] haja vista que o falecido pai foi um dos maiores praticantes e divulgadores da religião espírita cristã no Brasil ao longo do século passado."

A juíza também levou em consideração, o fato que Chico Xavier teve várias oportunidades ao longo da vida para reconhecer o autor como filho, seja por testamentos, seja nas escrituras públicas de doação ou nas declarações firmadas. Ademais, também considerou a existência de uma carta enviada pelo médium, a um amigo, que afirmava que Eurípedes não era seu filho adotivo, mas um amigo *que lhe prestava assistência em regime de absoluta gratuidade e humanitarismo.*[43]

Em passado recente, o Provimento 83/19 do CNJ estabeleceu, exemplificativamente, alguns critérios balizadores dos pedidos de reconhecimento de paternidade socioafetiva.

Art. 10-A. A paternidade ou a maternidade socioafetiva deve ser estável e deve estar exteriorizada socialmente.

1º O registrador deverá atestar a existência do vínculo afetivo da paternidade ou maternidade socioafetiva mediante apuração objetiva por intermédio da verificação de elementos concretos.

2º O requerente demonstrará a afetividade por todos os meios em direito admitidos, bem como por documentos, tais como: apontamento escolar como responsável ou representante do aluno; inscrição do pretenso filho em plano de saúde ou em órgão de previdência; registro oficial de que residem na mesma unidade domiciliar; vínculo de conjugalidade – casamento ou união estável – com o ascendente biológico; inscrição como dependente do requerente em entidades associativas; fotografias em celebrações relevantes; declaração de testemunhas com firma reconhecida.

3º A ausência destes documentos não impede o registro, desde que justificada a impossibilidade, no entanto, o registrador deverá atestar como apurou o vínculo socioafetivo.

4º Os documentos colhidos na apuração do vínculo socioafetivo deverão ser arquivados pelo registrador (originais ou cópias) juntamente com o requerimento.[44]

O Código Civil de 2002, ao tratar da regra prevista no 1.605, II possibilita que seu preenchimento se dê casuisticamente. Contrariamente, do que se vislumbra na legislação francesa, que dispõe expressamente da matéria.

---

43. Disponível em: https://www.migalhas.com.br/quentes/299348/homem-que-morou-desde-crianca-com-chico--xavier-nao-consegue-reconhecimento-de-paternidade. 04/2019.
44. Disponível em: https://www.cnj.jus.br.

Art. 311-1. A posse do estado é estabelecida por uma combinação suficiente de fatos que revelam o vínculo de descendência e parentesco entre uma pessoa e a família à qual se diz pertencer.

Os principais desses fatos são:

1º Que essa pessoa foi tratada pela pessoa ou por quem se diz que ele era filho e que ele próprio a tratou como seus pais;

2º Que estes têm, nessa capacidade, provido para sua educação, manutenção ou instalação;

3º Que essa pessoa seja reconhecida como filho, na sociedade e na família;

4º Que é considerado como tal pela autoridade pública;

5º Que leva o nome da pessoa ou daqueles de quem se diz ter vindo.

Artigo 311-2. A posse do Estado deve ser contínua, pacífica, pública e inequívoca.[45]

A propósito de filiação proveniente da posse de estado de filho há de se fazer uma breve digressão para situar a figura do chamado "filho de criação".

Segundo o léxico da língua portuguesa,[46] filho de criação é "aquele que não sendo natural, nem tendo passado por processo de adoção é criado por alguém". O "filho de criação" entremeia-se à situação do filho socioafetivo e do enteado. Há uma indiscutível aproximação entre eles, mas com a filiação socioafetiva não se confunde, pois, em geral, a posse de estado de filho não se configura. Bem como também não se assemelha a situação do enteado, pois o vínculo de afinidade também não se verifica.

Neste sentido pode-se pensar o "filho de criação" como aquele que é acolhido em casa de parentes ou pessoas altruístas, por longos anos, em regra idade escolar, mas sem estabelecer nenhuma sobreposição ao poder familiar, o qual continua intacto dos pais biológicos. Claro que existe uma relação afetiva entre as partes, mas que não se confunde com a posse de estado de filiação propriamente dita.

Dada a precariedade jurídica estabelecida entre os responsáveis legais e o "filho de criação" torna-se possível assemelhá-lo ao instituto da guarda, e assim contextualizá-lo sob a égide do ECA, ou seja, não há disputa quanto ao exercício do poder familiar entre os pais e os responsáveis legais.

Art. 33. A guarda obriga a prestação de assistência material, moral e educacional à criança ou adolescente, conferindo a seu detentor o direito de opor-se a terceiros, inclusive aos pais.

Em atenção a esta peculiaridade do "filho de criação", propositadamente deixamos de mencioná-lo no capítulo da filiação socioafetiva, mas ratificamos que a linha divisória entre o "filho de criação" e o filho socioafetivo é muito tênue e, se no caso concreto houver a aferição objetiva da transmutação de um plano a outro, a consequência será o reconhecimento jurídico do parentesco por socioafetividade, com todos os seus consectários, proveniente da posse de estado de filho. Porém, a situação isolada do "filho de criação" não abarca nem a socioafetividade nem a multiparentalidade.

---

45. Disponível em: https://www.legifrance.gouv.fr/. Code Civil (Version consolidée au 14 février 2020).
46. HOUAISS, Antônio e SALLES, Vilar Mauro de. *Dicionário Houaiss da Língua Portuguesa*. Rio de Janeiro: Objetiva, 2001.

Capítulo 5
A SOCIOAFETIVIDADE E OS IMPACTOS NAS PRETENSÕES NEGATÓRIAS E INVESTIGATÓRIAS DE PATERNIDADE

O parentesco, natural ou civil ou de outra origem[1] relaciona-se diretamente com as chamadas verdades real, jurídica e socioafetiva da filiação.

Nesta direção destacamos as considerações de Luiz Edson Fachin:

> O pai não pode ser aquele a quem a lei presuntivamente atribui a paternidade; essa verdade jurídica emerge da presunção *pater is est*, cujo caráter pratica mente absoluto foi consagrado pelo sistema clássico, deve ceder à busca da verdadeira paternidade, do ponto de vista biológico. A verdadeira paternidade pode também não se explicar apenas na autoria genética da descendência. Pai também é aquele que se revela no comportamento cotidiano de forma sólida e duradoura, capaz de estreitar os laços da paternidade numa relação psicoafetiva; aquele, enfim, que, além de poder lhe emprestar seu nome de família, trata-o como sendo verdadeiramente seu filho perante o ambiente social.[2]

Conforme as considerações acima, estabelecemos a seguinte relação: a filiação proveniente da adoção, das técnicas de reprodução assistida heteróloga e da posse de estado são simultaneamente verdades jurídicas e socioafetivas, mas não são biológicas. Diferindo da situação do pai biológico coincidir com a verdade jurídica da filiação.

Como referido anteriormente, a atribuição de paternidade é marcada por dois estágios muito determinantes: um, antes do advento da viabilidade do exame de DNA e o outro após este. No primeiro, predominava o cenário das presunções, com finalidade específica de estabilizar as relações matrimoniais, garantir a "paz doméstica" e a correspondente legitimação dos filhos. No segundo, o aparente cenário das certezas, ante o alto grau de precisão do DNA.

Induvidosamente, o amplo acesso ao exame de DNA demarca uma "revolução" nas ações de paternidade (negatória e investigatória). São indiscutíveis os benefícios das pesquisas e descobertas científicas para a sociedade, as quais o Direito se aproveita. Mas, esse demasiado apelo ao critério biológico traz subjacente algumas contradições, em particular com a filiação socioafetiva, cuja chancela jurídica recai no reconhecimento da paternidade consolidada na convivência familiar e na solidificação dos laços afetivos, sem nenhuma relação com o critério biológico.

---

1. CC/02, art. 1.593.
2. FACHIN, Luiz Edson. *Da paternidade*: relação biológica e afetiva. 1996, p. 32.

O perigo é a proximidade do julgamento a um único critério probante. Essa é a preocupação externada por Rolf Madaleno, ao criticar a chamada sacralização do DNA.

O exame de DNA tornou-se para o consenso jurídico, em uma prova tão clara e conclusiva, que sequer aceitam os juízes progredir na instrução tradicional de uma ação de investigação de paternidade, sem antes promover todos os esforços dirigidos para a efetivação da perícia genética.

Decisões judiciais vêm sendo encaminhas inclusive, no sentido de a perícia genética ser ordenada de ofício pelo juiz, que atua em faixa própria de discricionaridade probatória, não dependendo da iniciativa dos litigantes.

A prova pericial do DNA, com os seus resultados diretos e categóricos de inclusão ou exclusão da paternidade, passou a ter um valor superior e incontestável, e tornou pelo consenso de muitos, praticamente inútil e obsoleta, qualquer outra pesquisa probatória processual. Tanto assim acontece, que seguido, cuidam os julgadores de não avançar na instrução da demanda investigativa, sem antes ordenar a realização da indispensável pesquisa da verdade biológica que entendem só poder ser revelada pelo exame do DNA.

Chegou-se ao extremo da minimização dos clássicos meios processuais de prova, o que pode ser facilmente deduzido das decisões jurisprudenciais sacralizando a perícia genética, como sendo a suprema das provas.[3]

Para rebater este afã pelo vínculo biológico entendemos que a preservação da unidade e da sistematicidade do ordenamento jurídico impõe ao julgador, na apreciação de ações negatórias e investigatórias de paternidade, observar três aspectos:

a) consideração do conjunto probatório, a fim de sopesar todos os interesses subjacente ao caso concreto;[4]

b) tratamento do critério biológico e do critério socioafetivo sem hierarquização;

c) interpretação conforme à Constituição.

Relacionando-se o DNA com à chamada verdade real da filiação, o resultado conduz à estreita vinculação entre ele e a verdade estritamente biológica, com reflexos diretos na opção legislativa da imprescritibilidade da ação contestatória de paternidade. Essa é uma das características das chamadas ação de estado. Entende-se como tal a ação que diz respeito a algo inerente à pessoa, à sua qualificação jurídica.

---

3. Disponível em: www.rolfmadaleno.com.br/web/artigo/a-sacralizacao-da-presuncao-na-investigacao-de-paternidade. MADALENO, Rolf. A sacralização da presunção na investigação de paternidade.

4. O julgado que será referenciado a seguir, apesar de antigo, mas guarda estreita relação com a discussão crítica acerca da sacralização do DNA.

TJMG – AC 10.025/5 – 5ª C. Cív. – Rel. Des. José Loyola – DJMG 10.03.1995. investigação de paternidade – Prova do relacionamento sexual com exclusividade à época da concepção. Laudo pericial negando a paternidade. Convicção do juiz de modo contrário com base nas demais provas dos autos. Possibilidade. Exames hematológico e DNA. Inexistência de certeza absoluta. Prova pericial. Rejeição. Reconhecimento da paternidade. Provado o relacionamento sexual, com exclusividade, entre o investigado e a mãe do investigante, à época da concepção, deve a paternidade ser reconhecida, não obstante a prova pericial relativa aos exames hematológico e impressões digitais de DNA de pela sua negativa. É que, além de tal prova não repousar sempre numa certeza absoluta, não pode a prova pericial decidir, por si só, as demandas judiciais, pois, se possível, tornaria dispensável a atuação do Juiz nos processos onde ela fosse produzida, ou daria à sentença judicial caráter meramente homologatório da conclusão do técnico. Ademais, o Juiz não está restrito ao laudo pericial para formar sua convicção, podendo decidir de modo contrário a ele, baseando-se em outros elementos ou fatos provados nos autos.

CAPÍTULO 5 • PRETENSÕES NEGATÓRIAS E INVESTIGATÓRIAS DE PATERNIDADE

Pietro Perlingieri, entretanto, afirma que o fato de a ação ser imprescritível não importa concluir que seus efeitos sejam ilimitados.

> As ações de estado, que tendem em via principal a reclamar, contestar ou modificar os estados pessoais, de regra, são imprescritíveis quando a pessoa age para afirmar a veracidade do próprio status: [...] e são prescritíveis quando o legitimado age para contestar ou modificar o estado de outrem.[5]

A apreensão jurídica do parentesco socioafetivo impõe limites positivos ao direito de ação de contestação da paternidade e, às ações investigatórias de paternidade. Ambas as ações são cercadas de contenções jurídicas diante da consolidação da socioafetividade como verdade real própria e, consequentemente, verdade jurídica.

A ação negatória de paternidade reportada é aquela regulada pelo artigo 1.601, do Código Civil de 2002, com a seguinte redação: "Cabe ao marido o direito de contestar a paternidade dos filhos nascidos de sua mulher, sendo tal ação imprescritível".

A lei confere legitimidade exclusiva ao marido para contestar a paternidade dos filhos nascidos de sua mulher, consequentemente; no caso do filho ser registrado pelo marido ou companheiro da mãe, o genitor biológico não tem ação para impugnar a paternidade do pai socioafetivo.

Paulo Lobo, a respeito da questão, assim se manifesta:

> O genitor biológico não tem ação contra o pai socioafetivo, marido da mãe para impugnar sua paternidade. Apenas o pai socioafetivo pode impugnar a paternidade quando a constatação da origem genética diferente da sua provocar a ruptura da relação paternidade filiação. [...] Por outro ângulo, a contestação da paternidade não pode ser decisão arbitrária do marido, quando declarou no registro que era seu o filho que teve com a mulher, em virtude do princípio de vedação de *venire contra factum proprium*. A contestação, nesse caso terá de estar fundada em hipótese de invalidade dos atos jurídicos, que o direito acolhe, tais como erro, dolo, coação. Na dúvida deve prevalecer a relação de filiação socioafetiva, consolidada na convivência familiar, considerada prioridade absoluta em favor da criança pelo art. 227 da Constituição Federal.[6]

Conforme este entendimento, Paulo Lobo deixa entrever que a paternidade socioafetiva, até pode ser impugnada, pois a inexistência da afetividade em um dos lados quebra o âmago da relação socioafetiva. Entretanto a impugnação precisa estar fundada em motivação jurídica relevante e desde que não colida com o princípio do melhor interesse da filiação.

Roberto Paulino, por sua vez, enxerga na teoria dos direitos da personalidade o fundamento jurídico para rechaçar a desconstituição da paternidade socioafetiva, conduzindo à invalidade absoluta de qualquer tentativa de desconstituição do estado de filiação.

> Se a convivência, a afetividade ou ambas vêm a ser interrompidas por fatos posteriores, não há cessação da relação de filiação socioafetiva, por uma razão muito simples: a cláusula geral de tutela da personalidade humana proíbe tal dissolução, que significaria retirar ao indivíduo, por vontade de outrem (e por vezes visando a um interesse meramente patrimonial), um dos mais relevantes fatores

---

5. PERLINGIERI, Pietro. *Perfis do direito civil*. 1999, p. 128.
6. LOBO, Paulo. *Direito Civil* – famílias. 2020, p. 265.

de construção de sua identidade própria e de definição de sua personalidade. [...] Emerge, do próprio sistema de tutela da personalidade, uma vedação a tais situações de lesão, que conduz à invalidade absoluta de qualquer tentativa de desconstituição do estado de filiação.[7]

Outra situação que afasta a ação negatória de paternidade ou maternidade é quando o perfilhante voluntariamente reconhece a filiação, ciente que não há vínculo genético com o perfilhado. A pretensão de desconstituição da parentalidade configura *venire contra factum proprium*.

Nesta quadra colacionamos uma interessante decisão do TJRS. Vejamos:

Ação de indenização por dano moral e material. Ação negatória de paternidade promovida pelo réu contra o autor, sua mãe e irmãs, não obstante soubesse o demandado, desde sempre, que o filho não era seu. Exposição desnecessária a sofrimento intenso. Danos psicológicos e desequilíbrio. Hipótese que, se não colore a figura do abuso de direito, porquanto reconhecido ser direito do réu perquirir os laços biológicos, pelo menos tipifica a imprudência na condução dos atos da vida do homem médio. Era obrigação do réu pressupor, ao tempo em que se uniu à mãe do autor e assumiu a paternidade do filho, que já era gerado por aquela, *sponte* sua, que, se pretendesse mais além rever a atitude tomada, as consequências seriam de proporções consideráveis à vida do perfilhado. Se não flagrado o abuso de direito na propositura da ação negatória de paternidade – que muito insinua cupidez pela futura herança a ser repartida –, porquanto o réu tinha o direito de perquirir de sua prole, flagra-se atitude contrária aos princípios mais comezinhos da ética o selar uma paternidade de forma temerária, deixando a discussão mais detalhada para o momento da conveniência do demandado. Dano moral *in re ipsa*. Quantificação da indenização atentando-se à gravidade da lesão e à suficiência da reparação no caso concreto. Sentença modificada. Apelo provido.[8]

Em relação a ação investigatória de paternidade é cabível, em princípio naqueles casos em que o registro de nascimento de menor se revela apenas com a maternidade estabelecida. O direito ao estado de filiação integra o rol dos direitos fundamentais dirigidos à criança e adolescente, portanto a perquirição da paternidade biológica exercerá sua função prestante, que é dar um pai a quem não tem.

Oportuna, a consideração de Max Guerra Kopper:

Na verdade, o exame de DNA será de extrema valia nos casos em que inexiste paternidade reconhecida. Naqueles casos em que do registro da pessoa consta pai ignorado. Nesses casos, não temos dúvida em afirmar, a ação de investigação de paternidade será imprescritível e o pai biológico, uma vez identificado, haverá de figurar como tal no assente de nascimento, independente – aí sim – de qualquer outra consideração.[9]

Outra situação bem diferente é a ação de investigação de paternidade quando o estado de filiação socioafetivo está consolidado e posteriormente descobre-se a verdadeira origem biológica. Nesses casos, o estado de filiação desafia a verdade biológica e a investigação de paternidade concentra-se somente no direito de perquirir à origem genética.

---

7. ALBUQUERQUE JR. Roberto Paulino de. A filiação socioafetiva no direito brasileiro e a impossibilidade de sua desconstituição posterior. *Revista Brasileira de Direito de Família*. 2007, p. 72.
8. TJRS, Apelação Cível n. 70007104326, 10a CC, Rel. Des. Ana Lúcia C. Pinto Vieira, julgado em 12.08.2004.
9. KOPPER, Max Guerra. Adoção à brasileira-existência, efeitos e desconstituição. *Revista de Doutrina e Jurisprudência*. 1998, p. 15.

CAPÍTULO 5 • PRETENSÕES NEGATÓRIAS E INVESTIGATÓRIAS DE PATERNIDADE | 49

Este é o grande desafio trazido pelo STJ, em 2004 com a Súmula 301: "Em ação investigatória, a recusa do suposto pai a submeter-se ao exame de DNA induz presunção juris tantum de paternidade".

Radicada nos fundamentos biológicos da paternidade, a Súmula foi duramente criticada pela doutrina por desconsiderar qualquer efeito jurídico da paternidade socioafetiva consolidada. Na verdade, configurou um grande *retrocesso e, ao mesmo tempo, uma contradição diante dos avanços da parentalidade socioafetiva, conferidos pelo próprio STJ.*

A respeito é oportuno destacar este escólio doutrinário:

> A Súmula 301 do STJ consagra o entendimento jurisprudencial que atribui ao exame de DNA o valor probante absoluto, superior e incontestável, tornando desnecessária a realização de outras provas. [...]. Em que pese a importância do entendimento sumulado pelo Superior Tribunal de Justiça, em alguns casos vemos com reservas a presunção de paternidade diante da recusa à realização das provas médico-legais pelo investigado. [...]. Mantemo-nos, portanto, entre aqueles que veem, com reserva, a recusa à realização do exame de DNA como presunção absoluta de paternidade, sobretudo quando se busca identificar a relação paterno-filial fundada em elementos que vão além da verdade biológica. [10]

Ainda neste debate, não se pode deixar de referenciar os artigos 231 e 232 do Código Civil de 2002, mas no sentido de harmonizá-los com a interpretação doutrinária crítica da Súmula 301.[11]

Paulo Lobo também a respeito afirma que a súmula é eivada de equívocos e de desvios e, para conferir-lhe uma adequada aplicação e interpretação harmônica com o sistema constitucional, postula pela atenção aos seguintes critérios:

> i) Não pode resultar em negação de paternidade derivada de estado de filiação comprovadamente constituído, portanto é incabível nas hipóteses de existência de estados de filiação não biológica protegidos pelo direito;
>
> ii) a presunção de paternidade, em ação investigatória quando haja apenas mãe registral, depende da existência de provas indiciárias consistentes, não podendo ser aplicada isoladamente.

O autor arremata a reflexão ratificando que é totalmente incabível constituir paternidade, desconstituindo a existente. [12]

Posteriormente, a lei da investigação de paternidade foi alterada, aproximando-se da realidade socioafetiva respaldando uma interpretação coerente e, próxima das relações de família, ao mitigar o rigor da Súmula 301/STJ.[13]

---

10. PEREIRA. Caio Mário. *Reconhecimento de paternidade e seus efeitos.* Atual. Lucia Maria Teixeira Ferreira. 2006, p. 163,164 e 165.

11. CC/02, art. 231. Aquele que se nega a submeter-se a exame médico necessário não poderá aproveitar-se de sua recusa. Art. 232. A recusa à perícia médica ordenada pelo juiz poderá suprir a prova que se pretendia obter com o exame.

12. LOBO, Paulo. Paternidade socioafetiva e o retrocesso da súmula n. 301/ STJ. **Anais do V Congresso Brasileiro de Direito de Família.** 2006, p. 805.

13. Lei 12.004/2009. art. 2º-A. Na ação de investigação de paternidade, todos os meios legais, bem como os moralmente legítimos, serão hábeis para provar a verdade dos fatos.
Parágrafo único. A recusa do réu em se submeter ao exame de código genético – DNA gerará a presunção da paternidade, a ser apreciada em conjunto com o contexto probatório.

No tocante a adoção, não restam dúvidas quanto a impossibilidade jurídica da ação negatória de paternidade, em virtude do princípio de vedação de *venire contra factum proprium*. Quanto às ações de investigação de paternidade também restam frustradas, devido a cláusula de barreira constante na própria lei[14]. É certo que a lei confere ao adotado o direito de conhecer sua origem biológica,[15] mas esta permissibilidade não altera o estado de filiação consolidado.

> A origem apaga-se no momento da adoção. O filho integra-se à nova família total e definitivamente. A condição de filho jamais poderá ser contestada pelo pai ou mãe que o adotaram.[16]

Infelizmente, esta mesma clareza não se verifica nos delicados e polêmicos casos envolvendo adoção à brasileira. Esta consiste no ato de registrar como próprio o filho de outrem. O Código Penal, no artigo 242, a tipifica no chamado crime contra o estado de filiação, em particular, parto suposto.

A legislação penal é da década de 1940, portanto muito das condutas ali tipificadas apresentam-se ultrapassadas diante das grandes transformações ocorridas na sociedade, daquela época para cá. Inclusive a permissibilidade legal do juiz deixar de aplicar a pena, o chamado perdão judicial, considerando o motivo de reconhecida nobreza, representa uma mitigação do efeito penal.

Na seara civil defendemos que todos os efeitos da adoção são aplicáveis aos casos de adoção à brasileira, bem como suas funções de garantir à criança o direito ao seu desenvolvimento físico, mental, moral, espiritual e social em condições de liberdade e de dignidade [17] no seio de uma família. Ademais, qualquer argumento contrário colide com os princípios constitucionais da afetividade, da igualdade da filiação, da proteção integral da criança/adolescente.[18] Segundo porque vulneraria a eficácia do princípio da posse de estado de filho, diante de uma ação negatória de paternidade prosperar.

---

14. ECA, art. 41. A adoção atribui a condição de filho ao adotado, com os mesmos direitos e deveres, inclusive sucessórios, desligando-o de qualquer vínculo com pais e parentes, salvo os impedimentos matrimoniais e art. 49. A morte dos adotantes não restabelece o poder familiar dos pais naturais.
15. ECA art. 48. O adotado tem direito de conhecer sua origem biológica, bem como de obter acesso irrestrito ao processo no qual a medida foi aplicada e seus eventuais incidentes, após completar 18 (dezoito) anos.
16. Paulo Lobo. *Código civil comentado*: direito de família, relações de parentesco, direito patrimonial. 2003, v. XVI, p. 144.
17. CF/88, art. 227 e ECA, art. 4°.
18. TJPR – AC 108.417-9 – Rel. Des. Accácio Cambi – J. 12.12.2001 – DJPR 04.02.200202.04.2002). Negatória de paternidade – "Adoção à brasileira" – Confronto entre a verdade biológica e a socioafetiva – Tutela da dignidade da pessoa humana – Procedência – Decisão reformada – 1. A ação negatória de paternidade é imprescritível, na esteira do entendimento consagrado pela Súmula 148/STF, já que a demanda versa sobre o estado da pessoa, que é a emanação do direito de personalidade. 2. No confronto entre a verdade biológica, atestada em exame de DNA, e a verdade socioafetiva, decorrente da denominada "adoção à brasileira" (isto é, da situação de um casal ter registrado, com outro nome, menor como se deles filho fosse) e que perdura por quase quarenta anos, há de prevalecer a solução que melhor tutele a dignidade da pessoa humana. 3. A paternidade socioafetiva, estando baseada na tendência de personificação do direito civil, vê a família como instrumento de realização do ser humano; aniquilar a pessoa do apelante, apagando-lhe todo o histórico de vida e condição social, em razão de aspectos formais inerentes à irregular "adoção à brasileira", não tutelaria a dignidade humana, nem faria justiça ao caso concreto, mas, ao contrário, por critérios meramente formais, proteger-se-ia as artimanhas, os ilícitos e as negligências utilizadas em benefício do próprio apelado.

CAPÍTULO 5 • PRETENSÕES NEGATÓRIAS E INVESTIGATÓRIAS DE PATERNIDADE

Não são raros os casos, de pessoas que se valem da adoção à brasileira e, por circunstâncias da vida, aquele ato deixa de ser conveniente e movidas por sentimentos apequenados, por interesses patrimoniais, ingressam com ações de desconstituição do registro de nascimento. Esta prática deve ser rechaçada em virtude também do princípio de vedação de *venire contra factum proprium*.

No mesmo sentido Max Guerra Kopper afirma que "o perfilhante, que haja praticado 'adoção à brasileira', deve ser havido como carecedor do direito de ação quando pleiteie judicialmente a desconstituição dessa 'adoção". [19]

No caso da adoção à brasileira defendemos o afastamento da hipótese do erro ou falsidade do registro. [20]Afinal quem declara como seu o filho de outrem o faz conscientemente. Para os fins de registro civil, o que se leva em conta é a declaração do reconhecimento da filiação e não a declaração do vínculo biológico.

O STJ a respeito da ação negatória de paternidade, nos casos de adoção à brasileira, firmou entendimento no sentido de "buscar respeitar as normas da adoção e, ao mesmo tempo, preservar o princípio do melhor interesse da criança – o que deve ser analisado caso a caso". [21] Para o ministro Luís Felipe Salomão:

> A chamada "adoção à brasileira, muito embora seja expediente à margem do ordenamento pátrio, quando se fizer fonte de vínculo socioafetivo entre o pai de registro e o filho registrado, não consubstancia negócio jurídico vulgar sujeito a distrato por mera liberalidade, tampouco avença submetida a condição resolutiva consistente no término do relacionamento com a genitora. [22]

Desafortunadamente, o mesmo STJ, nos casos de adoção à brasileira, entende cabível o direito de o filho perquirir sua origem biológica, em detrimento da paternidade registral e socioafetiva, ainda que não admita essa iniciativa aos genitores genéticos e aos ascendentes destes. Logo, nos casos de adoção à brasileira, a ação negatória de paternidade ou maternidade é rejeitada em prol do melhor interesse da criança ou adolescente, mas o contrário não se verifica, ou seja, ainda que o estado de filiação reste consolidado é cabível a investigação de paternidade com as correspondentes repercussões no registro civil, se a iniciativa for do filho, valendo-se o Tribunal dos argumentos de ser essa iniciativa a que melhor contempla seu interesse, ou da imprescritibilidade da vindicação de estado contrário ao registro civil.

A esse propósito, vejam-se os argumentos utilizados pelos relatores em duas decisões do STJ:

---

19. KOPPER, Max Guerra. Adoção à brasileira-existência, efeitos e desconstituição. *Revista de Doutrina e Jurisprudência*. 1998, p. 15.
20. TJRS – EI 599.277.365 – 4º G.C.Cív. – Relª Desª p/o Ac. Maria Berenice Dias – DJRS 21.10.199910.21.1999. Paternidade – Reconhecimento – 2. Ação negatória de paternidade e ação anulatória do registro de nascimento – 1. Quem, sabendo não ser o pai biológico, registra como seu filho de companheira durante a vigência de união estável estabelece uma filiação socioafetiva que produz os mesmos efeitos que os adoção, ato irrevogável. 2. O pai registral não pode interpor ação negatória de paternidade e não tem legitimidade para buscar a anulação do registro de nascimento, pois inexiste vício material ou formal a ensejar sua desconstituição. Embargos rejeitados, por maioria.
21. Disponível em: stj.jus.br/ sites/portal/notícias, 04/02/18.
22. Disponível em: stj.jus.br/ sites/portal/notícias, 04/02/18.

deve prevalecer a paternidade socioafetiva sobre a biológica para garantir direitos aos filhos, na esteira do princípio do melhor interesse da prole, sem que, necessariamente, essa afirmação seja verdadeira quando é o filho que busca a paternidade biológica em detrimento da socioafetiva. No caso de ser o filho quem vindica esse estado contrário ao que consta no registro civil, parece claro que lhe socorre a existência de erro ou falsidade para os quais não contribuiu.

Afastar a possibilidade de o filho pleitear o reconhecimento da paternidade biológica, no caso de "adoção à brasileira", significa impor-lhe que se conforme com essa situação criada à sua revelia e à margem da lei.

A paternidade biológica gera, necessariamente, uma responsabilidade não evanescente e que não se desfaz com a prática ilícita da chamada 'adoção à brasileira', independentemente da nobreza dos desígnios que a motivaram. E, do mesmo modo, a filiação socioafetiva desenvolvida com os pais registrais não afasta os direitos da filha resultantes da filiação biológica, não podendo, no caso, haver equiparação entre a adoção regular e a chamada 'adoção à brasileira.[23]:

> Dessa maneira, nos recursos em que os adotantes ilegais queiram, tempos depois, negar a paternidade de seus filhos, ou quando terceiros alegam erro ou falsidade no ato do registro, percebe-se a prevalência da paternidade socioafetiva, "em nome da primazia dos interesses do menor". Nos casos em que os filhos adotados ilegalmente buscam o reconhecimento dos pais biológicos, a tendência é que a verdade biológica prevaleça, em razão do "princípio fundamental da dignidade da pessoa humana, estabelecido no artigo 1º, inciso III, da CF/88", e que traz em seu bojo "o direito à identidade biológica e pessoal".[24]

Reputamos que esta incongruência alimentada pelo STJ, atribuindo "um peso e duas medidas" no enfrentamento do tema, a depender de quem seja o autor da ação, quebra a base relacional e vulnera a relação socioafetiva estabelecida entre as partes, a qual, no direito brasileiro, não depende de opções subjetivas.

Não há guarida no sistema jurídico brasileiro, após o reconhecimento da filiação socioafetiva como espécie protegida, para a distinção dos efeitos entre a adoção regular e a adoção de fato (à brasileira). A esse respeito as considerações de Paulo Lobo:

> A origem apaga-se no momento da adoção. O filho integra-se à nova família total e definitivamente. Por consequência, o filho que foi adotado não poderá promover investigação de paternidade ou maternidade biológicos, a fim de promover alteração no seu estado de filiação, quando muito pleitear o conhecimento da origem genética para realização do direito da personalidade.[25]

Nesse mesmo diapasão, Rolf Madaleno critica a defesa de se dar tratamento distinto à adoção (estatutária ou à brasileira). Segundo ele "conforme o direito constitucional em vigor, entre filhos descabe qualquer forma de discriminação".[26]

Na sequência, partimos ao exame do cabimento das ações negatórias ou investigatórias, nas relações de filiação decorrente da utilização das técnicas de reprodução assistida heteróloga.

---

23. Disponível em: www.editoramagister.com/noticia_24069255_STJ_reconhece_acao_investigatoria_de_paternidade_ajuizada_por_filho_adotado_a_brasileira_contra_pai_biologico.aspx.
24. Disponível em: www.conjur.com.br/2014-fev-09/pratica-ainda-comum-adocao-brasileira-gera-graves-consequencias. Adoção à brasileira gera graves consequências.
25. LOBO, Paulo. *Código civil comentado: direito de família, relações de parentesco, direito patrimonial.* 2003, v. XVI, p. 144.
26. MADALENO, Rolf. Filhos adotados em confronto com os filhos destoados do recurso extraordinário 898.060 do STF. *Revista IBDFAM*, 2016, p. 13.

CAPÍTULO 5 • PRETENSÕES NEGATÓRIAS E INVESTIGATÓRIAS DE PATERNIDADE

Conforme referido anteriormente, a exigência legal da autorização do marido, para a mulher utilizar o procedimento de reprodução assistida heteróloga, constitui uma das hipóteses legais de presunção de filiação. Consequentemente, afasta qualquer possibilidade de se contestar a paternidade, dado a que essa presunção é fixada por lei, tendo em vista o consentimento marital.

Para além das presunções legais, a Resolução do CFM 2.168/2017 ao dispor sobre a doação de gametas ou embriões, assegura o sigilo sobre a identidade dos doadores em situações excepcionais. As informações sobre os doadores, por motivação médica, podem ser fornecidas exclusivamente para médicos, resguardando-se a identidade civil do(a) doador(a).[27]

O sigilo assegurado ao doador impede qualquer pretensão de investigação de paternidade. É assegurado ao investigante, em caráter excepcional e por motivações de saúde, as informações aos dados genéticos do doador, mas fornecidas exclusivamente para profissionais da medicina. Essa circunstância é ratificadora de que a perquirição da origem genética não se confunde com estado de filiação.

O CNJ, no Provimento 52/2016, que dispõe sobre o *registro de nascimento e emissão da respectiva certidão dos filhos havidos por reprodução assistida*, cometeu um erro grasso. *Ao relacionar os documentos necessários* para tais fins exigiu "declaração, com firma reconhecida, do diretor técnico da clínica, centro ou serviço de reprodução humana em que foi realizada a reprodução assistida, indicando a técnica adotada, o nome do doador ou da doadora, com registro de seus dados clínicos de caráter geral e características fenotípicas, assim como o nome dos seus beneficiários" (art. 2º, II). Pelo teor do Provimento constata-se que houve a quebra do sigilo do doador, em franca contradição com a Resolução do CFM e, com os princípios que regem esse procedimento, inclusive no plano internacional. Não por acaso, em um curto espaço de tempo, o provimento mencionado foi revogado pelo Provimento do CNJ 63/2017.

Se antes tínhamos como certo que a paternidade incrustada no olhar restrito do vínculo biológico era equiparada à única verdade real, cuja ausência conduzia à alteração no registro civil,[28] esta regra não mais prospera na atualidade.

---

27. CFM. Resolução 2168/2017.

    4. Será mantido, obrigatoriamente, sigilo sobre a identidade dos doadores de gametas e embriões, bem como dos receptores. Em situações especiais, informações sobre os doadores, por motivação médica, podem ser fornecidas exclusivamente para médicos, resguardando-se a identidade civil do(a) doador(a).

    5. As clínicas, centros ou serviços onde são feitas as doações devem manter, de forma permanente, um registro com dados clínicos de caráter geral, características fenotípicas e uma amostra de material celular dos doadores, de acordo com legislação vigente.

28. TJMG –AC 209.426-6/00, 3ª C. Cív., Rel. Des. Isalino Lisbôa – DJMG 05.09.2001. Registro civil – Paternidade. Erro essencial. Prova pericial comprovando a negativa da paternidade. DNA. Aceitabilidade do exame. Anulação da paternidade reconhecida. O exame de impressões digitais em DNA é, no plano científico, de grande alcance e fomentador, daí, de juízo de valor sobre o tema reconhecimento, ou não, de paternidade. Sua margem de erros, ainda do conhecimento geral, é pouquíssima, e tal, cientificamente, é aceito em todo o mundo dito civilizado. Embora todo ser humano queira saber e ter por configurada, legalmente, sua ascendência, contudo, e em vista do hodierno avanço da ciência, consolidar uma paternidade não verdadeira seria, como é, chancelar um posicionamento judicial censurável, além de desacertado. Assim, se a própria mãe reconhece que aquele que registrou seu filho menor como pai não é realmente o pai biológico do mesmo, fato este comprovado através de exame DNA, espontaneamente feito pelas partes, resta evidente que o ato jurídico do registro foi consequência de erro

O registro não revela nada mais do que aquilo que foi declarado, por conseguinte corresponde à realidade do fato jurídico. Descabido falar em falsidade do registro se ele materializa uma relação em que a posse de estado da filiação já ingressou na realidade social e jurídica.

De acuradas sensibilidades, acerca do que exprime o registro civil, são as palavras de João Baptista Villela. Segundo ele:

> O registro está onde sempre esteve: continua a ser a memória dos fatos jurídicos. Nada indica que tenha passado à condição de prontuário da fenomenologia biológica. Conviria deixar bem assentado, desde logo, esta dimensão capital do registro que é a natureza declaratória de seus conteúdos. [...] O registro declara o que antes dele se constituiu ou o que com ele próprio se constitui precisamente a partir de uma declaração. Como quando alguém reconhece-se pai e o diz ao respectivo oficial. Na base de sua atuação, está-se vendo, encontra-se um fato jurídico, mas não um fato da natureza nem mesmo um fato social destituído de relevância jurídica.[29]

Somos da opinião de que a desconstituição do registro civil de uma relação já consolidada no tempo acarretará muito mais danos que benefícios aos envolvidos. A desconstituição importa desconsideração e desprezo da segurança jurídica das relações familiares pautada na convivência e na afetividade, além de favorecer critérios deterministas e descomprometidos com a tutela da dignidade da pessoa humana.

O princípio norteador das relações parentais é o direito fundamental ao reconhecimento do estado de filiação da criança ou adolescente.[30] A desconstituição do registro civil colide frontalmente com a tábua axiológica e principiológica do melhor interesse da criança, da convivência familiar, do direito a um ninho (lar) e da paternidade responsável.

A desconstituição em si não gera apenas a exoneração das obrigações alimentares e sucessórias, mas uma ruptura com todos os vínculos, com todo o histórico de vida e condição social que nortearam uma realidade fática consolidada no tempo. Qualquer alteração só guarda densidade se lastreada em legítimo interesse jurídico, que torne a manutenção da relação insustentável ou insuportável.

Como bem pontua Eduardo Cambi:

> o fetichismo das normas há de ceder à justiça do caso concreto, quando o juiz tem que optar entre o formalismo das regras jurídicas e a realização humana e mais socialmente útil do Direito.[31]

De tal sorte, se no registro constar o nome dos pais, ainda que a verdade jurídica não coincida com a origem biológica, aquela há de prosperar. Não importa a origem e sim quem ocupa aquele lugar. Nesse contexto há de entender que a família se encontra diante de um imperioso redirecionamento de papéis e um redirecionamento do lugar ocupado por cada um dos seus membros.

---

essencial, havendo prejuízo à verdade real, eis que consubstanciada a negativa da paternidade no plano da ordem genética, a justificar a anulação do registro civil, quanto à paternidade reconhecida.

29. VILLELA, João Baptista. O modelo constitucional da filiação: verdade & superstições. *Revista Brasileira de Direito de Família* 1999, p. 138-9.

30. ECA art. 27.

31. CAMBI, Eduardo. O paradoxo da verdade biológica e socioafetiva na ação negatória de paternidade, surgido com o exame de DNA, na hipótese de "adoção à brasileira". *Revista Trimestral de Direito Civil*. 2002, p. 255.

Como bem enuncia Rodrigo da Cunha Pereira.

Lugar de pai, lugar de mãe, lugar de filhos, sem, entretanto, estarem necessariamente ligados biologicamente. Tanto é assim, uma questão de *lugar,* que um indivíduo pode ocupar o lugar de pai ou mãe, sem que seja o pai ou a mãe biológicos. Exatamente por ser uma questão de lugar, de função exercida [...].[32]

---

32. PEREIRA, Rodrigo da Cunha. *Família, direitos humanos, psicanálise e inclusão social.* 2003, p. 8.

Capítulo 6
O DIREITO AO RECONHECIMENTO DO ESTADO DE FILIAÇÃO

A correlação de direitos e deveres é uma constante nas relações entre pais e filhos. O direito ao reconhecimento do estado de filiação encontra paralelismo no dever de reconhecimento da paternidade. Esta garantia constitui um dos núcleos da Declaração dos Direitos da Criança, prescrita no Princípio 3 – "Desde o nascimento, toda criança terá direito a um nome e a uma nacionalidade". Este mesmo direito, também consta da Convenção sobre os Direitos da Criança, insculpido no art. 7º.

> 1. A criança deve ser registrada imediatamente após seu nascimento e, desde o momento do nascimento, terá direito a um nome, a uma nacionalidade e, na medida do possível, a conhecer seus pais e ser cuidada por eles.

São incomensuráveis os danos impingidos à dignidade da pessoa do filho *quando o seu direito ao* reconhecimento do *estado de filiação* é violado, ante o descumprimento do dever de reconhecimento do estado de filiação.

Infelizmente, os dados no Brasil, apontam uma realidade dura e desumana para muitas pessoas.

> O registro civil e o reconhecimento de paternidade são direitos básicos de qualquer cidadão brasileiro ao nascer, mas nem sempre são concretizados. Dados do Censo de 2010 apontam que cerca de 600 mil crianças de até 10 anos de idade não possuem registro de nascimento no País. Além disso, estima-se que mais de 5 milhões de estudantes não tenham o nome do pai no documento de identidade.[1]

Como já referenciado anteriormente, a trajetória da filiação no Brasil foi marcada por um caminho cheio de percalços, refletindo restrições, ausências e distinções de direitos entre os filhos legítimos e ilegítimos. O reconhecimento do filho condicionava-se ao entorno familiar. Primeiramente, a manutenção da paz doméstica e a conveniência dos pais. Na verdade, a lei legitimava a irresponsabilidade, ao conferir um "não lugar" ao filho ilegítimo.

A proibição ao reconhecimento de filhos incestuosos e adulterinos permaneceu no Código Civil de 1916, até a revogação expressa do artigo 358, pela Lei 7.841/1989. Antes desta, já se arguia a não recepção do referido artigo pela Constituição Federal de 1988.

Posteriormente, a Lei 8.560/92 trouxe valiosas alterações ao reconhecimento da filiação, atribuindo-lhe a irrevogabilidade, a ampliação das formas de reconhecimento

---

1. Disponível em: www.cnj.jus.br/

e a superação do entrave do estado civil dos pais, como impediente ao reconhecimento. Mais adiante, a mencionada lei foi alterada pela Lei 12.004/2009, com o acréscimo do art. 2º-A com a seguinte redação:

> Art. 2º A Na ação de investigação de paternidade, todos os meios legais, bem como os moralmente legítimos, serão hábeis para provar a verdade dos fatos.
>
> Parágrafo único. A recusa do réu em se submeter ao exame de código genético – DNA gerará a presunção da paternidade, a ser apreciada em conjunto com o contexto probatório.

Quando a lei dispõe sobre o reconhecimento da filiação alberga a situação de filiação havida fora do casamento. O reconhecimento da filiação pode se dar por ato voluntário pelo pai ou mãe biológicos ou socioafetivos, de maneira oficiosa, ou judicial (decorrente da ação de investigação de paternidade ou maternidade).

Induvidosamente, a finalidade do reconhecimento foi totalmente ressignificada ante a doutrina da proteção integral, que se volta a privilegiar o interesse do filho, não mais dos pais. A ação de investigação é o instrumental para o direito ao reconhecimento do estado de filiação se verificar.

Para entender o significado dessa mudança de paradigmas é indispensável estabelecer a intrínseca relação entre estado de filiação, direito ao reconhecimento do estado de filiação[2] e o direito à impugnação da paternidade.[3] Para tanto é necessário o diálogo entre o ECA e a Código Civil de 2002.

Paulo Lobo, refletindo acerca do art. 27 do ECA e prevendo a possibilidade de ele ocasionar um conflito interno no sistema, assim se manifesta:

> O equívoco radica no fato de nele enxergar-se o direito a impugnar paternidade já existente. Estado de filiação, como resultado de convivência familiar duradoura, se já existe, pouco importando sua origem, então o artigo e imprestável. Se não existe, ou seja, quando não houver paternidade de qualquer natureza, então ele é aplicável, para assegurar o reconhecimento do estado de filiação àquele que nunca o teve.[4]

O estado de filiação é, primordialmente, o direito de manter o *status quo* refletido na realidade posta, irretocável e intangível, independentemente de ser fundado numa verdade biológica ou socioafetiva.

O estado de filiação consolidado afasta a pretensão a sua desconstituição. Essa tutela radica no direito fundamental à parentalidade responsável pela estruturação e higidez psíquica da pessoa do filho.

Paulo Lobo, em posição vanguardista, defende que havendo posse de estado de filiação consolidada, a regra geral da impugnação não se aplica.

---

2. ECA, art. 27 e CC/02, art. 1.607 e seguintes.
3. CC/02, art. 1.614.
4. LOBO, Paulo. Paternidade socioafetiva e o retrocesso da súmula n. 301/STJ. *Anais do V Congresso Brasileiro de Direito de Família*. 2006, p. 799.

CAPÍTULO 6 • O DIREITO AO RECONHECIMENTO DO ESTADO DE FILIAÇÃO

A condição de filho socioafetivo consolidado jamais poderá impugnar a nova paternidade ou maternidade, inclusive quando atingir a maioridade, pois inaplicável o disposto no art. 1.614 do Código Civil.[5]

Deste modo, a impugnação da paternidade está condicionada à constatação jurídica e objetiva que àquela postulação projeta-se no princípio do melhor interesse.

Esta lógica também se verifica quando a lei condiciona o reconhecimento da filiação ao consentimento do filho quando maior, e, no caso do menor, nos quatro anos que se seguirem à maioridade, ou à emancipação.[6]

Segundo Zeno Veloso, a compreensão do art. 1.614 deve ser feita nos seguintes termos:

> O que o suposto filho tem de fazer, naquele prazo decadencial, se quiser impugnar a paternidade decorrente do reconhecimento é, simplesmente, declarar que a repudia, afirmar que não a aceita. Trata-se de singela e bastante declaração de vontade contrária, sem necessidade de expor qualquer motivo, razão ou fundamento. Não se questiona a validade do reconhecimento: o suposto filho, tão-somente, denuncia que não deseja as consequências do ato. Não tem de provar que o reconhecente não é o seu pai biológico. Aliás, ele não tem que provar coisa alguma; apenas expor que não aceita o reconhecimento, que não quer, não deseja a eficácia daquele ato. E aqui temos exemplo em que o direito não fica subordinado à provável verdade biológica. O interesse jurídico do suposto filho de não ser como tal considerado prevalece sobre a realidade da procriação.[7]

Como se percebe há uma sutil diferença entre os autores, acima referidos. Enquanto para Paulo Lobo defende que há uma limitação à vontade do filho para impugnar o reconhecimento, Zeno Velo entende que independe de interesse jurídico, basta simplesmente que o suposto filho declare "que não a aceita. Trata-se de singela e bastante declaração de vontade contrária, sem necessidade de expor qualquer motivo, razão ou fundamento".

---

5. LOBO, Paulo. *Código civil comentado*: direito de família, relações de parentesco, direito patrimonial. 2003, v. XVI, p. 144.
6. CC/02, art. 1.614.
7. VELOSO, Zeno. *Direito brasileiro da filiação e paternidade*. São Paulo: Malheiros. 1997, p. 133.

Capítulo 7
PARENTESCO POR AFINIDADE: SINGULAR, SOCIOAFETIVO OU MULTIPARENTAL?

Pontes de Miranda ao definir o parentesco por afinidade assevera que se trata de "ficção do direito, ficção que tem por fim estabelecer, entre cada um dos cônjuges e os parentes do outro, relações de parentesco." O autor chama atenção para a nuance da afinidade no Direito Romano, pois uma vez dissolvido o casamento, a afinidade acabava, ao contrário da regra adotada na codificação civil anterior. "O Código Civil[1], admitindo a perpetuidade da afinidade em linha reta, prestou serviço moral às relações civis, principalmente quanto a impedimentos matrimoniais."[2]

O Código Civil/2002 ao tratar das formas de parentesco dispõe que: "o parentesco é natural ou civil, conforme resulte de consanguinidade ou outra origem (art. 1. 593). A afinidade é outra forma de constituição de parentesco, que emerge da relação entre madrasta e/ou padrasto e enteados, ou seja, da incorporação relativa dos parentes do outro cônjuge ou companheiro (art. 1595§1º e §2º).

O parentesco por afinidade é um vínculo que não gera estado de filiação, embora a lei preveja que na linha reta o parentesco não se extingue com a dissolução do casamento ou da união estável[3]e o insere no rol dos impedimentos matrimoniais.

Em relação ao número de famílias com enteados, o Censo Demográfico 2010 demonstrou o crescente e significativo número de famílias recompostas ou reconstituídas no Brasil.

> Os enteados representam 5,8% do total de casal com filhos (mais de 1,5 milhão). Nesse caso, um ou mais indivíduos são filhos da pessoa que se auto declara responsável pelo domicílio. Tal situação ocorre, por exemplo, quando o pai, auto declarado chefe da família, mora com a mulher (madrasta) e um ou mais filhos na mesma residência. Já quando o cônjuge em questão (seja pai ou mãe) não é considerado o responsável pelo domicílio (cabendo tal condição ao padrasto ou à madrasta), o percentual de famílias com enteados é de 3,4% (cerca de 918 mil).[4]

Por família recomposta ou reconstituída entenda-se aquela que se forma entre um cônjuge ou companheiro e o(s) filho(s) do relacionamento anterior do outro. Em geral

---

1. CC/1916, art. 335.
2. PONTES DE MIRANDA, Francisco Cavalcanti. *Tratado de Direito Privado*. t. IX, 1974, p. 12 e 14.
3. CC/2002, art. 1.595, § 2º.
4. Disponível em: https://www.ibge.gov.br/IBGE. Censo Demográfico 2010. Famílias e domicílios. Resultados da amostra.

é uma formatação proveniente de viuvez, de separação ou de divórcio. Enceta o parentesco por afinidade, ao agregar um novo componente à entidade familiar, que assim se recompõe ou se reconstitui.

A recomposição familiar, em geral, é cercada de problemas, principalmente naquelas situações decorrentes da separação e divórcio. Infelizmente, são raríssimos os relacionamentos findos em que os ex-cônjuges ou ex-companheiros mantêm uma relação harmoniosa e respeitosa, inclusive em prol da pessoa dos filhos.[5]-[6]

A figura da madrasta/padrasto exprime a delicada realidade da convivência familiar com a superposição de papéis e funções parentais, cujo invólucro é tecido em filigranas e complexidades. A relação convivencial com os filhos do novo cônjuge ou companheiro é concorrente, mas não pode se sobrepor a dos pais.

A fim de reduzir o conflito, com a inevitável concorrência de papeis a lei designa o papel de madrasta/padrasto como coadjuvantes dos pais no que concerne ao exercício do poder familiar. O novo casamento ou a nova união estável de qualquer dos pais, ou de ambos, não importará restrições ao seu exercício do poder familiar.[7] O novo cônjuge ou companheiro não pode exercer qualquer interferência no exercício do poder familiar quanto aos filhos do relacionamento anterior.[8] Quando muito, madrasta e padrasto atuam em colaboração com o consorte quanto ao exercício do poder familiar, mas sem sobrepujar a exclusividade da mãe ou do pai, quanto ao exercício do poder familiar. Entretanto, no que tange a proteção da pessoa dos filhos, o juiz verificando que nem o pai e nem a mãe revelem aptidão para a guarda, a medida pode ser deferida levando em consideração as relações de afinidade.[9]

O parentesco por afinidade provoca um interessante debate em relação ao parentesco socioafetivo. Em princípio encerram dimensões e efeitos distintos, mas a linha indicativa do término do parentesco por afinidade e o início do parentesco socioafetivo é muito tênue. Essa delimitação precisa e a transição entre uma e outra espécie de parentesco é importante ante a incidência dos efeitos jurídicos correspondentes.

Exsurge o seguinte postulado: nem todo parentesco por afinidade transmutar-se-á em parentesco socioafetivo. Mas, todo parentesco socioafetivo, oriundo da recomposição familiar é antecedido pelo parentesco por afinidade. Noutros termos, não se desconsidera a relevância do parentesco por afinidade, mas há uma distância abissal em relação ao parentesco socioafetivo.

---

5. Disponível em: https://www.ibge.gov.br/IBGE. Estatísticas do Registro Civil 2018.
   Número de divórcios concedidos em 1ª instância ou por escrituras judiciais aumentou 3,2% entre 2017 e 2018, passando de 373.216 para 385.246.

6. Disponível em: www.agenciadenoticias.ibge.gov.br/agencia-noticias/23931pais-dividem-responsabilidades-na--guarda-compartilhada-dos-filhos.
   Brasileiros estão se divorciando mais e compartilhando de maneira mais frequente a guarda dos filhos. Apesar do crescimento, na maioria dos casos de divórcio de casais com filhos menores de idade, no Brasil, a guarda ainda fica com a mãe. Dos 158.161 divórcios ocorridos entre casais com filhos menores no país, em 2017, 109.745 (69,4%) casos tiveram a guarda atribuída apenas à mãe. Em apenas 7.521 casos (4,8%), a guarda dos filhos ficou com o pai. 2019.

7. CC/02, art. 1.579, parágrafo único.

8. CC/02, art. 1.636, *caput* e parágrafo único.

9. CC/02, art. 1.584, § 5°.

No cotidiano das relações familiares antes rompidas não faltam relatos de pais que abandonam seus filhos, passando a madrasta ou o padrasto assumir às funções e responsabilidades inerentes à relação paterno filial.

O abandono de incapaz configura sanção civil, com a perda do poder familiar.[10] Na seara civil o abandono relaciona-se tradicionalmente com o descaso intencional do pai pela criação, educação e assistência do filho. Na seara penal, até hoje tipificado, correlaciona-se ao crime de abandono material e intelectual.

> O descumprimento do dever de prover à subsistência de filho caracteriza o delito de abandono material (art. 244 CP/40); a inércia representada pelo fato de deixar, sem justa causa, de prover à instrução primária de filho menor, constitui delito de abandono intelectual (art. 246 CP/40); ambos sujeitam o progenitor negligente à pena de detenção e de multa.[11]

É certo que, ao longo do processo evolutivo do direito de família, o conceito de abandono sofreu temperanças e mitigações em seu conteúdo. Paulo Lobo propõe um novo olhar sob o instituto.

> O abandono do filho pode ocorrer em várias circunstâncias com intencionalidade ou não. Não se podem julgar todas sob o mesmo estalão. O abandono do filho, movido por dificuldades financeiras ou por razões de saúde, deve ter como solução preferencial a suspensão ou a guarda, quando fortes forem as possibilidades de retorno do filho aos pais ou a um deles que o abandonou. A privação do exercício do poder familiar deve ser encarada de modo excepcional, quando não houver qualquer possibilidade de recomposição da unidade familiar, o que recomenda estudo psicossocial. Tem sido entendido que o abandono do filho não é mais causa automática de perda do poder familiar, redundando em mais problemas que solução para aquele.[12]

De outra banda, em passado recente, o conteúdo do abandono foi apreendido pela dimensão afetiva e para além da esfera do direito de família, descortina-se também na seara da responsabilidade civil, ensejando as chamadas ações de responsabilidade civil por abandono afetivo.

O abandono paterno, na ambiência da família recomposta, com à assunção de responsabilidades, intrínsecas à paternidade, pela madrasta/padrasto demarca a travessia para o parentesco socioafetivo. Não raro as ações de destituição do poder familiar de pai ou mãe originários são cumuladas com a adoção *intuito personae*[13], intentadas pelo padrasto ou madrasta.

A Lei de Registros Públicos (6.015/73), alterada pela Lei 11.924/2009 (Lei Clodovil), incluiu o § 8º ao art. 57, com a seguinte redação: "O enteado ou a enteada, havendo motivo ponderável e na forma dos §§ 2º e 7º deste artigo, poderá requerer ao juiz competente que, no registro de nascimento, seja averbado o nome de família de seu padrasto ou de sua madrasta, desde que haja expressa concordância destes, sem prejuízo de seus apelidos de família." Assim, contemplou a possibilidade da coexistência de dois vínculos, mas sem enunciar os consectários jurídicos decorrentes.

---

10. CC/02, art. 1.638, II.
11. RODRIGUES, Silvio. *Direito Civil* – Direito de família. 28. ed. 2004, p. 361.
12. LOBO, Paulo. *Código Civil Comentado:* direito de família (arts. 1.591 a 1.693). 2003, p. 225.
13. ECA art. 50, § 13, I.

Mais uma vez a doutrina é chamada a se pronunciar e, como esperado, não houve unanimidade quanto ao alcance da lei e os respectivos impactos na parentalidade. Exemplificativamente colhemos as considerações de Paulo Lobo:

> O acréscimo de sobrenome não altera a relação de parentesco por afinidade como o padrasto ou madrasta, cujo vínculo assim permanece sem repercussão patrimonial, uma vez que tem finalidade simbólica existencial. Consequentemente, não são cabíveis pretensões a alimentos ou sucessão hereditária, em razão desse fato.[14]

Em sentido oposto, Christiano Cassettari[15] passou a defender aquela alteração na LRP seria o ingresso da *multiparentalidade no direito brasileiro*, com todos os efeitos jurídicos correspondentes.

Como se vê, enquanto o primeiro autor enxergou apenas o reconhecimento simbólico dessas relações existenciais e afetivas externado no acréscimo ao sobrenome, porém destituído de qualquer responsabilidade parental, o segundo autor passou a defender o cabimento de todos os efeitos jurídicos existenciais e patrimoniais decorrentes da pluralidade de vínculos parentais.

Independentemente de quem guardasse razão naquele momento, o fato é que o dispositivo legal abalou a clássica *estrutura binária da filiação. Como se depreende passou a ser juridicamente possível o registro de nascimento espelhar uma multiplicidade de vínculos afetivos.*

Do permissivo legal, não se percebeu um crescimento expressivo de demandas de multiparentalidade. Nos *litígios envolvendo disputa entre parentalidade biológica e socioafetiva, a manutenção da estrutura binária da filiação detinha primazia e na ponderação entre as espécies, o princípio do melhor interesse da criança balizava o caso concreto. Por outras palavras, o efeito real da lei foi insignificante.*

Constatamos que há uma zona gris entre a Lei de Registro Público e os Provimentos 63/17 e 83/19 do CNJ. Os provimentos, ao tratarem da paternidade socioafetiva estabelecem que o vínculo afetivo da paternidade ou maternidade socioafetiva, para fins de reconhecimento extrajudicial, deve ser comprovado mediante apuração objetiva da verificação de elementos concretos à configuração do estado de posse de filho.[16]

---

14. LOBO, Paulo. *Direito civil:* famílias. 2020, p.95.
15. CASSETTARI, Christiano. *Multiparentalidade e parentalidade socioafetiva*, 2014.
16. CNJ Prov. 63/17, art. 11. O reconhecimento da paternidade ou maternidade socioafetiva será processado perante o oficial de registro civil das pessoas naturais, ainda que diverso daquele em que foi lavrado o assento, mediante a exibição de documento oficial de identificação com foto do requerente e da certidão de nascimento do filho, ambos em original e cópia, sem constar do traslado menção à origem da filiação.

    § 1° O registrador deverá proceder à minuciosa verificação da identidade do requerente, mediante coleta, em termo próprio, por escrito particular, conforme modelo constante do Anexo VI, de sua qualificação e assinatura, além de proceder à rigorosa conferência dos documentos pessoais.

    § 2° O registrador, ao conferir o original, manterá em arquivo cópia de documento de identificação do requerente, juntamente com o termo assinado.

    § 3° Constarão do termo, além dos dados do requerente, os dados do campo *filiação* e do filho que constam no registro, devendo o registrador colher a assinatura do pai e da mãe do reconhecido, caso este seja menor.

    § 4° Se o filho for maior de doze anos, o reconhecimento da paternidade ou maternidade socioafetiva exigirá seu consentimento.

Os termos utilizados na Lei de Registro Público são madrasta, padrasto e enteado. Daí o porquê de a hipótese em comento não tratar de multiparentalidade. Guarda razão Paulo Lobo ao afirmar que nesse caso, a paternidade biológica não é desafiada pelo parentesco por afinidade.

---

§ 5º A coleta da anuência tanto do pai quanto da mãe e do filho maior de doze anos deverá ser feita pessoalmente perante o oficial de registro civil das pessoas naturais ou escrevente autorizado.

§ 6º Na falta da mãe ou do pai do menor, na impossibilidade de manifestação válida destes ou do filho, quando exigido, o caso será apresentado ao juiz competente nos termos da legislação local.

§ 7º Serão observadas as regras da tomada de decisão apoiada quando o procedimento envolver a participação de pessoa com deficiência (Capítulo III do Título IV do Livro IV do Código Civil).

§ 8º O reconhecimento da paternidade ou da maternidade socioafetiva poderá ocorrer por meio de documento público ou particular de disposição de última vontade, desde que seguidos os demais trâmites previstos neste provimento.

TERCEIRA PARTE
MULTIPARENTALIDADE NO DIREITO BRASILEIRO

Capítulo 8
SURGIMENTO DA IDEIA DE MULTIPARENTALIDADE NO DIREITO BRASILEIRO

A respeito da multiparentalidade nos deparamos com uma pequena produção doutrinária anterior à Tese de Repercussão Geral, sugerindo que esse instituto já ocorria na realidade fática das famílias e do direito brasileiros. Nessa direção a família homoafetiva, a filiação proveniente das técnicas de reprodução assistida heteróloga e a alteração na Lei de Registro Público pela Lei Clodovil de 2009 são exemplos de relações constituídas por vínculos múltiplos, que teriam servido, segundo esse entendimento, para indicar o surgimento da multiparentalidade no direito brasileiro.

Entre nós, um dos primeiros autores a escrever sobre multiparentalidade foi Marcos Catalan. O autor, em 2012, chamou atenção para o que denominou de fenômeno da multiparentalidade. Através de uma metáfora, nos transportou no tempo, para situar no anteontem, do direito de família a discussão da legitimidade e ilegitimidade da filiação, no ontem, no direito de ter um pai, hoje, e no porvir as preocupações relativas ao fenômeno da multiparentalidade.

O autor afirma que:

> O desafio está posto: ele consiste em ultrapassar o legado reducionista que contamina o direito codificado – um pai, uma mãe – e a redimensionar as possibilidades normativas contidas no universo das relações pluriparentais, fortalecendo as realidades familiares [...].Infira-se, ademais, que é factível conceber que a aceitação pelo Direito do fenômeno da multiparentalidade promoverá a imposição e o delineamento – tão importante – de deveres como os de sustento e de cuidado, a cogestão no exercício das autoridades parentais, conformando, ainda, aspectos atados à guarda compartilhada (ou não) e ao exercício do dever de visitas.[1]

Christiano Cassetari também aparece entre os primeiros doutrinadores dedicado ao estudo da multiparentalidade. Segundo o autor, a alteração na lei de Registros Públicos inaugurou a *multiparentalidade no direito brasileiro*, com todos os efeitos jurídicos correspondentes a parentalidade.[2]

Em outro trabalho Marcos Catalan reafirmou que os contornos jurídicos das famílias contemporâneas apontaram para uma miríade de brasileiros imersos em arranjos familiares multiparentais. Realidade social que, segundo ele, aos poucos bateu às portas

---

1. CATALAN. Marcos. Um ensaio sobre a multiparentalidade: explorando no ontem pegadas que levarão ao amanhã. *Revista da Faculdade de Direito – UFPR*, 2012, p 153 e158.
2. CASSETTARI, Christiano. *Multiparentalidade e parentalidade socioafetiva*, 2014.

do judiciário brasileiro, a exemplo dos Tribunais de Minas Gerais, Santa Catarina e São Paulo que, timidamente, acolheram a multiparentalidade nos julgados.

Quanto ao STJ, o autor percebeu que a orientação majoritária era pelo não cabimento da multiparentalidade, embora numa das últimas decisões da Corte, antes da decisão do STF sobre a Tese 622, em 2016, constatou uma mudança na direção de entendimentos favoráveis a multiparentalidade. Concluiu que aos poucos os Tribunais Brasileiros se renderiam, ao que chamou de admirável mundo novo, onde as escolhas de Sofia, talvez não fossem mais necessárias,[3] ou seja, a desnecessidade de se escolher entre a paternidade biológica ou socioafetiva.

Sem embargo, das relevantes contribuições ao tema, defendemos que o ingresso da multiparentalidade no direito brasileiro, somente se deu pela via jurisprudencial, após o julgamento da Tese 622 pelo STF. Posicionamento lastreado nas razões apresentadas abaixo:

Em abril de 2009 foram lançados pela Corregedoria Nacional de Justiça, órgão vinculado ao Conselho Nacional de Justiça (CNJ), modelos únicos de certidões de nascimento, casamento e óbito.[4] No caso da certidão de nascimento, o campo onde constava o nome do pai e da mãe foi substituído pelo campo filiação, abrindo a possibilidade de registro de crianças, por casal do mesmo sexo. Trata-se da hipótese do reconhecimento jurídico da dupla parentalidade (feminina ou masculina), ou seja, no registro passou a constar o nome do casal parental (masculino ou feminino). A identidade de gênero manteve o critério binário da filiação, não contemplando a multiparentalidade.

No tocante a filiação proveniente das técnicas de reprodução assistida heteróloga o CNJ a regulou no Provimento 63/2017, nos seguintes termos:

> Art. 16 [...], § 3º O conhecimento da ascendência biológica não importará no reconhecimento do vínculo de parentesco e dos respectivos efeitos jurídicos entre o doador ou a doadora e o filho gerado por meio da reprodução assistida.

Manteve a distinção entre estado de filiação e origem genética, ou seja, os múltiplos vínculos ínsitos à utilização da técnica de reprodução assistida heteróloga, não podem reverberar nos efeitos jurídicos da filiação, o que também afasta a multiparentalidade.

Em relação à Lei Clodovil de 2009, repisamos que a inscrição do sobrenome do padrasto e/ou madrasta no registro de nascimento do enteado é destituída de força de constituição de parentalidade socioafetiva, pois em momento algum a lei faz qualquer remissão à constituição da posse de estado de filho. O intuito é meramente uma "finalidade simbólica existencial".[5]

---

3. Disponível em: http://www.revistadederecho.com/main.php.CATALAN. Marcos. La multiparentalidad bajo el lente de los Tribunales Brasileños: hoy, tal vez, la elección de Sofía habria sido otra. *Revista de Derecho da Universidad de Concepción*. 2015.

4. Disponível em: https://www.cnj.jus.br/novos-modelos-de-certidoes-de-nascimento-casamento-e-obito-passam--a-vigorar-nesta-sexta-feira. CNJ. Novos modelos de certidões de nascimento, casamento e óbito passam a vigorar nesta sexta-feira.2009.

5. LOBO. Paulo. *Direito Civil*: famílias. 2020, p. 95.

Em meio às controvérsias doutrinárias e jurisprudenciais, em relação a multiparentalidade, chegamos ao mês de outubro de 2015, quando o Min. Luiz Fux determinou que houvesse a substituição do RE 841.528 (oriundo da conversão do ARE 692.186 em recurso extraordinário – DJe de 09.09.2014) pelo recurso extraordinário (898.060), como paradigma do Tema 622, que reconheceu a existência de repercussão geral da controvérsia relativa à prevalência ou não da paternidade socioafetiva em detrimento da biológica.

Capítulo 9
AFIRMAÇÃO DA MULTIPARENTALIDADE COM BASE NA TESE 622 DO STF

As questões envolvendo o conflito entre a paternidade socioafetiva desafiando a paternidade biológica e vice versa, diante da complexidade de seus efeitos, inevitavelmente bateram às portas do STF.

O caso paradigma se revela, nos seguintes termos, conforme se extrai do relatório proferido pelo Ministro Relator. Em 2003, F.G (19 anos) ingressou com ação de investigação de paternidade cumulada com a retificação de registro civil, e a fixação de alimentos, em face de A.N. Segundo historiou a autora, na petição inicial A.N e sua mãe S.G se relacionaram por aproximadamente quatro anos. Antes do término daquela relação S.G engravidou, mas foi abandonada por A.N. Neste ínterim S.G conheceu I.G e pouco tempo depois casaram-se. Quando F.G nasceu foi registrada como filha de I.G. Durante 14 anos, esta realidade fez parte das vidas de F.G e I.G, que também supunha sua paternidade biológica, em relação àquela. Crença que foi desfeita quando tomaram conhecimento, através da sua mãe e, na ocasião ex-mulher, respectivamente, que F.G era filha biológica de A.N. Ocasião, em que entabulou contatos preliminares com A.N, embora mantendo o relacionamento afetivo com I.G.

Citado, A.N contestou com algumas preliminares, "bem como a falta de interesse moral na busca da paternidade biológica, a qual não prepondera sobre a paternidade reconhecida"[1]. No mérito negou o relacionamento com S.G e por extensão a paternidade de F.G. I.G. embora citado, não apresentou defesa.

Realizado exame de DNA restou comprovada a paternidade biológica de A.N, em relação a F.G. Na audiência de instrução, todavia a magistrada constatou a existência e a permanência do vínculo afetivo entre F.G e I.G. Sem embargo do reconhecimento da paternidade socioafetiva consolidada, a fundamentação da sentença ingressou por caminhos distintos:

> a sobreposição da verdade socioafetiva à genética não se sustenta, porquanto "a descoberta posterior, em casos como o presente, acerca do vínculo biológico traz consigo a ciência da falsidade ideológica existente no registro público de nascimento" e "o conhecimento acerca da sua história de vida e de saúde (obtidos por meio dos dados genéticos), a verdadeira identidade pessoal e biológica, constituem direitos garantidos pela Legislação Brasileira e inseridos no conceito da dignidade da pessoa humana, princípio albergado pela nossa Constituição". Por tais motivos, julgo procedente o pedido formulado por F. G. de retificação de seu registro de nascimento, excluindo-se a paternidade de I. G. e incluindo-se a de A.

---

1. TJSC. Comarca da Capital. 2ª Vara da Família. Proc. 023. 03.060121-8. (março/2010).

N., além de determinar o pagamento pelo último de pensão alimentícia equivalente a quatro salários mínimos mensais, desde a citação inicial até a conclusão do curso universitário pela demandante.[2]

A.N recorreu da decisão e a Quarta Câmara de Direito Civil do Tribunal de Justiça do Estado de Santa Catarina, por maioria de votos, deu parcial provimento à apelação. O Relator, no acórdão adotou entendimento oposto ao tomado pela instância monocrática. Vejamos uma parte da ementa:

[...]

O demandado é, de fato, pai biológico da postulante – Forte vínculo de afetividade entre esta e o pai registral, contudo, a caracterizar situação de paternidade socioafetiva, havendo, até mesmo, manifestação expressa por parte desses dois indivíduos, no sentido de que continuarão a se reconhecer como pai e filha independentemente do resultado do processo judicial – Estado de filiação preexistente que impede o reconhecimento daquele reclamado em relação ao requerido/apelante – Improcedência do pedido, neste ponto, que orienta para a mesma solução quanto à alteração do registro civil de nascimento e condenação do recorrente ao pagamento de alimentos em favor da autora – Provimento parcial do recurso, com a manutenção da sentença apenas no que tange à declaração de origem biológica da postulante. Se os elementos de convicção constantes dos autos não evidenciam o suposto vício de consentimento por erro quanto ao reconhecimento da paternidade, estando demonstrado, ademais, que tal ato se fez seguir e acompanhar de afetividade verdadeira, mantida a posse do estado de filho desde o nascimento da registrada, e que, passadas quase 3 (três) décadas, todos os indicativos existentes apontam para a irreversibilidade dessa situação, deve prevalecer a paternidade socioafetiva, baseada na convivência duradoura, no cultivo do afeto e na plena assistência, elementos que melhor identificam uma relação parental entre pais e filhos de que o mero vínculo genético. O estado de filiação, em hipóteses tais, já se estabeleceu previamente em relação ao pai afetivo e, portanto, não deverá ser reconhecido em sede de ação investigatória, proposta pelo filho contra o suposto pai biológico.

Na espécie, ainda, a flagrante rejeição e desinteresse do requerido em se relacionar com a autora mostra que o atendimento da pretensão por ela deduzida, neste particular, apenas poderia lhe conferir benefícios de ordem material, visto que a prestação de amor, carinho e afeto, esta não se pode impor àquele que, pela vontade própria, a recusa. [3]

E.G, inconformada, ingressou com Embargos Infringentes, os quais foram providos à unanimidade de votos, pelo Grupo de Câmaras de Direito Civil do Tribunal de Justiça do Estado de Santa Catarina, "para nos termos da sentença e do voto vencido declarar a paternidade de A.N em relação a E.G. Assentou o acordão que:

[...]

1. Direito à paternidade biológica. princípios da dignidade da pessoa humana (art. 1º, inciso III, da CF) e da igualdade entre os filhos (art. 227, § 6º, da CF). Exame de DNA positivo. Filiação comprovada. Paternidade registral-afetiva concedida em erro que não afasta o reconhecimento do vínculo genético, o qual gera, indubitavelmente, efeitos jurídicos relativos ao nome, alimentos e herança. Alteração do registro de nascimento. Reflexos patrimoniais inafastáveis. [...].[4]

Analisando os variados argumentos utilizados, durante o curso processual consta-ta-se a ausência de uniformidade e as dificuldades provenientes do conflito resultante

---

2. TJSC. Comarca da Capital. 2ª Vara da Família. Proc. 023. 03.060121-8. (março/2010).
3. TJSC. Agravo de Instrumento 2011.024143-5 e Apelação Cível 2011.027498-4. (setembro/2011).
4. TJSC. Embargos Infringentes 2012.038525-9. Origem: Capital – 2ª Vara (novembro/2013).

entre as paternidades socioafetiva e biológica. A Quarta Câmara de Direito Civil do Tribunal de Justiça do Estado de Santa Catarina, por maioria de votos, em entendimento oposto ao adotado, pelas instâncias acima referidas, reconheceu que o estado de filiação socioafetiva estava consolidado. Fato impeditivo de qualquer alteração do registro civil da autora, no âmbito do direito de família, mas manteve a declaração de origem biológica da postulante, em atenção ao seu direito de personalidade. Ou seja, o acórdão, em nossa opinião, adotou a escorreita orientação que estado de filiação e origem genética constituem dimensões distintas, cujos efeitos jurídicos, também são distintos.

Por outro lado, a tônica da sentença monocrática e do acórdão proferido pelo Grupo de Câmaras de Direito Civil do Tribunal de Justiça do Estado de Santa Catarina privilegiaram a paternidade biológica, em detrimento da incontrastável paternidade socioafetiva. A rendição ao critério biológico revela desprezo à história de vida e a manifestação genuína da afetividade entre F.G e I.G. Esse aspecto está claramente aludido no acórdão da Apelação.

> Na espécie, ainda, a flagrante rejeição e desinteresse do requerido em se relacionar com a autora mostra que o atendimento da pretensão por ela deduzida, neste particular, apenas poderia lhe conferir benefícios de ordem material, visto que a prestação de amor, carinho e afeto, esta não se pode impor àquele que, pela vontade própria, a recusa. [5]

A.N irresignado, com o julgamento proferido pelo Grupo de Câmaras de Direito Civil do Tribunal de Justiça do Estado de Santa Catarina, interpôs Recurso Extraordinário. F.G apresentou contrarrazões ao Recurso Extraordinário. Pela notória repercussão geral, em 2016 apresentaram-se como *amici curiae* o Instituto Brasileiro de Direito de Família (IBDFAM), a Associação de Direito de Família e das Sucessões (ADFAS) e o Instituto dos Advogados de São Paulo (IASP).

O IBDFAM ressaltou o afeto, justificado na solidariedade mútua, como elemento fulcral das relações de família moderna e traça a possibilidade do reconhecimento de dois direitos: o de ascendência genética e o de relação de parentesco. O primeiro ligado à identidade biológica e o segundo às relações familiares. Vale frisar que esta cominação de direitos se encontra distante dos efeitos próprios da multiparentalidade, conforme veremos mais adiante.

O IBDFAM pleiteou que o reconhecimento jurídico das duas espécies de paternidades (socioafetiva e biológica), se desse em igualdade condições. E, diante do caso concreto houvesse o reconhecimento da paternidade socioafetiva, em face da consolidação da posse de estado de filiação entre às partes, em detrimento do vínculo biológico. Os argumentos apresentados pelo IBDFAM, para subsidiar o deslinde do caso, foram colhidos a partir das contribuições oferecidas, por vários doutrinadores familiaristas, entre eles Paulo Lobo. Posicionamento, comprovado quando foi referenciado, a imprescindibilidade da necessária compreensão que estado de filiação e origem genética constituem dimensões distintas, com efeitos jurídicos próprios. Vejamos

---

5. TJSC. Agravo de Instrumento 2011.024143-5 e Apelação Cível 2011.027498-4. (setembro/2011).

O estado de filiação, que decorre da estabilidade dos laços afetivos construídos no cotidiano de pai e filho, constitui fundamento essencial da atribuição de paternidade ou maternidade. Nada tem a ver com o direito de cada pessoa ao conhecimento de sua origem genética. São duas situações distintas, tendo a primeira natureza de direito de família e a segunda de direito da personalidade.

Toda pessoa tem direito fundamental, na espécie direito da personalidade, de vindicar sua origem biológica [...]. Esse direito é individual, personalíssimo, não dependendo de ser inserido em relação de família para ser tutelado ou protegido. Uma coisa é vindicar a origem genética, outra a investigação da paternidade/ maternidade.[6]

O IBDFAM firmou posição quanto a impossibilidade de se fixar, em abstrato, a prevalência de paternidade, em detrimento da outra. A opção por uma das espécies de vínculo excluiria o outro.

A ADFAS pugnou pela não atribuição de efeito vinculante à prevalência de uma das espécies de paternidade – biológica ou socioafetiva e pela impossibilidade do reconhecimento da multiparentalidade ou pluriparentalidade.

Por fim, o IASP propugnou que a decisão não poderia afirmar, genericamente, que a parentalidade socioafetiva prevalecesse sobre o vínculo de parentesco biológico, ou vice-versa e que os efeitos da decisão deveriam permanecer restritos às partes litigantes, não cabendo o efeito *erga omnes*, muito menos, a conversão do entendimento em "súmula vinculante", diante das particularidades do caso.

Autos enviados à Procuradoria Geral da República, para o parecer, do então Procurador Geral, Rodrigo Janot. Nas considerações preliminares, o Procurador Geral chama atenção dos critérios para fins de repercussão geral e, enaltece que a tese de repercussão geral, principalmente diante das filigranas subjacentes ao caso, para ser replicada deve ser restrita aos casos que guardem semelhança ao caso paradigma.

A complexidade do caso reclama uma nota inicial acerca da sistemática da repercussão geral e da relevância a ser dada tanto à escolha do paradigma como à definição precisa da tese a ser apreciada. O sistema de repercussão geral visa garantir segurança e sistematicidade ao Direito por meio do modelo de precedentes, convertendo o Supremo Tribunal Federal em uma Corte de Teses. Informa-o o axioma da isonomia, na medida em que conduz à observância de mesma solução para casos idênticos em seus elementos essenciais.

[...].

Nesse sentido, a Corte não pode apenas ser inspirada pelo paradigma: é preciso que a fixação da tese – de grau mais abstrato do que as normas costumeiramente ditadas pelo Judiciário, mas ainda não dotada dos mesmos atributos de abstração da lei – seja decorrência da solução necessária ao caso posto, que deverá ser replicada aos demais que comunguem dos mesmos elementos essenciais, e da fundamentação desse não exorbite. É dizer: por mais relevante que um tema seja, não pode a Corte Suprema desde já sobre ele se pronunciar e fixar tese sem que se identifique a necessidade de sua resolução para o deslinde da causa paradigmática.

[...]

Ademais, a fixação da tese deve ser calibrada pelas peculiaridades de densificação fática que podem estar envolvidas nos múltiplos casos em que a questão se apresenta. Se o nível de complexidade fática

---

6. LOBO, Paulo. Direito ao estado de filiação e origem genética: uma distinção necessária. *Revista Brasileira de Direito de Família*. 2003, p. 151 e 153.

da questão é tal que impede uma abstração segura da tese, o Supremo Tribunal deve recursar a tarefa de solidificação de um norte, sob pena de novamente gerar mais instabilidade do que segurança.[7]

Os critérios norteadores do parecer foram extraídos a partir dos seguintes enunciados: "a possibilidade de, a qualquer tempo, haver o reconhecimento da paternidade biológica a pedido do filho, inoponível pelos parentes biológicos com todos os consectários legais" e "da impossibilidade de fixar-se em abstrato a prevalência de um tipo de vínculo parental sobre o outro". [8]

De relevante do primeiro enunciado extrai-se a preponderância atribuída a autonomia da vontade do filho no contexto do reconhecimento de paternidade.

> Ocorre que a paternidade, na perspectiva do pai, é frutificação; na do filho, é essência. A identidade do filho é profundamente marcada, por consonância ou dissonância, pela de seus pais, mas nunca lhe é indiferente.
>
> [...]
>
> Nesse sentido, incumbe tão somente ao filho decidir sobre a necessidade de reconhecimento do vínculo biológico como elemento identitário e assumir os consectários dessa escolha que, simultaneamente, é indelével em termos físicos e pode ou não ganhar dimensão psicossocial. Exatamente em razão de essa marca ser inarredável é que a qualquer tempo pode ser intentada a ação de reconhecimento da paternidade biológica. De outro lado, pode o filho também quedar-se inerte ou até mesmo ajuizar ação exclusivamente de declaração de ascendência genética, na medida em que o ordenamento jurídico, ao estabelecer as múltiplas formas de reconhecimento do vínculo parental, reconhece implicitamente como premissa que ser pai vai além da ligação de sangue e, portanto, a mera presença dessa pode ser insuficiente.[9]

O segundo enunciado coincide com os argumentos apresentados por todos os *amici curiae*, anteriormente mencionados, acerca da impossibilidade de fixar em abstrato a prevalência de uma forma de paternidade sobre as demais.

Em linha conclusiva, o parecer da PGR contemplou os dois enunciados e, aditou outro:

> É possível o reconhecimento jurídico da existência de mais de um vínculo parental em relação a um mesmo sujeito, pois não admite a Constituição restrições injustificadas à proteção dos diversos modelos familiares, cabendo à análise em cada caso concreto se presentes elementos para a coexistência dos vínculos ou para a prevalência de um deles.[10]

Após minucioso relatório, o Ministro Relator constatando a superação de todos os óbices processuais e preenchimento dos requisitos de admissibilidade do Recurso Extraordinário inicia seu voto conhecendo do recurso extraordinário e, no mérito, limitando-o à questão constitucional de repercussão geral reconhecida pelo Plenário Virtual, sintetizado na ementa transcrita abaixo:

---

7. Ministério Público Federal. Procuradoria Geral da República. N. 159600/2016 – ASJCIV/SAJ/PGR.
8. Ministério Público Federal. Procuradoria Geral da República. N. 159600/2016 – ASJCIV/SAJ/PGR.
9. Ministério Público Federal. Procuradoria Geral da República. N. 159600/2016 – ASJCIV/SAJ/PGR.
10. Ministério Público Federal. Procuradoria Geral da República. N. 159600/2016 – ASJCIV/SAJ/PGR.

Recurso Extraordinário com Agravo. Direito civil. Ação de anulação de assento de nascimento. Investigação de paternidade. Imprescritibilidade. Retificação de registro. Paternidade biológica. Paternidade socioafetiva. Controvérsia gravitante em torno da prevalência da paternidade socioafetiva em detrimento da paternidade biológica. Art. 226, *caput*, da constituição federal. Plenário virtual. Repercussão geral (ARE 692.186 RG, Rel. Min. Luiz Fux, Plenário Virtual, DJe de 21/02/2013).[11]

Importante ressaltar que em momento algum do pleito autoral, se extrai qualquer referência à multiparentalidade, não tendo sido esse objeto do pedido ou dos recursos.

9. 1 FUNDAMENTOS DO VOTO CONDUTOR NO STF

O Ministro Relator inicia suas considerações localizando a filiação, como um dos elementos integrantes dos direitos da personalidade. No, caso dos autos cumpre definir os efeitos jurídicos da paternidade biológica, antecedida por um vínculo socioafetivo.

A fundamentação do voto centra-se precipuamente no princípio da dignidade humana, na dimensão de tutela da felicidade e sua estreita vinculação com a concepção da família eudemonista, no princípio do melhor interesse do descendente, no direito ao conhecimento da origem biológica e no princípio da paternidade responsável.

Assentada a base principiológica, o relator incursiona pelo direito comparado trazendo à baila a experiência da Suprema Corte do Estado de Louisiana (EUA), a qual possui jurisprudência consolidada, acerca da dupla paternidade. O modelo jurisprudencial foi incorporado em 2005, no Código Civil daquele Estado norte-americano que passou a regular legalmente a dupla paternidade.

SUBSEÇÃO C. Outros métodos de estabelecimento de paternidade

Art. 196. Reconhecimento formal; presunção

Um homem pode, por ato autêntico, reconhecer uma criança não filiada a outro homem. O reconhecimento cria uma presunção de que o homem que reconhece o filho é o pai. A presunção pode ser invocada apenas em nome da criança. Exceto quando disposto em contrário nos casos de custódia, visitação e pensão alimentícia, o reconhecimento não cria uma presunção em favor do homem que o reconhece.

Art. 197. Ação da criança para estabelecer paternidade; prova; período de tempo.

Uma criança pode iniciar uma ação para provar a paternidade, mesmo que se presume que ela é filha de outro homem. Se a ação for instaurada após a morte do suposto pai, a criança deve provar a paternidade por meio de evidências claras e convincentes.

Apenas para fins de sucessão, esta ação está sujeita a um período peremptivo de um ano. Este período peremptivo começa a correr a partir do dia da morte do suposto pai.

Art. 198. Ação do pai para estabelecer paternidade; período de tempo.

Um homem pode instaurar uma ação para estabelecer sua paternidade de criança a qualquer momento, exceto conforme disposto neste artigo. A ação é estritamente pessoal.

Se se presume que a criança é filha de outro homem, a ação deve ser iniciada no prazo de um ano a partir do dia do nascimento da criança. No entanto, se a mãe de má fé enganou o pai da criança em relação à sua paternidade, a ação será instaurada dentro de um ano a partir do dia em que o pai soube

---

11. Disponível em: stf.jus.br. STF. RE 898060 (SC), set/2016.

ou deveria saber de sua paternidade, ou dentro de dez anos a partir do dia do nascimento da criança, o que ocorrer primeiro.

Em todos os casos, a ação será instaurada o mais tardar um ano a partir do dia da morte da criança.

Os períodos deste artigo são peremptivos.[12]

Nessa linha, o Ministro Relator constrói seu voto afirmando que: "é imperioso o reconhecimento, para todos os fins de direito, dos vínculos parentais de origem afetiva e biológica, a fim de prover a mais completa e adequada tutela aos sujeitos envolvidos".[13]

O Ministro Relator, subsidiou o voto em alguns julgados da Suprema Corte da Louisiana fundamentados na tese da dupla parentalidade, mas dedicou especial olhar ao *leading case* de Smith x Cole,[14] provavelmente, por conter semelhanças com o *leading case* brasileiro.

Na Louisiana, a legislação acolhe a presunção *pater is est*. No caso, acima referido, o pai presuntivo mesmo sabendo que não era o pai biológico da criança, a reconheceu e, também não se valeu dos prazos para impugnar a paternidade. Em decorrência dos efeitos da dupla paternidade, o vínculo da paternidade legal, não foi alterado, mesmo diante da prova posterior de vínculo biológico. E, a Suprema Corte se valendo de outros precedentes decidiu, no caso Smith x Cole que:

> A suposta aceitação do pai de responsabilidades paternas, por intenção ou defeito, não garante o benefício do pai biológico. O pai biológico não foge de suas obrigações de apoio apenas porque outros podem compartilhar com ele a responsabilidade. Os pais biológicos são obrigados civilmente pelo apoio de seus filhos.

> Em resumo, a lei da Louisiana pode fornecer a presunção de que o marido da mãe é o pai legal de seu filho enquanto reconhece a paternidade real de um pai biológico. Quando o pai, por presunção não nega oportunamente a paternidade, ele se torna o pai legal. Uma ação de filiação proposta em nome da criança, então, apenas estabelece o fato biológico da paternidade. A ação de filiação não prejudica a criança nem afeta o status de legitimidade da criança. O resultado aqui é que o pai biológico e a mãe compartilham as obrigações de apoio da criança.[15]

Transportando a situação do Estado de Louisiana (EUA) à realidade da demanda exibida no STF, o Ministro Relator mostrava-se convencido que a solução mais apro-

---

12. Disponível em: http://legis.la.gov/Legis/Law.aspx?d=109243 - Civil Code Art. 196 e ss. (SUBSECTION C. OTHER PATERNITY ESTABLISHMENT METHODS).
13. Disponível em: stf.jus.br. STF. RE 898060 (SC). Voto Min. Relator (set/2016).
14. Disponível em: https://law.justia.com/cases/louisiana/supreme-court/1989/89-c-1134-2.html. *Supreme Court da Louisiana. (553 2d 847 (1989)*. Ledora McCathen SMITH v. Playville Joseph COLE.89-C-1134).
15. Disponível em: https://law.justia.com/cases/louisiana/supreme-court/1989/89-c-1134-2.html (*553 2d 847 (1989)*. Ledora McCathen SMITH v. Playville Joseph COLE.89-C-1134).

    The father's supposed acceptance of paternal responsibilities, by intention or defect, does not guarantee the biological father's benefit. It is the fact of biological paternity or maternity that forces parents to nurture their children. The biological father does not shirk his support obligations just because others can share the responsibility with him. Biological parents are civilly obliged to support their children.

    In short, Louisiana law can provide the presumption that the mother's husband is the legal father of her child while recognizing the real paternity of a biological father. When the presumptuous father does not timely deny paternity, he becomes the legal father. A filing action proposed on behalf of the child, then, only establishes the biological fact of paternity. Filiation does not harm the child or affect the child's legitimacy status. The result here is that the birth father and mother share the child's support obligations.

priada para responsabilizar o pai biológico dos seus deveres parentais era mediante a aplicação da dupla paternidade.

Nestes termos, consignou seu voto, no sentido de negar provimento ao Recurso Extraordinário e propôs a fixação da seguinte tese para aplicação a casos semelhantes: "A paternidade socioafetiva, declarada ou não em registro público, não impede o reconhecimento do vínculo de filiação concomitante baseado na origem biológica, com os efeitos jurídicos próprios".

Apesar do Ministro Relator referenciar as diversas formas de parentesco, a igualdade entre eles e o princípio da afetividade, optou por guiar seu voto segundo a experiência estrangeira da dupla parentalidade.

Foi dessa maneira que a multiparentalidade ingressou no sistema jurídico brasileiro, de modo surpreendente e inesperado, não só pelas incipientes doutrina e jurisprudência brasileiras, mas também por não ter sido objeto do pedido e dos recursos nesse caso paradigma.

O Ministro Ricardo Lewandowski, embora tenha acompanhado integralmente o voto do Ministro Relator, mas em seu voto não escondeu a surpresa da tese da multiparentalidade, quando afirmou:

> Portanto, é um precedente importante, já que não há, na jurisprudência pátria, nenhum paradigma em que nós possamos nos inspirar. [...]. Não temos nenhum precedente sobra essa questão e a Suprema Corte agora está se pronunciando sobre essa matéria.

Aberto os debates, a advogada do recorrente, em pedido de esclarecimento dirigido ao Plenário do STF, ratificou enfaticamente, que a autora na peça inaugural, não fez qualquer alusão à multiparentalidade. Em réplica, o Ministro Relator afirmou de maneira enfática que poderia usar o fundamento que quisesse no voto e, isto não denotava usurpação de competência.

> Aqui, podemos abordar vários aspectos sem prejuízo de julgarmos a causa específica e o tema da tese. A tese não é de multiparentalidade; a tese é que a existência da paternidade socioafetiva não inibe a busca da identidade genética com todos os seus consectários.[16]

9.2 FUNDAMENTOS DO VOTO DIVERGENTE NO STF

Inaugurando a divergência de fundo, o Ministro Edson Fachin inicia seu voto demarcando que o caso concreto encontra resposta na normativa constitucional, em especial com o reconhecimento da igualdade jurídica da filiação, independente da origem (biológica ou socioafetiva). Se manifesta pela inexistência, no caso concreto, de um conflito de paternidade, porém a controvérsia sobre qual das paternidades socioafetiva ou biológica deve prevalecer.

De um lado, o vínculo socioafetivo consolidado no tempo, com os requisitos da posse de estado de filiação preenchidos e, de outro o vínculo biológico da autora, devidamente comprovado. Situação que instiga o seguinte questionamento, por parte do Ministro: "qual espécie de vínculo tem a aptidão para determinar a relação parental"?

---

16. Disponível em: stf.jus.br. STF. RE 898060 (SC). Voto Relator (set/2016).

Neste primeiro momento, a reflexão do ministro visa estabelecer com precisão a necessária distinção entre estado de filiação e origem genética. Segundo ele, o estado de filiação enquanto categoria jurídica é aquele cuja aferição retrata uma situação relacional objetiva, pautada na riqueza e na realidade fática dos vínculos afetivos entre pais e filhos. Enquanto a origem genética diz respeito ao direito do filho de conhecer seus vínculos biológicos, na dimensão dos direitos da personalidade, a exemplo da adoção.

Relação de parentalidade não se confunde com relação de conjugalidade, por esta razão, *a priori* não há prevalência de uma espécie de vínculo, em detrimento do outro. Se o vínculo socioafetivo antecede o vínculo biológico, este não deve prevalecer sobre àquele, em razão apenas de resultados genéticos. Sua incidência de dará, se não houver uma paternidade e um estado de filiação socioafetiva estabelecidos.

O sentido relacional estabelece limite às ações negatória e investigatória de paternidade, ou seja, o pai socioafetivo não deixará de ser pai e, nem o filho deixará de ser filho, exclusivamente pela descoberta de um vínculo biológico posterior. "Não há um direito potestativo de escolher de quem se será filho, e de quantos pais se será filho".

O Ministro ratifica a efetiva viabilidade jurídica da multiparentalidade, porém em caráter excepcional e dentro de parâmetros congruentes à realidade do caso concreto. Deste modo afirma que:

> A multiparentalidade só pode ser reconhecida quando se expressa na realidade da socioafetividade (o pai biológico quer ser pai, o pai socioafetivo não quer deixar de sê-lo, e isso atende ao melhor interesse da criança – ou é consentido pelo adolescente.[17]

Sem embargo, de multiparentalidade não se trata a hipótese contemplada no caso concreto, cuja solução encontra-se na necessária distinção entre estado de filiação e origem genética.

Por fim, o Ministro propôs a seguinte tese:

> Diante da existência de comprovado vínculo socioafetivo com um pai, demonstrado pela posse de estado de filho reforçada por registro civil, e de vínculo apenas biológico com outro genitor, ambos devidamente evidenciados, somente o vínculo socioafetivo impõe juridicamente efeitos materiais, gerando vínculo parental e direitos dele decorrentes, assegurado o direito personalíssimo à revelação da ascendência genética.[18]

Estabelecendo o cotejo entre a tese fixada, pela maioria do Tribunal e, a tese proposta no voto divergente percebe-se naquela a convicção que, o melhor caminho para a realização dos princípios da dignidade da pessoa humana e, da paternidade responsável perpassa necessariamente pelo reconhecimento da simultaneidade dos vínculos, com a correspondente atribuição da responsabilidade parental aos dois pais.

Há uma clara ideia que, o reconhecimento do vínculo biológico, apenas para fins de origem genética é simplesmente uma paternidade de "faz de conta".

---

17. Disponível em: stf.jus.br. STF. RE 898060 (SC). Voto Min. Fachin. (set/2016).
18. Disponível em: stf.jus.br. STF. RE 898060 (SC). Voto Min. Fachin. (set/2016).

De outro lado, na tese divergente, há o enaltecimento da relevância do princípio constitucional implícito da socioafetividade e, seus impactos no direito de família brasileiro vanguardista, principiando com o reconhecimento jurídico do estado de filiação matizado, na mais genuína realidade afetiva relacional entre pai e filho.

É este o espírito de paternidade que preenche o conteúdo dos princípios constitucionais da paternidade responsável e do melhor interesse, estruturado na imperiosa distinção entre o estado de filiação proveniente do vínculo socioafetivo, daquele "vínculo apenas biológico com outro genitor."

Na sequência, analisaremos as dúvidas mais recorrentes por parte dos demais Ministros, quanto aos temas que gravitaram em torno da controvérsia da prevalência da paternidade socioafetiva em detrimento da paternidade biológica.

9.3 ARGUMENTOS ENCONTRADOS NOS DEMAIS VOTOS DOS MINISTROS DO STF

A decisão de mérito, do tema com repercussão geral foi no sentido que o Tribunal, por maioria e nos termos do voto do Relator, apreciando o tema 622 da repercussão geral, negou provimento ao recurso extraordinário, vencidos, em parte, os Ministros Edson Fachin e Teori Zavasck e na fixação da tese, vencidos em parte, os Ministros Dias Toffoli e Marco Aurélio.

De maneira constante percebe-se, da parte dos ministros, um claro inconformismo quanto ao descumprimento dos deveres parentais pelo pai biológico e a assunção deste conjunto de deveres pelo pai socioafetivo. Exceto no voto divergente, os demais ministros não vislumbraram a possibilidade de o pai biológico assumir as consequências e responsabilidades decorrentes do descumprimento dos deveres jurídico de parentalidade, sem a imputação da paternidade.

A categoria estado de filiação e origem genética foi explicitamente enfrentada no voto divergente, mas aos demais ministros causou espécie, ou, mesmo uma certa perplexidade quanto a finalidade e o alcance dessa distinção. Na verdade, restou patente a confusão, entre os Ministros que o direito ao conhecimento da origem genética não necessariamente significa a ruptura com os vínculos de filiação. A atribuição da paternidade ao pai biológico, nem sempre representa a melhor medida, daí decorre a imprescindível ponderação no caso concreto, se àquele critério representa o princípio do melhor interesse da filiação. Ficou evidenciada a dificuldade dos ministros, em compreender que paternidade biológica e paternidade jurídica não necessariamente coincidem. Em geral, as considerações gravitaram entre a indissociabilidade da paternidade com o vínculo biológico.

Não por acaso, a posição cravada no voto divergente, quanto a constar no registro a paternidade (biológica) apenas para fins de origem genética, sem nenhuma alteração no estado de filiação, causou inúmeras controvérsias. Nestes termos, o estado de filiação e os efeitos patrimoniais decorrentes continuam intactos com o pai socioafetivo.

Interessante destacar a categorização atribuída por alguns Ministros ao pai socioafetivo, o enquadrando enquanto ficção jurídica, como se a paternidade socioafetiva fosse espécie de parentesco de segunda classe. Posicionamento afrontoso ao reconhecimento da igualdade jurídica existente entre a filiação socioafetiva e biológica.

Quanto aos princípios constitucionais, constatamos por parte de alguns Ministros breves referências ao direito ao amor, como desinência do princípio da felicidade e, algumas considerações ao princípio do melhor interesse. Em relação ao princípio da paternidade responsável, em determinado momento foi conferido na perspectiva da dignidade humana e da busca pela felicidade, em outro associado ao cumprimento dos deveres parentais e, por último no sentido que a paternidade socioafetiva consolidada e chancelada pelo judiciário geraria um estímulo a paternidade irresponsável por parte do pai biológico. Sem dúvida a questão crucial recaiu na responsabilização do pai biológico pelo descumprimento dos deveres parentais e a assunção daqueles deveres próprios da paternidade, por outro homem em relação ao filho. Impende destacar que a referência feita ao princípio da responsabilidade parental, atinge os pais, *enquanto gênero*. O princípio da solidariedade familiar de modo *am passam também foi referenciado.*

Quanto ao registro civil, a discussão recaiu, primeiramente, na análise, se o pai socioafetivo que figurava no registro configuraria erro. Em seguida, se o registro deveria ser retificado com a substituição do pai socioafetivo pelo pai biológico ou, se deveria haver o acréscimo no registro dos dois pais. Dessa consideração emerge uma aproximação com a multiparentalidade.

No curso dos debates, em dois momentos distintos, suscitou-se que o caso concreto não versava sobre multiparentalidade, portanto o conflito da dupla paternidade não tinha chegado ao Supremo e, sim o reconhecimento da paternidade biológica com as consequências jurídicas decorrentes. Resultando no acolhimento, pela maioria dos ministros, da tese da multiparentalidade, porém consensuada a extensão minimalista da tese, ante sua inerente complexidade.

Findamos as considerações, com a tabela abaixo, a fim de demonstrar visualmente os temas mais recorrentes e, a frequência com que eles constaram nos votos, de cada Ministro. Para a tabela, utilizamos abreviações dos nomes dos Ministros: Marco Aurélio (MA), Dias Toffoli (DT), Teori Zavascki (TZ), Celso de Mello (CM), Carmen Lúcia (CL), Rosa Weber (RW), Gilmar Mendes (GM) Ricardo Lewandowski (RL).

Temas	Ministros							
	MA	DT	TZ	CM	CL	RW	GM	RL
Pai biológico	X	X	X	X	X	X		
Pai socioafetivo		X	X		X	X		
Socioafetividade			X	X		X		
Distinção entre origem genética e estado de filiação		X	X	X	X	X		
Registro Civil	X	X	X	X	X			
Princípios constitucionais		X		X	X	X	X	
Verdade biológica e verdade socioafetiva		X	X	X	X	X		
Multiparentalidade			X			X	X	X
Descumprimento dos deveres parentais (alimentos e sucessão)	X	X	X	X	X	X	X	X

Capítulo 10
REPERCUSSÃO NA DOUTRINA DA TESE 622 DO STF

Após a tese surgiram várias outras contribuições doutrinárias. Principiamos com as reflexões trazidas por Ricardo Calderón. Segundo ele, os principais reflexos da tese de repercussão geral foram o reconhecimento jurídico da afetividade, o vínculo socioafetivo e biológico em igual grau de hierarquia jurídica e, a possibilidade jurídica da multiparentalidade. Quanto a este último aspecto, considera que o acolhimento da tese representa uma conquista e "coloca – mais uma vez – o Supremo Tribunal Federal na vanguarda do direito de família".[1]

> A família contemporânea vivencia um processo de transição paradigmática, pelo qual se percebe um paulatino decréscimo de influências externas – da religião, do Estado e dos interesses do grupo social – e um crescente espaço destinado à realização existencial afetiva dos seus integrantes.[2]

Berenice Dias, por sua vez, defende que o reconhecimento da multiparentalidade sana uma lacuna, que há muito o direito de família reclamava, principalmente levando-se em consideração as famílias recompostas e os casos de procriação proveniente das técnicas de reprodução assistida. Para ela, a multiparentalidade configura uma verdadeira revolução em matéria de filiação, pois o modelo parental binário não acolhe a realidade das entidades familiares. Por esta razão, afirma que proibir famílias multiparentais só prejudica os filhos, pois a estes é imposta uma prova de lealdade: amar o pai biológico, ou o padrasto. Ao final um juiz decidirá quem será o pai. Questiona então: Será que precisaria optar somente por um deles? E, conclui afirmando que "Um é pouco, dois é bom e três não é demais".[3]

Próximas das considerações de Berenice Dias estão as tecidas por Rospigliosi e Chaves, quando afirmam que:

> Parentalidade múltipla pareceu tornar a vida menos difícil para aqueles que – em outras circunstâncias – deveriam usar o manto de Salomão e escolher quem deveria ser excluído da vida de uma criança. A interrupção do dogma binário permite que as pessoas tenham relacionamentos reconhecidos com todos os adultos que desempenharam um papel importante em suas vidas: aqueles com quem mantêm e mantêm laços emocionais desenvolvidos, bem como aqueles com quem compartilham material genético.

---

1. Disponível em: https://www.conjur.com.br/2016-set-25/processo-familiar-reflexos-decisao-stf-acolher-socioafetividade-multiparentalidade. CALDERÓN, Ricardo. Reflexos da decisão do STF de acolher sociafetividade e multiparentalidade. 2016.
2. CALDERÓN, Ricardo. Parentalidades simultâneas. (matéria de capa). *Revista do Instituto Brasileiro de Direito de Família*, 2016, p. 9.
3. Disponível em: https://www.conjur.com.br/2016-mai-01/processo-familiar-proibicao-multiparentalidade-prejudica-filhos. DIAS, Maria Berenice. Proibição das famílias multiparentais só prejudica os filhos. 2016.

[...]

Algumas pessoas terão apenas uma mãe amorosa sob seus cuidados. Outros vão morar em uma família tradicional de mãe e pai. Outros terão três ou mais pessoas em suas vidas defendendo as responsabilidades dos pais e o exercício das funções maternas e paternas. A lei deve respeitar a diversidade e a realidade de cada família. A supressão de qualquer um desses atores parentais seria um desrespeito à dignidade, um desdém pela igualdade e uma hierarquia entre as famílias.[4]

Tepedino e Teixeira ao tratarem da multiparentalidade, enquanto novo fenômeno de reconhecimento de vínculos parentais simultâneos independente da origem, afirmam que:

Trata-se, portanto, da possibilidade que a pessoa tem de estabelecer mais de duas relações jurídicas parentais – simultâneas ou não, mas vivenciadas por ela no decorrer da vida – no paradigma no qual vivemos, titularizando todos os direitos e deveres que normalmente decorrem do estado de filiação.[5]

Anderson Schreiber analisando os reflexos da multiparentalidade ressalta que a decisão abraçou o que já acontecia na realidade social, ou seja, a superação do modelo biparental, e a tutela de todas as diferentes formas de família. Abarcar a multiparentalidade importa em direitos e responsabilidades recíprocos, não apenas uma pessoa passar a ter dois pais ou duas mães. Isto não é espantoso. Espantoso é "que o Direito necessite, de tempos em tempos, de longas lutas e grandes revoluções apenas para se aproximar do mundo real".[6]

Em outro trabalho sobre a temática[7], Schreiber reconhece que, a visão entre os Ministros, na ocasião do julgamento não era homogênea. Porém, a decisão cessou o conflito em torno da paternidade biológica e da paternidade socioafetiva e acabou com a dura "escolha de Sofia," ao tempo em que rompeu com o dogma da biparentalidade.

Louva a decisão e faz a seguinte consideração:

Em um campo tão delicado como o da família, cercado de "pré-conceitos de origem religiosa, social e moral (por vezes, moralista), o STF adotou um posicionamento claro e objetivo, em sentido diametralmente oposto ao modelo da dualidade parental, consolidado na tradição civilista e construído à luz da chamada "verdade biológica".[8]

---

4. Disponível em: https://www.researchgate.net/publication/330006295_La_multiparentalidad-_la_pluralidad_de_padres_sustentados_en_el_afecto_y_en_lo_biologico. ROSPIGLIOSI, Enrique Varsi e CHAVES, Marianna. La multiparentalidad- la pluralidad de padres sustentados en el afecto y en lo biológico. Revista de derecho y genoma humano, 2018. "La multiparentalidad apareció para hacer menos difícil la vida de los que -en otras circunstancias-deberían utilizar la toga de Salomón y elegir quién debería ser excluido de la vida de un hijo. La disrupción del dogma binario permite que las personas tengan reconocidas las relaciones con todos los adultos que hayan jugado un papel importante en sus vidas: de aquellos con quienes tengan y mantengan desarrollado lazos afectivos así como con aquellos con quienes compartan material genético. [...]. Algunas personas van a tener solamente una madre cariñosa a su cuidado. Otros van a vivir en una familia tradicional de madre y padre. Otros tendrán en su vida tres o más personas avocando las responsabilidades parentales y el ejercicio de las funciones materna y paterna. El Derecho debe respetar la diversidad y la realidad de cada familia. La supresión de cualquier de estos actores parentales sería un menosprecio a la dignidad, un desdén de la igualdad y una jerarquía entre las familias".

5. TEPEDINO, Gustavo e TEIXEIRA, Ana Carolina Brochado. *Fundamentos do Direito Civil*. Direito de Família, 2020, p. 239.

6. SCHREIBER, Anderson. Multiparentalidade e seus reflexos. *Revista do Instituto Brasileiro de Direito de Família*. 2016, p. 12.

7. SCHREIBER, Anderson & LUSTOSA, Paulo Franco. Efeitos jurídicos da Multiparentalidade. *Revista Pensar*. 2016, p. 847.

8. SCHREIBER, Anderson & LUSTOSA, Paulo Franco. Efeitos jurídicos da Multiparentalidade. *Revista Pensar*. 2016, p. 849.

O mencionado autor destaca a relevância do papel da doutrina, na propositura de parâmetros balizadores ao instituto, a fim de harmonizar os interesses, eventualmente colidentes nas famílias multiparentais e dar-lhe interpretação escorreita.

No mesmo sentido, Paulo Lobo destaca que o relevante papel da doutrina, enquanto protagonista do sistema jurídico romano-germânico, enquanto fonte material do direito brasileiro mais adequada a lidar com essas questões complexas. Por essa razão lastima e critica veementemente a atual tendência de se privilegiar a jurisprudência dos tribunais, por conta de suas próprias limitações.

> A doutrina jurídica opera no presente, orientada pelo futuro – dialoga com o caso, mas não está condicionado a ele. Seus ambiente e limites são as relações privadas e o sistema jurídico como um todo. Diferentemente, a jurisprudência opera em atenção ao fato passado, que é caso concreto, que a condiciona. Não pode ir além dele. Essa limitação é conquista do Estado de Direito. O diálogo profícuo entre a doutrina juscivilista e a jurisprudência significa: atuar com a jurisprudência e não contra a jurisprudência, ou sob e sobre a jurisprudência.
>
> [...]
>
> Reagir é preciso à sedução crescente do precedente judiciário acrítico, sob risco de passarmos da centralidade da lei para a da jurisprudência. A força do precedente não está na decisão, mas na sua justificação, o que remete à doutrina. No Brasil, as decisões mais consistentes têm fundamento na doutrina e não em precedentes.
>
> Falar de doutrina civilista significa, também, reafirmar o protagonismo dos princípios jurídicos, que não autoriza o ativismo judicial ou juízo subjetivo de valor.[9]

A multiparentalidade em razão da decisão do STF com alcance de repercussão geral, incorporou-se ao direito brasileiro, no que concerne à sua aplicabilidade. Nada obstante essas características, não está blindada às críticas doutrinárias, máxime no que concerne a seus desdobramentos, aos seus lindes e aos critérios de aplicação.

Conforme referido anteriormente, a natureza da tese de repercussão geral exige redação sumária e minimalista, remetendo-se à doutrina a investigação e desenvolvimento de seus efeitos ante a multiplicidade de casos e aspectos que o mundo da vida apresenta, para além do *leading case*. Cada caso concreto possui singularidades próprias e emoldurá-los previamente, sem fundamento adequado pode gerar decisões contraditórias e incompatíveis com a integridade do sistema jurídico.

Essa função prospectiva, visando a superação de conflitos é indeclinavelmente da doutrina, mediante o delineamento dos contornos necessários à tese, com especial atenção aos princípios constitucionais e à harmonização com a legislação infraconstitucional, notadamente com o Código Civil.

Na sequência, analisaremos as consequências jurídicas decorrentes da multiparentalidade, ainda em estado germinal, dado o estágio incipiente de apropriação da multiparentalidade, no direito brasileiro.

---

9. LOBO, Paulo. Interpretação e protagonismo da doutrina juscivilista no Brasil – Escorço. *Revista Fórum de Direito Civil*. 2015, p. 349-350.

Capítulo 11
EFEITOS DECORRENTES DA MULTIPARENTALIDADE

Em regra, as considerações doutrinárias e as decisões judiciais anteriores e posteriores à Tese 622-STF, buscam adequação à contemporaneidade dos arranjos familiares. Porém, em nosso sentir, as consequências jurídicas da adoção da multiparentalidade não estão sendo dimensionadas, na devida extensão.

A realidade da multiparentalidade denota complexidade ímpar e seus efeitos se espraiam por variados ramos do direito. Apesar dessa natureza complexa e multifacetada da multiparentalidade para fins desta exposição, nos ateremos exclusivamente à perspectiva do Direito de Família.

Principiamos com a situação de poder familiar exercido conjuntamente, sob a modalidade da guarda compartilhada. Tem-se como regra para este modelo, que "o tempo de convívio com os filhos deve ser dividido de forma equilibrada".[1]

Analisemos algumas hipóteses:

1) L, 12 anos, inserido no contexto familiar descrito acima, filho biológico de D e F e também filho socioafetivo de M e N. Possível conflito de interesses entre os pais, em situações comezinhas: escolha da escola, orientação religiosa, modalidade esportiva, tipo de alimentação. Qual casal deterá primazia na escolha? E, no tocante às datas e festas comemorativas (aniversário do filho, dia das mães, dia dos pais, Natal, Réveillon, entre outras) como viabilizar na prática a regra da guarda compartilhada de assegurar o tempo de convívio de forma equilibrada? Esse modelo múltiplo de convivência observa as condições fáticas e os interesses dos filhos (art. 1.583, § 2°)?

A definição do modelo de guarda, por ocasião do rompimento do casal, com as devidas atribuições do pai e da mãe, bem como a divisão equilibrada do tempo entre eles é o ponto nodal, para prevenção do conflito.

Ter a modalidade guarda compartilhada como prioritária e o modelo unilateral exceção constitui um avanço da legislação brasileira. Ademais é uma medida eficaz na diluição das tensões, mediante a instrumentalização da convivência familiar e a manutenção dos vínculos afetivos entre pais e filhos.

Entretanto, a própria lei ressalvou a possibilidade de um dos genitores declarar ao magistrado que não deseja a guarda do menor.[2]

---

1. CC/02 art. 1.583, § 2° Na guarda compartilhada, o tempo de convívio com os filhos deve ser dividido de forma equilibrada com a mãe e com o pai, sempre tendo em vista as condições fáticas e os interesses dos filhos.
2. CC/02 art. 1.584, § 2° Quando não houver acordo entre a mãe e o pai quanto à guarda do filho, encontrando-se ambos os genitores aptos a exercer o poder familiar, será aplicada a guarda compartilhada, salvo se um dos genitores declarar ao magistrado que não deseja a guarda do menor.

Se o número de litígios biparentais abarrotam às varas de família, imagine-se a potencialização de demandas judiciais, provenientes dos vínculos pluriparentais concorrentes. Portanto, em princípio, a aplicação da guarda compartilhada na multiparentalidade apresenta-se inadequada diante das condições fáticas e desarrazoadas que podem advir com a medida.

> 2) L, filho e neto único e menor de idade. Filho biológico de A (mãe) e filho registral de B (socioafetivo). C, pai biológico de L, ingressa com ação de anulação de registro civil (art. 1.604) e, por extensão, pedindo a exclusão de B da certidão. Na apuração do conjunto probatório constatou-se a posse de estado de filiação entre L e B. O julgador em atenção ao melhor interesse decidiu favorável à multiparentalidade. Diante disso, a realidade de L passou a ser de três pais (a mãe e os dois pais) e os seis avós, todos idosos. No que concerne aos avós, como distribuir o tempo de convivência com o neto comum?
>
> 3) J, filho registral do casal D e F, ingressa com ação de investigação de paternidade e maternidade contra seus pais biológicos M e N. A decisão é no sentido de manter os pais socioafetivos e acrescentar os pais biológicos. J passará a ter quatro pais (duas mães e dois pais) e oito avós, perfazendo o total de doze parentes, em linha reta.

Na hipótese de J ingressar contra seus respectivos parentes com ação de alimentos, em tese J poderá ser credor de alimentos e demandar contra doze parentes. Diante da comprovada impossibilidade financeira dos pais (biológicos e socioafetivos), e fundado na relação avoenga como se dará na prática o cumprimento dessa obrigação alimentar? Atente-se que, aos avós aplicar-se-á a orientação da Súmula 596 do STJ: "a obrigação alimentar dos avós tem natureza complementar e subsidiária, somente se configurando no caso da impossibilidade total ou parcial de seu cumprimento pelos pais".

Por seu turno, o artigo 229 da Constituição Federal de 1988, dispõe sobre o princípio da solidariedade familiar[3], imputando o correspondente dever jurídico a L e a J, das hipóteses 2 e 3 acima, responsabilizando-os à prestação de alimentos aos seus ascendentes. A multiplicação do número de possíveis ascendentes credores contempla essa previsão legal, que tinha diante de si o modelo binário de parentalidade?

Irmanada na mesma ordem de preocupação, quanto aos efeitos subjacentes à multiparentalidade, Maria Rita Oliveira adverte sobre:

> a) A potencialização dos conflitos familiares na configuração tripartida do Poder Familiar;
>
> b) A exigência de novos critérios para o direito sucessório, com as respectivas linhas de ascendência (paterna e materna, ou paternas e maternas);
>
> c) A manipulação do *status filiae* pela vontade, com objetivo exclusivamente patrimonial, na medida em que a inclusão de terceira figura paterna ou materna por trazer maior vantagem financeira;
>
> d) As soluções jurídicas para os conflitos familiares teriam que ser desmembradas e criadas pelo aplicador do direito em caráter subjetivo, e embora querendo gerar o sentido máximo da justiça na decisão, terminaria por comprometer a própria segurança jurídica das relações.

A partir das inquietações acima, a autora conclui nos seguintes termos:

---

3. CF/88, art. 229. Os pais têm o dever de assistir, criar e educar os filhos menores, e os filhos maiores têm o dever de ajudar e amparar os pais na velhice, carência ou enfermidade.

CAPÍTULO 11 • EFEITOS DECORRENTES DA MULTIPARENTALIDADE

a permissibilidade da multiparentalidade anunciada pelo STF, o ordenamento jurídico brasileiro não comporta a variação da binariedade na filiação em regra, devendo ser observado, portanto o seu caráter *excepcionalíssimo*. Da mesma forma, a multiparentalidade possui um outro sentido, ligado a funções que são exercidas em prol da criança e do adolescente, com significativo aumento da responsabilidade parental para atendimento desse interesse, mas não de mudança da situação jurídica de filiação, muito menos para atender interesses individuais.[4]

Paulo Lobo, analisando os efeitos tese de repercussão geral, extraiu em relação aos filhos com múltiplas parentalidades, a incidência dos efeitos relativos ao poder familiar ou autoridade familiar, guarda compartilhada, alimentos e sucessão hereditária. E considera inegável se verificar "o agravamento de litigiosidade, notadamente por motivações patrimoniais".[5]

Igualmente, tivemos oportunidade de enfatizar nossa preocupação sobre a possibilidade real de a multiparentalidade fomentar demandas vis, com intuito meramente patrimonial, em desapreço ao afeto genuíno e desinteressado.[6]

Também encontramos em José Antônio Simão, a mesma ordem de inquietação, em relação à multiparentalidade quando afirma:

A paternidade passa a ser decisão do filho. Sabendo-se filho socioafetivo, tem o filho o direito de ter também como pai seu ascendente genético. Isso abre as portas para as ações argentárias em que o autor a ação investigatória de paternidade, já tendo um pai, pretende ter a herança de outrem (ascendente genético) e não um pai.[7]

João Aguirre vislumbra a multiparentalidade como meio de reconhecimento das variadas e novas estruturas familiares decorrentes do convívio humano, "bastante apartadas das molduras de secessão características de vetustos sistemas". Entretanto, não deixa de estabelecer a crítica quando a busca pela multiparentalidade encontrar-se distorcida de suas finalidades.

Se o objetivo for eminentemente patrimonial, com vistas somente à obtenção de benefícios econômicos, tais como um pleito sucessório ou de alimentos em que não tenha existido o vínculo afetivo e represente apenas a busca pelo ganho fácil, a multiparentalidade não se consolidará, eis que o código genético por si só não é capaz de concretizá-la, sob pena de se retornar ao vetusto paradigma patrimonialista característico do sistema jurídico de direito privado anterior à Constituição de 1988.[8]

Para além de todos os efeitos acima mencionados, Anderson Schreiber ainda chama atenção da repercussão da multiparentalidade nos impedimentos matrimoniais.[9]

---

4. Disponível em: https://openaccess.blucher.com.br/article-details/18-21247. OLIVEIRA, Maria Rita de Holanda Silva. Os Limites Jurídicos do Projeto Parental no Brasil: Crítica Estrutural à Multiparentalidade. *Direito Civil*: Estudos – Coletânea do XV Encontro dos Grupos de Pesquisa – IBDCIVIL, 2018, p. 410-411.

5. LOBO, Paulo. Quais os limites e a extensão da tese de repercussão geral do STF sobre socioafetividade e multiparentalidade? *Revista IBDFAM*: Famílias e Sucessões. 2017, p. 25-26.

6. LOBO, Fabíola Albuquerque. *Direito à privacidade e as limitações à multiparentalidade*. Privacidade e sua compreensão no direito brasileiro. 2019. p. 240.

7. Disponível em: http://www.cartaforense.com.br/conteudo/colunas/a-multiparentalidade-esta-admitida-e-com-repercussao-geral-vitoria-ou-derrota-do-afeto/17235. SIMÃO, José Fernando. A multiparentalidade está admitida e com repercussão geral. Vitória ou derrota do afeto? 2017.

8. Disponível em: https://revistas.unilasalle.edu.br/index.php/redes/article/view/3670. AGUIRRE, João. Reflexões sobre a multiparentalidade e a repercussão geral 622 do STF. Redes: R. Eletr. Dir. Soc,2017, p. 287.

9. SCHREIBER, Anderson & LUSTOSA, Paulo Franco. Efeitos jurídicos da Multiparentalidade. *Revista Pensar*. 2016, p. 847.

Verifica-se que são questionamentos e problemas de difíceis soluções, mas a decisão no caso concreto há de buscar interpretação coerente e inserta no sistema, a fim de evitar conclusões atropeladas e contraditórias.

Fazendo-se uma breve digressão, esclarecemos que uma parte desta tese foi escrita durante o período no qual a Organização Mundial de Saúde declarou estado de pandemia mundial[10] devido ao novo Coronavírus (Sars-Cov-2), causador da doença Covid-19. O alerta foi dado, a partir da constatação da rápida disseminação geográfica do vírus e sua alta taxa de contaminação e letalidade atingindo indiscriminadamente países e pessoas. A recomendação da OMS, no enfrentamento do inimigo invisível, desafiador e desconhecido diante da falta de remédios/vacinas eficazes foi adotar posturas rígidas de isolamento social. O que foi acatada por várias nações (ricas e periféricas), ocasionando na suspensão da imensa maioria das atividades econômicas, exceto aquelas consideradas essenciais.

A pandemia, com dimensões dantes nunca vistas e com consequências desastrosas e imprevisíveis, causou efeitos que também reverberaram nas relações jurídicas familiares.

Na tentativa de regular minimamente às relações jurídicas tidas por excepcionais, constata-se uma enxurrada de atos legislativos, decretos e medidas provisórias estabelecendo novos direitos e deveres, em paralelo à legislação ordinária, a exemplo da Lei 14.010/2020, que instituiu o Regime Jurídico Emergencial e Transitório das relações jurídicas de Direito Privado (RJET), mas que se revelou insatisfatório[11]. O impacto nas relações de família, principalmente quanto ao regramento das relações de convivência conjugal e parental, em face do confinamento social, levou à iniciativa do Projeto de Lei 2.947/2020, o qual dispõe sobre o Regime Jurídico Emergencial e Transitório das relações jurídicas de Direito de Família e das Sucessões.[12]

A pandemia provocou mudanças bruscas no cotidiano social, repercutindo também na quebra do formalismo exigido para prática de determinados atos jurídicos privados, a exemplo da permissão de casamentos virtuais[13]. De outra banda, tomou-se conhecimento de variadas e dramáticas situações que foram noticiadas[14] e de aumento

---

10. Disponível em: https://agenciabrasil.ebc.com.br/geral/noticia/2020-03/organizacao-mundial-da-saude-declara-pandemia-de-coronavirus. OLIVEIRA, Pedro Ivo. Organização Mundial da Saúde declara pandemia de coronavírus. Agência Brasil.

11. A propósito ver LIVE | PL 1.179/20: Covid-19 e o regime jurídico emergencial e transitório no Direito Privado. Disponível em: https://www.youtube.com/watch?v=zMTEU373bHE.

12. Disponível em: https://www25.senado.leg.br/web/atividade/materias/-/materia/142151. – Situação atual 27/05/2020 - Plenário do Senado Federal (Secretaria de Atas e Diários).

13. Disponível em: https://epoca.globo.com/brasil/com-audiencias-suspensas-nos-foruns-casamentos-virtuais-viram-moda-em-pernambuco. CASTRO, Rodrigo. Com audiências suspensas nos fóruns, casamentos virtuais viram moda em Pernambuco.
    Disponível em: olhardigital.com.br/coronavirus/noticia/nova-york-legaliza-casamentos-por-facetime-e-outros-apps-de-videoconferencia/99676. LUQUE. Matheus. Nova York legaliza casamentos por facetime e outros apps de videoconferência.

14. Disponível em: https://noticias.uol.com.br/ultimas-noticias/bbc/2020/03/24/coronavirus-confinamento-teria-causado-numero-recorde-de-divorcios-em-cidade-da-china.htm. OSWALD, Vivian. Coronavírus: após confinamento, cidade na China registra recorde em pedidos de divórcio.

de ações que chegaram ao judiciário, principalmente naqueles casos em que os pais são divorciados, com guarda compartilhada[15] e a reboque ações de alimentos[16], inclusive, em alguns casos, com pedido de redução da verba, diante do considerável abalo na renda, principalmente para os profissionais autônomos.

Como conciliar a determinação de isolamento social e o direito dos pais e filhos de convivência?[17] Como assegurá-lo em situações de multiparentalidade? Indiscutivelmente, os princípios da proteção integral e do melhor interesse devem balizar toda e qualquer decisão que enfrente o conflito de convivência familiar, ainda que em situações de crise sanitária, como as vivenciadas em 2020. Porém, como concretizá-los, notadamente quando o número dos sujeitos envolvidos foi potencializado com a adoção da multiparentalidade?

Se a guarda compartilhada entre duas pessoas já rende ensejo a uma série de dificuldades, esta mesma reflexão deve ser levada à ambiência da multiparentalidade, onde haja guardas e pensões alimentícias múltiplas. Isto é mais um reforço para corroborar a dificuldade de efetivação da multiparentalidade, na prática do cotidiano e o descabimento da imposição forçada dessa medida.

Disponível em: https://www.cartacapital.com.br/sociedade/na-quarentena-a-violencia-domestica-e-a-fome--caminham-de-maos-dadas (20/04/2020). MARTINS, Rodrigo. Na quarentena, a violência doméstica e a fome caminham de mãos dadas.

15. Disponível em: https://www.uol.com.br/universa/noticias/redacao/2020/03/13/por-coronavirus-justica-ordena-que-pai-se-afaste-da-filha-apos-viagem.htm. CANDIDO, Marcos. Casal separado há dois anos, com guarda compartilhada da filha de 02 anos. Justiça determina que o pai fique 15 dias sem ver a filha, mesmo sem ter os sintomas da doença, após voltar de uma viagem a países onde houve transmissão do coronavírus. A mãe da menina entrou com ação alegando que a criança possui problemas respiratórios graves, o que a inclui no grupo de risco.

Disponível em: https://sicnoticias.pt/especiais/coronavirus/2020-04-15-Medica-perde-guarda-da-filha-de-quatro-anos-por-causa-do-coronavirus. SIC notícias. Médica perde a guarda da filha por causa do coronavírus nos EUA.

Disponível em: http://www.ibdfam.org.br/noticias/7242/Pandemia+do+coronav%C3%ADrus+n%C3%A3o+pode+ser+usada+para+rompimento+do+conv%C3%ADvio+parental. IBDFAM. Pandemia do coronavírus não pode ser usada para rompimento do convívio parental.

16. Disponível em: https://www.migalhas.com.br/depeso/323757/stj-decide-pela-prisao-domiciliar-para-devedores--de-pensao-alimenticia-em-razao-da-pandemia-de-covid-19. GONZAGA, Daniele de Faria Ribeiro. STJ decide pela prisão domiciliar para devedores de pensão alimentícia, em razão da pandemia de covid-19.

Disponível em: http://www.ibdfam.org.br/noticias/7201/Justi%C3%A7a+de+S%C3%A3o+Paulo+reduz+valor+-de+pens%C3%A3o+aliment%C3%ADcia+por+causa+da+pandemia+do+coronav%C3%ADrus. IBDFAM.

Justiça de São Paulo reduz valor de pensão alimentícia por causa da pandemia do coronavírus.

17. LOBO, Fabíola Albuquerque e BRITTO, Geni Cristina Xavier de. Convivência familiar em tempos de pandemia e os reflexos na alienação parental. Projeto de Iniciação Científica (IC) *PIBIC/UFPE/CNPq* (2020-2021). Escorço.

CAPÍTULO 12
REQUISITOS NECESSÁRIOS PARA APLICAÇÃO DA MULTIPARENTALIDADE

Após demarcarmos que o elemento essencial da multiparentalidade é a coexistência dos vínculos socioafetivos e biológicos e analisarmos os efeitos decorrentes da multiparentalidade, sustentamos que esta devem observar os seguintes requisitos para sua aplicação adequada: comprovação de realizar o melhor interesse do filho e o consentimento deste ou de seu representante legal.

Nosso pressuposto é ressaltar que o critério binário da filiação continua sendo a regra e a multiparentalidade, a exceção no direito de família brasileiro.

Redizendo as ponderadas considerações de Rolf Madaleno, quando afirma:

> a filiação multiparental não é solução para todas as hipóteses e para todas as mais livres reivindicações. [...]. A pluriparentalidade tem assento circunstancial nas famílias reconstituídas, para que os filhos possam viver com novos pais socioafetivos e estáveis, pois não é viável que cada nova relação da mãe resulte em um elo socioafetivo e registral. [1]

O princípio do melhor interesse, como já referenciado anteriormente, consiste na diretriz adotada na Convenção sobre o Direito das Crianças, que reverberou diretamente na Constituição Federal de 1988, no código Civil de 2002 e no ECA, convertida em princípio normativo aplicável à solução de todos os conflitos relativos à filiação.

Assim, o princípio do melhor interesse deve nortear toda e qualquer demanda judicial que envolva crianças e adolescentes. A mesma orientação se verifica para aplicação da multiparentalidade. Ressaltando, todavia, que a multiparentalidade não é um direito potestativo do filho.

Há de se verificar se o pleito pela multiparentalidade contempla interesse jurídico relevante ou é um simulacro para intentar demandas vis, ou meramente patrimoniais.

Temos como assertiva que a multiparentalidade é um direito primaz do filho, enquanto principal interessado no estado de filiação, mas também não descartamos a hipótese, em segundo plano, de pedido de multiparentalidade consensuada entre todos os interessados, principalmente naqueles casos onde houver o compartilhamento do poder familiar, até o filho atingir a maioridade civil ou nas hipóteses de cessação da incapacidade (art. 5º). Exceto no que diz respeito a obrigação alimentar, cuja cessação não coincide necessariamente com a extinção do poder familiar (art. 1.635). Realidade também persistente na ambiência da multiparentalidade.

---

1. MADALENO, Rolf. *Direito de Família*, 10. ed. 2020, p. 520-521.

Entendemos que a multiparentalidade consensuada, repercutirá inevitavelmente no melhor interesse do filho. Essa circunstância facilitará imensamente a eficácia real da multiparentalidade. Não nos parece contemplar o melhor interesse do filho quando a multiparentalidade é exercida no interesse de um só dos pais.

Nessa direção, trazemos uma interessante decisão afastando a multiparentalidade, ante a constatação da não realização do princípio do melhor interesse do filho:

> A Terceira Turma do Superior Tribunal de Justiça (STJ) negou provimento ao recurso por meio do qual uma mulher pretendia assegurar que sua filha tivesse o pai socioafetivo e o pai biológico reconhecidos concomitantemente no registro civil.
>
> A possibilidade de se estabelecer a concomitância das parentalidades socioafetiva e biológica não é uma regra, pelo contrário, a multiparentalidade é uma casuística, passível de conhecimento nas hipóteses em que as circunstâncias fáticas a justifiquem, não sendo admissível que o Poder Judiciário compactue com uma pretensão contrária aos princípios da afetividade, da solidariedade e da parentalidade responsável", afirmou o ministro Marco Aurélio Bellizze, relator do recurso.
>
> Acompanhado de forma unânime pelo colegiado, o voto do relator levou em conta as conclusões das instâncias de origem acerca do estudo social produzido durante a instrução do processo. A ação, proposta em nome da filha menor representada por sua mãe, foi movida por conveniência da mulher, exclusivamente, pois pretendia a retificação do registro para inclusão do pai biológico e criar com ele uma aproximação forçada. O estudo social também deu conta, que o pai biológico não demonstrou nenhum interesse em registrar a filha ou em manter vínculos afetivos com ela.
>
> A menina havia sido registrada pelo homem que vivia em união estável com a mãe, o qual, mesmo sem ter certeza da paternidade, optou por criá-la como filha. E no momento da propositura da ação, a mãe, o pai socioafetivo e a criança continuavam morando juntos. Além disso, ficou comprovado no processo que o pai socioafetivo desejava continuar cuidando da menina.
>
> No entanto, observou o relator, esse reconhecimento concomitante é válido desde que prestigie os interesses da criança, o que não ficou demonstrado no processo. "O melhor interesse da criança deve sempre ser a prioridade da família, do Estado e de toda a sociedade, devendo ser superada a regra de que a paternidade socioafetiva prevalece sobre a biológica, e vice-versa". E, neste caso, os ministros entenderam que a multiparentalidade não seria a melhor solução para a criança. O relator destacou, porém, a possibilidade de que a própria filha reivindique na Justiça o reconhecimento da multiparentalidade no futuro, caso o deseje: "Deve-se ressalvar o direito da filha de buscar a inclusão da paternidade biológica em seu registro civil quando atingir a maioridade, tendo em vista que o estado de filiação configura direito personalíssimo, indisponível e imprescritível, que pode ser exercitado, portanto, sem nenhuma restrição, contra os pais ou seus herdeiros.[2]

As considerações foram irretocáveis, primeiro por desconsiderar o desiderato da mãe de instrumentalizar a justiça para alcançar seus propósitos individualistas, se valendo da incapacidade civil da filha. Em seguida a constatação que o pai biológico não demonstrou nenhum interesse em registrar a filha ou de manter vínculos afetivos com ela e, por fim, a constatação da paternidade socioafetiva aferida por critérios objetivos, em especial com a externalização do pai socioafetivo quanto ao seu desejo de continuar com os mesmos cuidados empreendidos em relação a filha.

---

2. Disponível em: http://www.stj.jus.br/sites/portalp/Paginas/Comunicacao/Noticias-antigas/2018/2018-04-25_07-11_Reconhecimento-de-multiparentalidade-esta-condicionado-ao-interesse-da--crianca.aspx.

CAPÍTULO 12 • REQUISITOS NECESSÁRIOS PARA APLICAÇÃO DA MULTIPARENTALIDADE

Culminando com o entendimento dos ministros que "neste caso a multiparentalidade não seria a melhor solução para a criança" e, se for o caso no futuro, "a própria filha reivindique na Justiça o reconhecimento da multiparentalidade".

No mesmo sentido trazemos uma decisão de março de 2020, num caso semelhante ao que deu origem a tese de repercussão geral, apenas com inversão dos sujeitos, que obteve um julgamento desfavorável à multiparentalidade, proferido pela 2ª Vara da Família e das Sucessões de São Carlos – SP. Na espécie, a jovem foi registrada pelo então companheiro de sua genitora, que a criou e a tratou como filha, restando consolidado o vínculo socioafetivo, entre eles. Seu pai, biológico ajuizou ação de investigação de paternidade, pleiteando a anulação do registro cumulado com a inclusão do seu nome, no registro de nascimento da filha. Nos autos consta a declaração da filha, externando que não deseja ver sua paternidade reconhecida pelo pai biológico. Baseado nesse fundamento, o magistrado arrematou: *"demonstrada à exaustão a paternidade socioafetiva face à filha, esta é a que deve prevalecer, inclusive sobre o vínculo biológico que, felizmente, de há muito deixou de ser glorificado pelos civilistas".*[3]

As duas decisões enaltecem que a multiparentalidade não é a solução para dirimir os conflitos de paternidade, nem tampouco que sua aplicação pode ser feita de modo aleatório. A observância aos requisitos do princípio do melhor interesse e do consentimento são prioritários na aplicação da multiparentalidade.

Na direção da decisão acima, referenciamos, igualmente outra decisão, na qual restou consignada a necessária interdependência entre multiparentalidade e princípio do melhor interesse, o que acrescentaria critério para incidência da Tese do STF, ainda que houvesse semelhança entre o caso concreto e caso paradigma. Para tanto destacamos um pequeno excerto. Vejamos:

> Nada obstante, impende registrar, desde logo, que o reconhecimento da legitimidade ativa do genitor biológico, não se confunde, nem importa na procedência automática da ação, ainda que positivo o resultado de eventual exame de DNA, tal como, parece, ocorre na hipótese dos autos. Com efeito, a procedência ou improcedência desta peculiar ação depende, na linha dos fundamentos expendidos pelo STF (Tema 622), de análise pormenorizada dos meandros do caso concreto, sobrelevando sempre e sobre quaisquer outros o (melhor) interesse da criança. De fato, nos exatos termos da ementa do julgamento paradigmático (RE 898070/SC), "A paternidade responsável, enunciada expressamente no art. 226, § 7º, da Constituição, na perspectiva da dignidade humana e da busca pela felicidade, impõe o acolhimento, no espectro legal, tanto dos vínculos de filiação construídos pela relação afetiva entre os envolvidos, quanto daqueles originados da ascendência biológica, sem que seja necessário decidir entre um ou outro vínculo quando o melhor interesse do descendente for o reconhecimento jurídico de ambos.[4]

Na decisão seguinte houve a desconsideração do parecer exarado pelo representante do Ministério Público, favorável à multiparentalidade, em razão do julgador ter constatado 'que os adotandos sequer manifestaram se há interesse a esse respeito, observando-se,

---

3. Disponível em: https://juristas.com.br/2020/03/15/pai-biologico-2. Justiça paulista nega inclusão de nome do pai biológico em registro de nascimento, março/2020.
4. IBDFAM. Decisão comentada. Multiparentalidade: TJSC – Apelação Cível 0300233-75.2017.8.24.0068. *Revista IBDFAM: Famílias e Sucessões*, 2020, p. 131.

ademais, que eles no meio social utilizam apenas o patronímico do adotante como forma de identificação e não mantêm qualquer convívio com a família biológica paterna", ou seja, a multiparentalidade na espécie, conflitaria com o princípio do melhor interesse.

> Apelação cível. Ação de adoção. Padrasto e enteados. Pedido formulado pelo ministério público de manutenção, na seara registral, do vínculo biológico. Multiparentalidade. Descabimento, no caso. Caso em que se mostra descabido o acolhimento da pretensão formulada pelo Ministério Público, na condição de custos legis, atinente à manutenção na seara registral do vínculo biológico, na figura da multiparentalidade, visto que os adotandos sequer manifestaram se há interesse a esse respeito, observando-se, ademais, que eles no meio social utilizam apenas o patronímico do adotante como forma de identificação e não mantêm qualquer convívio com a família biológica paterna. Apelação desprovida.[5]

Ilustrativamente trazemos uma curiosa decisão da Quinta Câmara de Direito Privado do Tribunal de Justiça de São Paulo aplicando a multiparentalidade, mesmo colidindo com o ECA e com a inobservância do requisito do princípio do melhor interesse. Vejamos:

> A decisão autorizou adoção de uma mulher de 21 anos pelo padrasto, mesmo sem o consentimento do pai biológico. Assim constarão em seu documento o nome do pai biológico e do pai socioafetivo. Conforme os autos, a filha alegou que seu pai é ausente desde que ela tinha dois anos de idade e, por isso, iniciou o processo de adoção quando atingiu a maioridade, por reconhecer o vínculo com seu padrasto. Entretanto, o pai biológico entrou com ação para restringir a adoção, afirmando que nunca esteve distante. Para o relator do recurso, quanto ao fato do pai biológico não ser um desconhecido completo, os autos explicitam que o mesmo nunca desempenhou a função paternal, estando afastado da filha por mais de 15 anos, tempo suficiente para estremecer qualquer relação, permitindo a aproximação de laços com o pai socioafetivo. Apesar de entender que o autor da ação não pode interromper a adoção, o magistrado afirmou que ele possui o direito de continuar sendo reconhecido como pai e que não há obstáculo legal para o reconhecimento de duas paternidades/maternidades, quando observada a existência de vínculos. O julgador ainda afirmou que a multiparentalidade, com a modificação e evolução das relações familiares, bem como com a própria evolução histórica do Direito, tende a ser consolidada no cenário jurídico nacional, pois é uma realidade que não pode ser ignorada.[6]

Mesmo diante da constatação "que o pai biológico nunca desempenhou a função paternal, estando afastado da filha por mais de 15 anos," a decisão acolheu a multiparentalidade. Discordamos integralmente dos fundamentos apresentados. Vislumbramos na espécie, primeiramente, a ocorrência do abandono civil, ensejando a perda do poder familiar. A respeito da perda do poder familiar repisamos que: "A privação do exercício do poder familiar deve ser encarada de modo excepcional, quando não houver qualquer possibilidade de recomposição da unidade familiar, o que recomenda estudo psicossocial".[7] Hipótese que se aplica à espécie tratada na decisão.

Constatamos também colisão com as regras contidas no ECA, conforme se depreende dos artigos 39, § 3º, 45caput e § 2º.[8] Regras aplicáveis analogicamente à pretensão de multiparentalidade.

---

5. TJRN. RMLP 70066532680 (CNJ: 0338646-74.2015.8.21.7000) 2015/Cível, Data de Julgamento: 12.11.2015.
6. Disponível em: www.ibdfam.org.br/noticias/5838/TJSP+permite+ado%C3%A7%C3%A3o+por+padrasto+e+multiparentalidade. TJSP permite adoção por padrasto e multiparentalidade.
7. LOBO, Paulo. *Código Civil Comentado*: direito de família (arts. 1.591 a 1.693). 2003, p. 225.
8. ECA. Art. 39, § 3 "caso de conflito entre direitos e interesses do adotando e de outras pessoas, inclusive seus pais biológicos, devem prevalecer os direitos e os interesses do adotando.

CAPÍTULO 12 • REQUISITOS NECESSÁRIOS PARA APLICAÇÃO DA MULTIPARENTALIDADE

Ainda sobre a decisão da Quinta Câmara de Direito Privado do Tribunal de Justiça de São Paulo, às contribuições de Christiano Cassettari.

> O interessante deste caso é que a ação proposta foi uma ação de adoção e foi deferida a multiparentalidade sem anuência do pai registral. Essas hipóteses são mais restritas porque geralmente a multiparentalidade termina em acordo, e neste caso ela foi imposta em razão do abandono do pai biológico que abriu a possibilidade da filha conviver com o seu pai socioafetivo, que era o seu padrasto. O que chama a atenção nessa decisão foi a propositura de uma ação de adoção, que tem por objetivo romper o vínculo biológico no registro e, além disso, incluir uma nova pessoa, mas como substituta. O correto neste caso seria uma 'destituição prévia do poder familiar' cumulada com a ação declaratória de socioafetividade, para alcançar a adoção. No caso, em análise não houve destituição do poder familiar previamente, por tratar-se de uma pessoa maior. [9]

O outro requisito, a ser observado na aplicação da multiparentalidade é o consentimento do filho, o qual encontra-se intrinsecamente vinculado ao princípio do melhor interesse.

Segundo a normativa emanada da Convenção sobre os Direitos da Criança, a ela é conferido o direito de expressar suas opiniões livremente sobre todos os assuntos que lhe digam respeito, bem como o direito de ser ouvida em todos os processos judiciais ou administrativos que a afetem (art. 12-1., 2.). Tais direitos são conferidos em função da idade e da maturidade da criança, ante a sua pressuposta vulnerabilidade.

O Código Civil de 2002 ao dispor sobre o consentimento estabelece a estreita relação entre poder familiar e capacidade, ou seja, os absolutamente incapazes (art. 3º) serão representados pelos pais, nos atos da vida civil, judicial e extrajudicial até os 16 anos (art. 1.634, VII). Os relativamente incapazes, no caso os maiores de dezesseis e menores de 18 anos (art. 4º, I) serão assistidos pelos pais, nos atos em que forem partes, suprindo-lhes o consentimento (art. 1.634, VII).

O requisito do consentimento do filho, com maior razão, torna-se exigente quando a lei condiciona à pessoa a ser perfilhada, o seu consentimento, em face do mencionado art. 1.614 do Código Civil, assegurando-lhe o direito de recusar o reconhecimento da filiação, seja ela biológica ou socioafetiva. Bem como no caso de filho menor a lei, no prazo legal, o assegura impugnar o reconhecimento tão logo se dê a maioridade, ou à emancipação.

No ECA, o consentimento também se faz presente nos seguintes termos:

> Art. 28. A colocação em família substituta far-se-á mediante guarda, tutela ou adoção, independentemente da situação jurídica da criança ou adolescente, nos termos desta Lei.
>
> § 2º Tratando-se de maior de 12 (doze) anos de idade, será necessário seu consentimento, colhido em audiência.
>
> Art. 45. A adoção depende do consentimento dos pais ou do representante legal do adotando.
>
> § 1º O consentimento será dispensado em relação à criança ou adolescente cujos pais sejam desconhecidos ou tenham sido destituídos do poder familiar.
>
> § 2º Em se tratando de adotando maior de doze anos de idade, será também necessário o seu consentimento.

Art. 45. A adoção depende do consentimento dos pais ou do representante legal do adotando.

§ 2º Em se tratando de adotando maior de doze anos de idade, será também necessário o seu consentimento.

9. Disponível em: www.ibdfam.org.br/noticias/5838/TJSP+permite+ado%C3%A7%C3%A3o+por+padrasto+e+multiparentalidade. TJSP permite adoção por padrasto e multiparentalidade.

A já mencionada *Lei de Registros Públicos (6.015/73), alterada pela Lei 11.924/2009 (Lei Clodovil), incluiu o § 8º ao art. 57, o qual possibilitou ao enteado averbar* no seu registro de nascimento, o nome de família de seu padrasto ou de sua madrasta, desde que haja expressa concordância destes, sem prejuízo de seus apelidos de família.

O Provimento do CNJ 63/2017 ao dispor sobre o reconhecimento voluntário da paternidade ou da maternidade socioafetiva de pessoa de qualquer idade estabelece no artigo 11, o requisito do consentimento, nos seguintes termos:

§ 4º Se o filho for maior de doze anos, o reconhecimento da paternidade ou maternidade socioafetiva exigirá seu consentimento.

§ 5º A coleta da anuência tanto do pai quanto da mãe e do filho maior de doze anos deverá ser feita pessoalmente perante o oficial de registro civil das pessoas naturais ou escrevente autorizado.

§ 6º Na falta da mãe ou do pai do menor, na impossibilidade de manifestação válida destes ou do filho, quando exigido, o caso será apresentado ao juiz competente nos termos da legislação local.

Posteriormente, o Provimento acima mencionado foi alterado pelo Provimento 83/19 passando o § 4º do art. 11 a ter a seguinte redação: "Se o filho for menor de 18 anos, o reconhecimento da paternidade ou maternidade socioafetiva exigirá o seu consentimento".

Como se percebe, a redação do atual Provimento é portadora de um equívoco terminológico, quando não estabelece a idade mínima para o consentimento, aspecto que esbarra com as regras da parte geral do Código Civil, mencionadas acima. De tal sorte, que a interpretação passível de harmonização é que houve o alargamento do espectro do consentimento, no sentido de abarcar o direito da criança de ser ouvida em todos os processos judiciais ou administrativos que a afetem, conforme a normativa convencional.

O próximo capítulo, a partir dos requisitos estabelecidos para aplicação da multiparentalidade, tem por finalidade verificar como eles se projetarão nas diversas relações existenciais que sofreram ou possam sofrer o impacto da recepção da multiparentalidade no Brasil.

Capítulo 13
RELAÇÕES EXISTENCIAIS E A MULTIPARENTALIDADE

Principiamos nossas considerações, com base em uma pequena reflexão de Andrew Solomon, onde o autor demonstra a insuficiência de termos da língua inglesa para descrever as relações familiares na atualidade, que podem ser ambientados ao fenômeno inconcluso da multiparentalidade.

> Portanto, "parente" deveria ser um conceito abrangente, e cada família deveria ter o direito de definir seus laços de maneira compatível com sua própria realidade. [...]. Chegou a hora de promovermos um festival de novas palavras para designar essas novas formas de parentesco e de criarmos uma sociedade capaz de reconhecê-las. [...]. Precisamos reconhecer que as famílias existem em diversos formatos e tamanhos, que o amor não é um recurso finito e que a criação de um filho vai muito além de imperativos genéticos.[1]

Segundo pesquisa estatística, os dados revelam a seguinte configuração da família brasileira:

> No Brasil existem 71,2 milhões de família ou de arranjos familiares, os quais estão assim distribuídos: 42% casal com filhos, 20% casal sem filhos, 15%unipessoal, 16% mulher com filhos, 0,3% sem parentesco e 6% outros tipos arranjos com parentesco que não sejam casal com filhos, sem filhos ou mulher com filho. Ou seja: pai com filho, avô com neto, irmãos etc.[2]

> Em 2018, foram registrados 1.053.467 casamentos civis, contra 1.070.376 de 2017 – uma redução de 1,6%. O número de casamentos entre pessoas de mesmo sexo aumentou 61,7% no mesmo período, passando de 5.887 para 9.520.[3]

A realidade fática das relações existenciais, nem sempre são reconhecidas juridicamente na mesma proporção, por mais que a Constituição Federal de 1988 tenha o condão inclusivo e não estabeleça taxatividade entre as entidades familiares, mas algumas configurações ainda carecem de tutela legal. Razão pela qual optamos pela utilização da expressão genérica "relações existenciais", capaz de congregar todas as espécies (as entidades e as não entidades familiares). Nesse gênero, o status de entidade familiar tem por pressuposto os requisitos da estabilidade, da ostensibilidade e da afetividade.

Importante destacar que relações existenciais e relações de parentalidade não se confundem, constituem dimensões distintas no direito de família. Portanto, a multipa-

---

1. Disponível em: https://www.fronteiras.com/artigos/as-familias-evoluiram-as-linguas-devem-fazer-o-mesmo. SOLOMON, Andrew. As famílias evoluíram. As línguas devem fazer o mesmo. 2020.
2. Disponível em: https://www.ibge.gov.br/IBGE. PNAD – Uma análise das condições de vida da população brasileira. 2016.
3. Disponível em: https://www.ibge.gov.br/ IBGE. Estatísticas do Registro Civil, 2018.

rentalidade recai nas relações paterno-filiais, cujo pressuposto é a igualdade jurídica da filiação, independentemente de estar ou não integrada a determinada entidade familiar (que é igualmente relação existencial).

A multiparentalidade tem como elemento estruturante a coexistência de relações parentais (biológica e socioafetiva) envolvendo no mínimo três ascendentes vinculados ao filho. Dada a complexidade e controvérsia que a cerca, a medida traz um chamado à interpretação restritiva. Não por acaso, o efeito da tese deve ser minimalista, ou seja, o reconhecimento da multiparentalidade encontra-se restrito aos casos iguais e semelhantes ao caso paradigma da tese.

A alusão no Acórdão do STF a "aplicação a casos semelhantes" cobra explicação sobre o significado de "semelhante". Segundo o Dicionário Houaiss da Língua Portuguesa, "semelhante" é o que é da mesma espécie, qualidade, natureza ou forma, em relação a outro ser ou coisa; similar.

A filiação tem regras próprias e imemoriais que não podem ser desconsideradas. O afã de aplicar a suposta novidade trazida pela multiparentalidade, em toda e qualquer controvérsia envolvendo parentalidade socioafetiva e biológica, revela-se equivocada.

Encontramos em Rolf Madaleno a mesma convergência de reflexões, quando afirma: "efetivamente, a filiação multiparental não é solução para todas as hipóteses e para todas as mais livres reivindicações." E segue pontuando:

> Quais os limites que devem ser impostos, porquanto a plúrima filiação se tornaria um campo fértil para a habilitação e ingresso do registro de filiação socioafetiva de todos os "pais", que tivessem desenvolvido com a mãe do infante uma convivência estável e construído uma relação de padrasto com o menor?
>
> [...]
>
> Em suma, a pluriparentalidade tem assento circunstancial nas famílias reconstituídas, para que os filhos possam viver com novos pais socioafetivos e estáveis, pois não é viável que cada nova relação da mãe resulte em um elo socioafetivo e registral, em que cada companheiro dela ingresse depois de um razoável tempo atuando como padrasto apegado ao enteado, e que queira promover demanda consensual ou contestada de reconhecimento de filiação socioafetiva, quiçá cumulada com pedido de guarda compartilhada. [4]

O autor, assumidamente, tem se rebelado contra a cega inclusão da vinculação pluriparental e ressalta veementemente:

Importa a verdade sociológica e não um acúmulo despropositado e invasivo de diferentes vínculos paternos que tendem apenas e de hábito a marcar território, uma vantagem fática ou uma destacada posição jurídica que na maior parte das vezes são associados a notórios interesses escusos, muito deles de pura provocação, isto quando não são acrescidos de censurável pretensão argentária. [5]

A preocupação trazida por Rolf Madaleno dos limites da vinculação pluriparental, em princípio parece apaziguada, mediante a atual redação do artigo 14, conferida pelo Provimento do CNJ 83/2019:

---

4. MADALENO, Rolf. *Direito de Família*, 10. ed. 2020, p. 520-521.
5. MADALENO, Rolf. Decisão Comentada. *Revista IBDFAM: Famílias e Sucessões*, 2020, p. 136-137.

art. 14 [...]

1º Somente é permitida a inclusão de um ascendente socioafetivo, seja do lado paterno ou do materno.

2º A inclusão de mais de um ascendente socioafetivo deverá tramitar pela via judicial.

Consoante o Provimento, pela via extrajudicial, o reconhecimento voluntário da paternidade ou da maternidade socioafetiva limitou a inclusão de apenas um ascendente, seja do lado paterno ou do materno. Mais uma vez, o Provimento regula matéria que redunda em atribuições, modificações ou restrições de direitos e deveres recíprocos, o que está contida em reserva legal.

Mais uma vez nos valemos de Rolf Madaleno, para que o judiciário aplique a multiparentalidade, comedidamente, a fim de evitar "que a cada nova relação da mãe resulte em um elo socioafetivo e registral".[6]

Subjacente às relações de parentesco está a ideia do planejamento familiar ou projeto parental. Trata-se de *um direito constitucionalmente assegurado,[7] que foi regulado posteriormente pela Lei 9.263/1996. Direito moldado sob a égide da liberdade conferido às partes, mas conformado ao princípio da paternidade responsável e da solidariedade familiar.*

O planejamento familiar é direito de todo cidadão (mulher, homem ou ao casal) e sua compreensão relaciona-se ao conjunto de ações de regulação da fecundidade que garanta direitos iguais de constituição, limitação ou aumento da prole pela mulher, pelo homem ou pelo casal. Para o exercício deste direito serão oferecidos todos os métodos e técnicas de concepção e contracepção cientificamente aceitos e, que não coloquem em risco a vida e a saúde das pessoas, garantida a liberdade de opção.[8]

A utilização das técnicas de reprodução assistida tem o papel de auxiliar na resolução dos problemas de reprodução humana, facilitando o processo de procriação. De acordo com a Resolução do CFM 2.168/2017, todas as pessoas capazes podem ser receptoras (pacientes) das técnicas de RA, inclusive para relacionamentos homoafetivos e pessoas solteiras respeitado o direito a objeção de consciência por parte do médico.

A alusão no Acórdão do STF a "aplicação a casos semelhantes" cobra explicação sobre o significado de "semelhante". Segundo o Dicionário Houaiss da Língua Portuguesa, "semelhante" é o que é da mesma espécie, qualidade, natureza ou forma, em relação a outro ser ou coisa; similar.

A hipótese do caso paradigma, ensejador da Tese 622 STF de repercussão geral a autora requereu o reconhecimento da paternidade biológica, com desconstituição da paternidade socioafetiva, mas o genitor biológico o contestou. A autora foi gerada em relacionamento amoroso da mãe com um homem, tendo se casado em seguida com outro, omitindo deste o fato. Resultando da Tese, a seguinte formulação: paternidade registral socioafetiva anterior a que se adicionou, em concorrência, a paternidade biológica.

As situações semelhantes são as que correspondem à relação básica ocorrida no caso paradigma e às finalidades do enunciado da Tese do STF. Nesse sentido, configu-

---

6. MADALENO, Rolf. *Direito de Família*, 10ª ed. 2020, p. 520-521
7. CF/88 art. 226, § 7º.
8. Lei 9.263/96, arts. 1º, 2º e 9º.

ram hipóteses semelhantes as em que ocorram adição e concorrência de parentalidades (não apenas paternidades) biológicas e quaisquer parentalidades socioafetivas comprovadas (ainda que não registradas ou judicialmente reconhecidas), sem a ordem do caso paradigma. Assim: paternidade(s) biológica(s) + paternidade(s) socioafetiva(s); maternidade(s) socioafetivas + maternidade(s) biológica(s); maternidade biológica(s) + maternidade(s) socioafetivas(s).

Considerando essas hipóteses e, sobretudo, a exigência de comprovação dos requisitos de melhor interesse e de consentimento do filho ou de seu representante legal ao reconhecimento jurídico da multiparentalidade, passamos a analisar criticamente decisões judiciais nas quais a multiparentalidade pode ou não ser aplicada.

Nos casos inseridos nesse grupo há alusão recorrente aos critérios do princípio do melhor interesse e em alguns deles também o do consentimento da pessoa a perfilhar quanto à pretendida filiação. Face a presença dessas duas variáveis, entendemos que a Tese da multiparentalidade deve abranger os casos assim considerados semelhantes.

CASO 1. A vida como ela é! A afetividade que se impôs *leitmotiv* das relações de família. O exemplo a seguir é a materialização mais completa da chamada posse de estado de filiação. Relação fática, consolidada no tempo mediante o estreitamento dos vínculos afetivos e na vivência diária, com repercussão jurídica:

> Desde os três anos de idade, Jessica Costa compartilha o afeto dos pais biológicos, como também o das suas vizinhas. Dividindo o quintal, as refeições e muito carinho, Jessica logo se tornou uma netinha e filha para as duas. Hoje, aos 21 anos e se valendo do artigo 10 do Provimento 63 do Conselho Nacional de Justiça (CNJ), e da anuência dos seus pais biológicos sua certidão de nascimento foi alterada em decorrência do reconhecimento da maternidade socioafetiva e agora, Jessica tem um pai e duas mães: os biológicos Jorge Luiz da Costa e Sonia Regina Moreira da Costa, e a socioafetiva Maria Avany da Silva Pimentel. "Agora sou Pimentel e somos uma só família".[9]

O caso contempla a situação inovadora que espelha o vínculo biológico preexistente, ao qual foi aditado o vínculo socioafetivo, face à Tese de Repercussão Geral do STF reproduzida no Provimento do CNJ 63/17.

Para o reconhecimento voluntário da paternidade ou da maternidade socioafetiva de pessoa de qualquer idade é necessário que haja a "anuência tanto do pai quanto da mãe e do filho maior de doze anos, a qual deverá ser feita pessoalmente perante o oficial de registro civil das pessoas naturais ou escrevente autorizado" (art. 11, § 5°). Na espécie, o reconhecimento da paternidade ou da maternidade socioafetiva possibilitou a multiparentalidade lastreada no critério do melhor interesse e do consenso de todos os envolvidos.

Caso 2. O móvel da ação foi o reconhecimento judicial de maternidade socioafetiva:

> A autora ingressou com Ação de Investigação de Maternidade Socioafetiva, sob o argumento de que vive maritalmente com o genitor da menor há oito anos e que cuida desta e lhe presta toda a assistência, desde que ela contava com 1 ano e 8 meses de idade. Afirma que a menor a considera como mãe, visto sua mãe ter falecido quando ela tinha menos de 1 ano, e que o genitor da criança concorda com o pedido de substituição do nome da mãe biológica pelo nome da autora no registro de nascimento da filha.

---

9. Disponível em: https://revistacrescer.globo.com/Familia/noticia/2019/01/mulher-tem-duas-maes-na-certidao--de-nascimento.html. Mulher tem duas mães na certidão de nascimento.

CAPÍTULO 13 • RELAÇÕES EXISTENCIAIS E A MULTIPARENTALIDADE

Ouvida, a avó materna se opôs ao pleito da autora, que então, alterou o pedido, insistindo na inclusão de seu nome e de seus pais no documento da menor, sem contudo excluir os dados relativos à mãe biológica. Em 1º grau a demanda foi julgada improcedente. A demandante apelou e a 1ª Turma Cível do TJDFT deu provimento ao recurso para declarar a maternidade socioafetiva da demandante, em relação à menor, incluindo-se na certidão de nascimento da infante o nome da apelante e de seus ascendentes, sem prejuízo da manutenção do nome da mãe e avós biológicos, acrescentando, ainda, o sobrenome da autora ao nome da criança. Ao entender possível o reconhecimento da multiparenta-lidade e admitir a coexistência jurídica dos nomes da mãe biológica e da mãe socioafetiva num mesmo registro civil. A decisão foi unânime.[10]

O caso em tela enseja uma peculiaridade, o registro civil da criança constará o nome dos três ascendentes, de modo a configurar a coexistência de vínculos biológicos e socioafetivos (multiparentalidade). Porém, o que diz respeito a titularidade do poder familiar será exercido na forma binária entre o pai biológico e a mãe socioafetiva.

CASO 3. Este caso que será demonstrado é muito próximo ao que deu origem a tese de repercussão geral, a peculiaridade que o distingue é que houve inversão dos sujeitos, quanto a autoria da ação. No caso paradigma a autora da ação foi a filha e neste o autor foi o pai biológico. Esta inversão *faz ressaltar a seguinte questão: a multiparentalidade é direito do filho apenas, ou direito também dos que se apresentam como pai ou mãe biológicos? Essa inversão dos sujeitos (pai requerente versus filha contestante) afastaria a semelhança aludida no Acórdão?*

Na espécie, a jovem foi registrada pelo então companheiro de sua genitora, que a criou e a tratou como filha, restando consolidado o vínculo socioafetivo, entre eles. Seu pai, biológico ajuizou ação de investigação de paternidade, pleiteando a anulação do registro cumulado com a inclusão do seu nome, no registro de nascimento da filha. Nos autos consta a declaração da filha, externando que não deseja ver sua paternidade reconhecida pelo pai biológico. Baseado nesse fundamento, o magistrado arrematou: *"demonstrada à exaustão a paternidade socioafetiva face à filha, esta é a que deve prevalecer, inclusive sobre o vínculo biológico que, felizmente, de há muito deixou de ser glorificado pelos civilistas"*. Aspecto determinante para o julgamento ser desfavorável à multiparentalidade.[11]

Casos 4 e 5. Reprodução Assistida com Doador Conhecido e Multiparentalidade Voluntária:

Tribunal de Justiça do Rio Grande do Sul (TJRS)reformou a sentença de 1º grau que indeferiu o pedido de multiparentalidade por impossibilidade jurídica e autorizou que uma criança tenha o nome do pai biológico e de suas duas mães no registro de nascimento. No caso, o casal possui um relacionamento de profunda amizade com o homem e, desde 2012, preparam-se, juntamente com as respectivas famílias, para ter um filho em conjunto, o que se concretizou em março de 2014, com o nascimento de uma menina, filha biológica do homem e de uma das mulheres. Em ação declaratória de multipa-rentalidade pediram que fosse deferido o registro civil da menina como filha dos três, as duas mulheres na qualidade de mães e o homem como o pai, bem como os respectivos avós.[12]

---

10. Disponível em https://www.tjdft.jus.br/institucional/imprensa/noticias/2016/setembro/tjdft-admite-nome-da--mae-biologica-e-da-socioafetiva-na-mesma-certidao-de-nascimento. TJDFT admite nome da mãe biológica e da socioafetiva na mesma certidão de nascimento.

11. Disponível em: https://juristas.com.br/2020/03/15/pai-biologico-2. Justiça paulista nega inclusão de nome do pai biológico em registro de nascimento, março/2020.

12. Disponível em: https://ibdfam.jusbrasil.com.br/noticias/169482147/menina-tera-duas-maes-e-um-pai-no-re-gistro-de-nascimento-no-rio-grande-do-sul. Menina terá duas mães e um pai no registro de nascimento, no Rio

Juiz da 4ªVara Cível de Santos (SP) decidiu pela multiparentalidade na certidão de nascimento de um bebê. Além do nome das duas mães, o registro terá o nome do pai (sobrinho de uma delas que doou o material genético) e dos seis avós. Segundo o juiz, o próprio genitor manifestou a vontade de assegurar no assento que configurasse como pai.

"Quando recebi o caso, o parecer do Ministério Público era por reconhecer a multiparentalidade, mas a partir da relação socioafetiva. Isso não existe. São duas mulheres oficialmente casadas. "Reputo que ambas as requerentes, mulheres oficialmente casadas, são genitoras do nascituro, não se cogitando de que uma delas o seja pela relação socioafetiva. Ambas são mães desde a concepção!".[13]

Os dois casos reportam-se a utilização da técnica de reprodução assistida caseira, com doadores conhecidos, em contraposição ao direito de sigilo do doador, assegurado no método corrente de utilização das técnicas. É de bom alvitre reiterar que a quebra do sigilo do doador deve ocorrer excepcionalmente, pois sua razão de ser "encontra fundamento ético nos riscos de questionamento da filiação biológica da futura criança, desestabilizando as relações familiares e pondo em xeque o bem estar emocional de todos os envolvidos".[14]

Em ambos os julgados, o vínculo biológico está configurado, com o respectivo acréscimo do vínculo socioafetivo posterior. Esse caso demonstra que houve a manifestação de vontade de todos os envolvidos, para fins de configuração da multiparentalidade.

Conforme se depreende, os dois julgados não guardam nenhuma relação com a tese de repercussão geral, mas a multiparentalidade foi aplicada baseada na expressa manifestação de vontade das partes e da implícita assunção do compartilhamento do exercício do poder familiar.

Por último, um pequeno adendo, especificamente, em relação a segunda decisão (Santos – SP). O julgador em suas razões de decidir afastou a socioafetividade, por entender "que ambas as requerentes, mulheres oficialmente casadas, são genitoras do nascituro, não se cogitando de que uma delas o seja pela relação socioafetiva. Ambas são mães desde a concepção!".[15] Ao nosso ver, a argumentação utilizada foi equivocada, pois o afastamento da socioafetividade destrói a própria essência da multiparentalidade, cujo pressuposto é a coexistência de vínculos socioafetivos e biológicos. Embora ele tenha se valido do sentido figurado, ao qualificar ambas as mulheres como genitoras, na verdade estabeleceu a equivocada relação entre procriação e parentalidade.

Casos 6. Reprodução Assistida com Doador Desconhecido e Autolimitação da Privacidade:

Em passado recente foi divulgada na internet a seguinte matéria jornalística "Venda e doação ilegais de esperma crescem no Brasil e Facebook é o grande mercado". Segundo

---

Grande do Sul.

13. Disponível em: www.arpensp.org.br/?pG=X19leGliZV9ub3RpY2lhcw==&in=NDA4NDY. Decisão inédita em São Paulo reconhece multiparentalidade sem necessidade de configurar socioafetividade.

14. Disponível em: https://www.trf3.jus.br/. TRF 3. Apelação Cível 0007052-98.2013.4.03.6102/SP. Relator. Mairan Maia, DJ. 23.11.15. Argumento que foi ratificado no AResp 1.042.172 SP. Ministra Relatora Assusete Magalhães, Data de publ. 11/10/2017. A respeito ver julgado anteriormente referido (citações 99 e 100).

15. Disponível em: www.arpensp.org.br/?pG=X19leGliZV9ub3RpY2lhcw==&in=NDA4NDY. Decisão inédita em São Paulo reconhece multiparentalidade sem necessidade de configurar socioafetividade.

CAPÍTULO 13 • RELAÇÕES EXISTENCIAIS E A MULTIPARENTALIDADE

o autor da matéria há um "mercado negro em pleno funcionamento", cuja "ofertas aparecem nas redes sociais, principalmente no Facebook, com preços que chegam a R$ 6 mil".

> De São José do Rio Preto, um homem que se chama... passa sua descrição física e fornece o endereço de e-mail para contato. Sou doador. Sou do interior de São Paulo. Sou casado e tenho duas filhas... e quero ajudar você que quer ser mãe... sou saudável, moreno claro, 1,85... Quem quiser entre em contato no meu e-mail... que eu entro em contato. Espero ajudar as futuras mamães a realizarem esse sonho.
>
> (...) que diz ser do Mato Grosso do Sul, da cidade de Ponta Porá, conta que já doou sêmen por quatro vezes com sucesso de fertilização e está com os exames em dia. Diz ser homossexual e utiliza o método da seringa. Ele fornece o número do WhatsApp para contato (067...).[16]

Esses casos retratam ocorrências de doação informal de material genético, por parte de doador, que, embora desconhecido dos beneficiários da técnica, autolimita sua privacidade.

Paulo Lobo, a respeito da autolimitação da privacidade, assim se posiciona:

> Na atualidade, verificam-se constantes exemplos de autolimitação, especialmente no que concerne à intimidade, à vida privada e aos dados pessoais, com ampla divulgação e estímulo pelas mídias tradicionais e sociais. A banalização da autolimitação da privacidade está provocando a própria desconsideração social ou ruína desta, pois as pessoas passam a encarar como normal sua violação, inclusive quando afeta frontalmente o núcleo essencial da dignidade humana.[17]

A chamada doação informal e autolimitação trazem subjacentes uma ordem de problemas perfeitamente evitáveis, se fossem adotados os procedimentos usuais pelas clínicas de reprodução assistida. Estas são fiscalizadas pelo Conselho Federal de Medicina e respectivos Conselhos Regionais e estão obrigadas ao cumprimento de rígidos procedimentos para garantir a eficácia e saúde da futura gravidez além da adoção de uma série de medidas, voltadas a regular a atividade dos profissionais da área médica.

Em princípio, a situação em epígrafe afasta a multiparentalidade, mas a autolimitação da privacidade representa para o doador identificado os riscos, de no futuro vir a ser demandado judicialmente para assumir as responsabilidades parentais, como consequência do seu ato. O filho poderá exercer seu direito ao reconhecimento da filiação, mediante ação de investigação de paternidade e ao pai biológico ser imputada a multiparentalidade.

Ilustrativamente trazemos o caso de um bombeiro, que foi contratado, por um casal feminino, para doar seu sêmen. Alguns anos depois, o casal se separou e ele, frente a sua condição de pai biológico foi instado a pagar pensão para duas crianças concebidas por meio de inseminação artificial.[18] Hipótese, perfeitamente, aplicável à realidade da multiparentalidade.

---

16. Disponível em: www.diariodocentrodomundo.com.br. REINA, Eduardo. Venda e doação ilegais de esperma crescem no Brasil e Facebook é o grande mercado. nov. 2017.
17. LOBO, Paulo. Direito à privacidade e sua autolimitação. *Privacidade e sua compreensão no direito brasileiro.* 2019, p. 28-29.
18. Disponível em: https://www.bbc.com/portuguese/reporterbbc/story/2007/12/071204_esperma_np.shtml. Doador de sêmen é forçado a pagar pensão em Londres. 2007.

Capítulo 14
RELAÇÕES EXISTENCIAIS INCOMPATÍVEIS COM A MULTIPARENTALIDADE

Conforme referido, esse grupo destina-se aos casos que não cabem à aplicação da tese. São as relações que contêm impedimento prévio, que obstam a multiparentalidade. A cláusula de barreira decorre da própria lei, como no caso da adoção. Em relação a filiação proveniente da reprodução assistida heteróloga, como já referenciado usaremos as regras deontológicas emanadas pelo CFM, ante a ausência de regras jurídicas regulando a matéria.

Importante ressaltar que, na fase dos esclarecimentos, em torno do voto proferido pelo Ministro Relator no caso concreto, o Ministro Dias Toffoli ao se manifestar sobre a multiparentalidade afirmou expressamente que:

> Esse tema excetua os casos em que a própria lei determina que não se pode buscar o vínculo genético - porque houve, por exemplo, adoção ou inseminação artificial com uso de um gameta de uma pessoa desconhecida. Esses casos estão excluídos por lei da possibilidade de se ter uma investigação genética, porque a pessoa é como se fosse, realmente, filho natural. [1]

A partir desta manifestação do Min. Dias Toffoli há de se ter claro, que a aplicação da multiparentalidade, nas relações provenientes da parentalidade socioafetiva, somente é cabível, quando for o caso, nas relações socioafetivas provenientes da posse de estado de filiação. Tendo em vista o afastamento compulsório da multiparentalidade nas filiações provenientes da adoção e das técnicas de reprodução assistida heteróloga.

Ademais, constitui uma afronta a Constituição Federal de 1988, no art. 227 § 6º que conferiu à adoção o status de igualdade plena com a filiação biológica e nenhum entendimento pode reduzir ou contrastar com esse entendimento constitucional. Da mesma maneira também não pode ser impugnada ou reduzida por atos dos pais ou dos filhos adotados. Esta regra também é extensiva aos casos de adoção à brasileira.

A aplicação da multiparentalidade na adoção também esbarra na regra contida no art. 41. do ECA, que contém a seguinte redação: A adoção atribui a condição de filho ao adotado, com os mesmos direitos e deveres, inclusive sucessórios, desligando-o de qualquer vínculo com pais e parentes, salvo os impedimentos matrimoniais. Por lógico, o desligamento do vínculo biológico sucumbe frente ao elemento estruturante da multiparentalidade, quanto a necessária coexistência de vínculos biológicos e socioafetivos.

---

1. Disponível em: stf.jus.br. STF. RE 898060 (SC), set/2016.

Mesmo diante da frontal colidência com a normativa constitucional, com a legislação infraconstitucional e com a própria Tese de Repercussão Geral 622 STF encontramos decisões aplicando à multiparentalidade, em paralelo a adoção.

> Um caso de multiparentalidade foi reconhecido e a adolescente de 15 anos passou a ter o nome de seu "pai de coração" nos registros, sem a exclusão do pai biológico. A decisão da Comarca de Gaurama, município localizado no Norte do Rio Grande do Sul. Na ação de pedido de adoção, o pai afetivo alegou manter uma relação afetuosa com a menina, além de uma parentalidade já manifestada no convívio comunitário e social. Após a sentença, a adolescente passou a ter, inclusive, o prenome do pai adotivo acolhido em seu próprio nome. Não houve manifestação contrária do pai biológico ou das famílias extensas dos interessados.[2]

Também descabe a multiparentalidade nas chamadas adoção *intuito personae*. Entendendo-se como tal àquelas hipóteses legais, que dispensam a inscrição do pretendente à adoção, no Cadastro Nacional de Adoção.[3]

Este caso específico diz respeito a realidade de uma família recomposta, cujo padrasto e/ou madrasta ingressam com ação de destituição do poder familiar dos pais, cumulada com ação adoção do enteado, com a respectiva retificação no registro civil.

Outra hipótese que afastamos a aplicação da multiparentalidade diz respeito às relações de coparentalidade. Por coparentalidade entenda-se a relação entre pessoas solteiras que desejam ser pais, independentemente de qualquer relacionamento afetivo e sexual entre eles. O objetivo é cuidar, educar e dar amor a criança de maneira compartilhada. A parentalidade resultante da coparentalidade somente emerge o vínculo biológico. Resultando na ausência do elemento fundamental da multiparentalidade quanto a coexistência de vínculos.

Em relação a coparentalidade entendemos ainda que, não constitui entidade familiar ante a não projeção das características essenciais das entidades familiares (estabilidade, ostensibilidade e afetividade).

Entretanto, para os seus adeptos trata-se de "configuração familiar alternativa". É uma forma de construção de família destituída de preconceitos, dada a sua falta de quadros, mas paradoxalmente, tem como premissa o compartilhamento das responsabilidades com o filho, independente do amor romântico.[4]

---

2. Disponível em:http://www.ibdfam.org.br/noticias/7011/ Multiparentalidade+reconhecida%2C+nome+de+pai+adotivo+%C3%A9+inserido+em+registro+sem+a +exclus%C3%A3o+do+pai+biol%C3%B3gico. Multiparentalidade reconhecida, nome de pai adotivo é inserido em registro sem a exclusão do pai biológico.

3. ECA, art. 50, § 13º Somente poderá ser deferida adoção em favor de candidato domiciliado no Brasil não cadastrado previamente nos termos desta Lei quando: (Incluído pela Lei 12.010, de 2009)

    I – se tratar de pedido de adoção unilateral; (Incluído pela Lei 12.010, de 2009)

    II – for formulada por parente com o qual a criança ou adolescente mantenha vínculos de afinidade e afetividade; (Incluído pela Lei 12.010, de 2009)

    III – oriundo o pedido de quem detém a tutela ou guarda legal de criança maior de 3 (três) anos ou adolescente, desde que o lapso de tempo de convivência comprove a fixação de laços de afinidade e afetividade, e não seja constatada a ocorrência de má-fé ou qualquer das situações previstas nos arts. 237 ou 238 desta Lei. (Incluído pela Lei 12.010, de 2009).

4. Disponível em: oestadorj.com.br/coparentalidade-responsavel-o-novo-conceito. WEBJORNAL OERJ - O Estado RJ. Coparentalidade responsável o novo conceito.

A internet é a principal forma de promoção de encontros. As pessoas que entram no grupo do facebook podem ou não fazer sua apresentação, dizendo nome, cidade, idade, profissão... Além de dizer por que busca a coparentalidade e o que espera do possível parceiro. Já no grupo do WhatsApp, os interessados devem fazer essa apresentação obrigatoriamente para a administração do grupo antes de ser incluído. Mas a pessoa só será incluída se estiver a par das regras que lhe são enviadas, entre as principais regras estão a proibição de doadores de sêmen, não promover encontros destinados para fins sexuais e não ofender os membros (...).[5]

A coparentalidade apresenta-se como opção para solteiros convictos ou casais que, independentemente da orientação sexual ou identidade de gênero, querem realizar o sonho de constituir suas famílias, sem a necessidade ou obrigatoriedade de um relacionamento romântico, conjugal e/ou até mesmo sexual entre os parceiros envolvidos.[6]

Rodolfo Pamplona, em instigante artigo, elegeu a ambiência da coparentalidade para estabelecer a ponderação entre autonomia privada dos genitores na escolha por esta forma de entidade familiar e o melhor interesse da criança.

Para o autor, a coparentalidade representa "a quebra o paradigma tradicional do amor romântico" e, quando os pais "decidem ter um filho, sem envolvimento amoroso, objetivam, unicamente, atender os interesses do menor, ficando evidente, nesse caso, que a prole foi planejada e querida por ambos". Restando demonstrado, que a opção pela coparentalidade, não é conflitante com o melhor interesse da criança.

Por fim, o autor traz uma perspectiva polêmica, quando defende a instrumentalização da coparentalidade, pela via contratual.

O preconceito se inicia na escolha do parceiro e se estende à possibilidade de se assinar o "contrato de geração de filhos", instrumento jurídico que consubstancia a manifestação de vontade livre e desembaraçada, voltada a regular a concepção da criança e seus reflexos futuros.

Como se trata de uma modalidade de família ainda não positivada pelo ordenamento jurídico brasileiro, filia-se à corrente doutrinária que considera o contrato de geração de filhos um instrumento plausível para reger as relações de coparentalidade, especialmente, quanto à guarda, visitação e questões decisórias que incidirão na vida do filho.[7]

Em continuidade trataremos da outra espécie de filiação socioafetiva que afasta a multiparentalidade, qual seja: a filiação proveniente da reprodução assistida heteróloga, de doador anônimo.

Segundo Paulo Lobo, a regra do art. 1.597, V do Código Civil é a única hipótese constitutiva da inseminação artificial heteróloga. O autor defende, enfaticamente, que:

A presunção de maternidade é da mulher parturiente. [...]. O Brasil, ao lado da maioria dos países (França, Suíça, Alemanha), não acolheu o uso instrumental do útero alheio, sem vínculo de filiação (gestação por substituição ou "barriga de aluguel", como é popularmente conhecida). [8]

---

5. Disponível em: oestadorj.com.br/coparentalidade-responsavel-o-novo-conceito. WEBJORNAL OERJ - O Estado RJ. Coparentalidade responsável o novo conceito.
6. Disponível em: https://paisamigos.com/coparentalidade. PAIS amigos. Coparentalidade.
7. VIEGAS, Cláudia Mara de Almeida Rabelo e PAMPLONA FILHO, Rodolfo. Coparentalidade: a autonomia privada dos genitores em contraponto ao melhor interesse da criança. *Revista IBDFAM: Famílias e Sucessões*. v. 36, 2019. p. 33.
8. LOBO, Paulo. *Direito Civil*: famílias, 2020, p. 232.

Consequentemente, a hipótese do artigo em comento é a máxima expressão da parentalidade socioafetiva, o que indeclinavelmente a torna incompatível com a multiparentalidade.

Sem embargo, da crítica esposada, por Paulo Lobo em relação a "barriga de aluguel" trata-se de uma temática complexa, suscitando inúmeras controvérsias entre os doutrinadores. Razão pela qual achamos interesse destinar um tópico específico à temática.

14.1 A GESTAÇÃO DE SUBSTITUIÇÃO (CESSÃO TEMPORÁRIA DO ÚTERO) E A MULTIPARENTALIDADE

Conforme a Resolução do CFM 2.168/2017 que trata da utilização das técnicas de reprodução assistida essa pode ocorrer de duas maneiras: pela doação de gametas ou embrião, ou pela Gestação de Substituição (Cessão Temporária do Útero).

O projeto parental por meio das técnicas de reprodução assistida heteróloga pode ser utilizado por casais homoafetivos e heteroafetivos e pessoas solteiras, respeitado o direito a objeção de consciência por parte do médico. Esclareça-se que a análise se reporta aos procedimentos realizados em clínicas de reprodução assistida, com doadores anônimos. Exatamente para demarcar com precisão, a distinção entre estado de filiação e origem genética.

Lembrando que no caso da família homoafetiva, a existência de identidade de gênero constitui a dupla parentalidade (feminina ou masculina) e o fato de ambos constarem no assento de nascimento do filho não impacta no critério binário da filiação, por logo, também não se assemelha à tese da multiparentalidade.

Repisamos que, diante da ausência legislativa e da inércia na aprovação da lei regulando a reprodução humana assistida, a temática vem sendo tratada através de Resoluções, de natureza deontológica *direcionadas aos médicos brasileiros*, editadas pelo CFM e pelos provimentos do CNJ.

A Gestação de Substituição (Cessão Temporária do Útero), vulgarmente conhecida por barriga de aluguel demanda uma análise crítica mais detida, ante as inúmeras filigranas ínsitas à temática. *Segundo a Resolução n° 2168/17 do CFM*, para a *modalidade gestação de substituição (cessão temporária do útero)* [9] ser utilizada há de observar os seguintes critérios e exigências protocolares, quanto a documentação necessária.

> Exista um problema médico que impeça ou contraindique a gestação na doadora genética, em união homoafetiva ou pessoa solteira.
>
> 1. A cedente temporária do útero deve pertencer à família de um dos parceiros em parentesco consanguíneo até o quarto grau (primeiro grau - mãe/filha; segundo grau - avó/irmã; terceiro grau - tia/sobrinha; quarto grau - prima). Demais casos estão sujeitos à autorização do Conselho Regional de Medicina.
>
> 2. A cessão temporária do útero não poderá ter caráter lucrativo ou comercial.

---

9. LOBO, Fabiola Albuquerque e VIDAL, Adriano Gonçalves. Conflitos Éticos e Legais na Maternidade de Substituição: a constitucionalidade da prática reprodutiva no Brasil. Projeto de Iniciação Científica (IC) *PIBIC/ UFPE/CNPq* (2020-2021). Escorço.

CAPÍTULO 14 • RELAÇÕES EXISTENCIAIS INCOMPATÍVEIS COM A MULTIPARENTALIDADE **113**

3. Nas clínicas de reprodução assistida, os seguintes documentos e observações deverão constar no prontuário da paciente:

3.1. Termo de consentimento livre e esclarecido assinado pelos pacientes e pela cedente temporária do útero, contemplando aspectos biopsicossociais e riscos envolvidos no ciclo gravídico-puerperal, bem como aspectos legais da filiação;

3.2. Relatório médico com o perfil psicológico, atestando adequação clínica e emocional de todos os envolvidos;

3.3. Termo de Compromisso entre o(s) paciente(s) e a cedente temporária do útero (que receberá o embrião em seu útero), estabelecendo claramente a questão da filiação da criança;

3.4. Compromisso, por parte do(s) paciente(s) contratante(s) de serviços de RA, de tratamento e acompanhamento médico, inclusive por equipes multidisciplinares, se necessário, à mãe que cederá temporariamente o útero, até o puerpério;

3.5. Compromisso do registro civil da criança pelos pacientes (pai, mãe ou pais genéticos), devendo esta documentação ser providenciada durante a gravidez;

3.6. Aprovação do cônjuge ou companheiro, apresentada por escrito, se a cedente temporária do útero for casada ou viver em união estável.

Como se vê, para o procedimento da gestação de substituição exige-se observar o Termo de Consentimento Livre e esclarecido e o Termo de Compromisso, ambos firmados entre o(s) paciente(s) e a cedente temporária do útero (que receberá o embrião em seu útero). Entre as finalidades previstas, nos documentos referidos, uma merece especial atenção, qual seja: a pretensão de regular os aspectos legais da filiação.

Este mote suscita uma série de problematizações jurídicas, sendo o primeiro deles a falta da competência legiferante do CFM para regular a matéria da reprodução assistida e mais grave ainda a tentativa de regular a questão da filiação da criança. O que enseja vários questionamentos. São eles:

O termo de compromisso firmado pela doadora temporária do útero, esclarecendo a filiação é um documento com eficácia jurídica para afastar a possibilidade de arrependimento posterior?

O fato de a cedente pertencer à família de um dos parceiros em parentesco consanguíneo até o quarto grau, afasta esta possibilidade?

O Termo de Compromisso detém natureza contatual, com a incidência dos princípios contratuais e todos os consectários jurídicos decorrentes?

O objeto deste termo de compromisso é válido juridicamente e permite que as partes disponham livremente do seu conteúdo, ou a matéria da filiação é de ordem pública?

É possível declinar do poder familiar extrajudicialmente?

Aos questionamentos acima firmados, aditamos outra ordem de problema proveniente do *Provimento 63/17*, o qual *dispõe sobre o reconhecimento voluntário e a averbação da paternidade e maternidade socioafetiva no Livro "A" e sobre o registro de nascimento e emissão da respectiva certidão dos filhos havidos por reprodução assistida.*

A utilização do procedimento extrajudicial, instituído pelo Provimento requer a apresentação de um rol de documentos. Vejamos:

Art. 17. Será indispensável, para fins de registro e de emissão da certidão de nascimento, a apresentação dos seguintes documentos:

I – declaração de nascido vivo (DNV);

II – declaração, com firma reconhecida, do diretor técnico da clínica, centro ou serviço de reprodução humana em que foi realizada a reprodução assistida, indicando que a criança foi gerada por reprodução assistida heteróloga, assim como o nome dos beneficiários;

III – certidão de casamento, certidão de conversão de união estável em casamento, escritura pública de união estável ou sentença em que foi reconhecida a união estável do casal.

§ 1º Na hipótese de gestação por substituição, não constará do registro o nome da parturiente, informado na declaração de nascido vivo, devendo ser apresentado termo de compromisso firmado pela doadora temporária do útero, esclarecendo a questão da filiação.[10]

O primeiro problema exsurge do parágrafo 1º do artigo em comento ante ao que prescreve a Lei 12.662/12. Esta normativa jurídica regula a expedição e a validade nacional da Declaração de Nascido Vivo, a qual será emitida para todos os nascimentos com vida ocorridos no País e conterá um número de identificação nacionalmente unificado, a ser gerado, exclusivamente, pelo Ministério da Saúde contendo o nome e prenome, naturalidade, profissão, endereço de residência da mãe e sua idade na ocasião do parto, entre outros dados obrigatórios, até que seja lavrado o assento do registro do nascimento, que não será substituído ou dispensado, em qualquer hipótese, pela referida Declaração.[11]

Mais uma vez, um rol de questionamentos aflora.

A previsão contida no art. 17, § 1º Provimento, não colide com a Lei *12.662/12*, ou seja, o provimento não é um ato *contra legem*?

De acordo com lei, a mãe é a inserta na Declaração, informação esta que será transposta para o registro civil. O Provimento pode desconsiderar a previsão contemplada na lei?

Acrescentamos ainda a incongruência do Provimento com o art. 2º do Código Civil que estabelece o vínculo da maternidade, a partir do nascimento com vida.

São perceptíveis os variados conflitos jurídicos que emanam, dos atos editados tanto pela Resolução do CFM, como pelo provimento do CNJ. Renovamos nossa crítica, anteriormente externalizada, no sentido de pontuar *que os atos emanados, por àqueles órgãos não detêm natureza de normas gerais (jurídicas). E, sistematicamente, o equívoco se repete quando os operadores do Direito, sob o argumento do vazio legislativo, se afastam da interpretação do sistema jurídico.*

Neste sentido nos valemos das contribuições de Paulo Lobo, manifestando-se a respeito do Provimento, em comento.

Esta matéria não pode ser regulamentada mediante Provimento, o qual pretendendo uniformizar procedimentos pelos oficiais de registro civil, invade área reservada à lei. Não se trata apenas de procedimento do registro civil, mas sim de atribuição de parentalidade (quem é a mãe; quem são os pais?), com a consequente imputação do estado de filiação, em razão da reprodução humana assistida, e os decorrentes direitos e deveres jurídicos.[12]

---

10. CNJ, Provimento 63/2017.
11. *Lei 12.662/12.* arts. 2º, 3º *caput* e § 2º e 4º.
12. Disponível em youtu.be/jaC28d-1YV8. CONREP. Constitucionalização das Relações Jurídicas Privadas Reunião do grupo de pesquisa. Avanços da engenharia genética, questões bioéticas e seus impactos nas relações familiares, jun./2020.

CAPÍTULO 14 • RELAÇÕES EXISTENCIAIS INCOMPATÍVEIS COM A MULTIPARENTALIDADE **115**

Ilustrativamente colacionamos um caso de barriga de aluguel ocorrida no México, em que a autoridade consular por ocasião do registro civil desconsiderou o Provimento do CNJ que regulava a matéria.

À época estava em vigor, o Provimento 52/16, cujo Art. 1º dispunha que: O assento de nascimento dos filhos havidos por técnicas de reprodução assistida será inscrito no livro "A", independentemente de prévia autorização judicial e observada a legislação em vigor, no que for pertinente, mediante o comparecimento de ambos os pais, seja o casal heteroafetivo ou homoafetivo, munidos da documentação exigida por este provimento.[13]

> Dois homens brasileiros, casados desde janeiro de 2016 e que mantêm união estável desde 2012, não conseguiram registrar como filhos dois gêmeos nascidos há cinco meses, no México, após processo de barriga de aluguel. Isso porque o Consulado brasileiro na Cidade do México se recusou a registrá-los, pelo seguinte fato: ao validar o registro dos meninos, o consulado no exterior deve espelhar o documento feito no país em que foram gerados, apesar de a legislação brasileira garantir desde março de 2016 (Provimento CNJ 52/16) que os cartórios brasileiros são obrigados a reconhecerem como filhos de casais homoafetivos crianças concebidas a partir do uso de materiais genéticos, ao contrário da lei do México, tanto que o passaporte que voltaram ao Brasil quanto na documentação das crianças, o registro só constou o nome do pai biológico. Com isso, o casal só conseguiu registrar os bebês em dezembro do ano passado, após entrar com processo administrativo junto a um cartório do Rio de Janeiro.
>
> O Itamaraty considera que o Provimento 52 deve ser interpretado levando em conta a Lei de Registros Públicos, a Convenção de Viena e o Manual do Serviço Consular, que determinam que ao gerar a certidão de nascimento, o consulado deve se pautar conforme os dados constantes da certidão local, no caso, a mexicana.[14]

Apesar de vários especialistas familiaristas terem criticado os fundamentos do Consulado, ao negar o registro civil das crianças em nome dos dois pais, sugerindo inclusive um viés discriminatório na decisão, mas o certo é que a Lei de Registro Público dispõe expressamente a respeito:

> Art. 32. Os assentos de nascimento, óbito e de casamento de brasileiros em país estrangeiro serão considerados autênticos, nos termos da lei do lugar em que forem feitos, legalizadas as certidões pelos cônsules ou, quando por estes tomados, nos termos do regulamento consular.[15]

Em sentido oposto as críticas esposadas acima, Arnaldo Rizzardo posiciona-se no sentido de uma maior flexibilização e adequação da lei à realidade social.

> Tradicionalmente, ou segundo as leis vigentes, a verdadeira mãe é aquela que dá a luz à criança, ou a que pariu. [...] Tal concepção, no entanto, não pode ser acolhida. Nos tempos atuais, não revela um caráter de verdade sólida, diante do fato da fecundação artificial. E nesta forma de procriar a vida, partiu-se para um fundamento da paternidade ou maternidade diferente da tradicional. A paternidade ou maternidade passou a fundar-se em nova explicação: o ato preciso da vontade.[16]

---

13. Revogado pelo Provimento 63/2017.
14. Disponível em: www.ibdfam.org.br/noticias/6221/Consulado+brasileiro+impede+que+pai+registre+gêmeos+gerados+no+exterior+após+barriga+de+aluguel%3B+Especialistas+vão+contra+a+decisão. IBDFAM. Consulado brasileiro impede que pai registre gêmeos gerados no exterior após barriga de aluguel; Especialistas vão contra a decisão.
15. Lei 6.015/73.
16. RIZZARDO, Arnaldo. *Direito de Família*. 2005, p. 414- 415.

Percebe-se que a temática da reprodução assistida, especialmente a gestação de substituição reverbera em searas, que transbordam às questões jurídicas. Neste sentido, uma breve reflexão sobre as questões éticas envoltas ao tema.

A *Resolução 2.168/17 do CFM* preceitua que a cessão temporária do útero não poderá ter caráter lucrativo ou comercial, na tentativa de evitar que se instaure um comércio reprodutivo no país. Da teoria à prática há uma distância abissal e, sem maiores dificuldades encontramos um verdadeiro mercado negro na internet.

> Justamente a expectativa de retorno financeiro diversas mulheres se oferecem como barriga de aluguel em páginas e grupos de redes sociais - o maior deles, no Facebook, possui 3,3 mil membros. Cobra-se de R$ 15 mil a mais de R$ 100 mil, além de despesas com a gravidez e estada quando necessário. Grande parte das mulheres que anunciam a si mesmas nas redes sociais demonstra ter conhecimento de que a prática é considerada ilegal no Brasil. Para elas, a barriga de aluguel não deveria ser criminalizada.[17]

Em paralelo ao mercado clandestino, empresas especializadas e estabelecidas no Brasil, oferecem seus serviços a brasileiros dispostos a pagar, *pela superação de todos os entraves* sociais, físicos e jurídicos para gerarem seus filhos e a solução apresentada é a comercialização da barriga de aluguel, nos países onde a prática é permitida e, assim abreviar o tempo da concretização do projeto parental.

Uma das empresas anuncia seus serviços e apresenta os valores, aos casais interessados na comercialização da barriga de aluguel, nos seguintes termos:

> Os interessados podem contratar "pacotes" *que incluem desde a compra de óvulos até a documentação da criança e despesas médicas da gestante.* Os pacotes incluem ainda toda a assistência médica e jurídica para o processo, além de assessoria na escolha dos óvulos (os bancos possuem registros com as principais características genéticas das doadoras) e das gestantes.

Tabela de preços de serviço de barriga de aluguel

Ucrânia (somente para casais héteros)	US$ 63 mil
Albânia (somente para casais héteros)	US$ 75 mil
Georgia (somente para casais héteros)	US$ 58 mil
Colômbia	US$ 75 mil
Estados Unidos	De US$ 110 mil a US$ 130 mil

Outros planos de barriga de aluguel e serviços adicionais

Pacote básico nos Estados Unidos	A partir de US$ 83 mil quando já há doadora de óvulos ou embriões congelados
Adicional por implante nos planos básicos/sem garantia	US$ 4,5 mil
Adicional para retirada de HIV	US$ 8,5 mil
Dois filhos ao mesmo tempo na Colômbia	US$ 110 mil

---

17. Disponível em: https://www.bbc.com/portuguese/brasil-42573751. LEMOS, Vinicius. Carrego seu filho por R$ 100 mil: o mercado online da barriga de aluguel, jan./2018.

Na Colômbia, tem a possibilidade que se chama "double garantia" (dupla garantia), que permite que dois bebês nasçam quase na mesma época. Nesse caso, o valor é de US$ 110 mil. É uma opção para quem quer ter gêmeos. Ou seja, "gêmeos" de barrigas diferentes.

Nesses casos, embriões são implantados em duas gestantes na mesma época. A empresa justifica que gravidez de gêmeos pode ser de risco e que não há garantia de que implantes de dois embriões no mesmo útero gere gêmeos.

A empresa também oferece seus serviços aos casais homoafetivos, mas os valores não foram disponibilizados.

Fonte: Tammuz – Empresa israelense de surrogacy (termo em inglês para gestão sub-rogada) que atua em 38 países, entre eles o Brasil, desde 2016. [18]

Países como Tailândia e Índia que antes lideravam o ranking no mercado da barriga de aluguel, passaram a estabelecer limitações para estrangeiros. Em grande medida decorrente das denúncias pelos atos atentatórios à dignidade da mulher contratada.

Na Tailândia ocorreu o seguinte caso, com enorme repercussão internacional:

Um casal australiano que contratou uma mãe de aluguel na Tailândia abandonou um dos bebês gêmeos porque ele tinha síndrome de Down, noticiaram jornais australianos e ingleses nesta sexta-feira (1º). Segundo o jornal "Sydney Morning Herald", a mãe, Pattharamon Janbua, de 21 anos, recebeu US$ 11,7 mil para ser barriga de aluguel para um casal australiano que não podia ter filhos. Janbua disse que três meses após ter recebido o óvulo fecundado, ela descobriu que teria gêmeos. O agente ofereceu a ela US$ 1673 a mais pelo segundo bebê. No mês seguinte, após fazer exames de rotina, os médicos detectaram a síndrome de Down. Os pais australianos foram avisados e disseram que não queriam ficar com o bebê, segundo uma fonte ligada à família.

"Eles me disseram para abortar, mas eu não queria pois tenho medo do pecado", disse a jovem tailandesa, que é budista. Quando os bebês nasceram, o agente levou a menina e deixou o irmão com Down. A jovem nunca viu o casal. Ela disse que o agente não pagou US$ 2.341 do montante acordado.[19]

Na Índia, a medida restritiva foi tomada após vir a público às condições sub humanas que as indianas eram submetidas, nas chamadas "fábricas de bebês".

cada mulher recebe de R$ 17 a R$ 25 mil pela gravidez e passa a gestação confinada em dormitórios coletivos conhecidos como fábrica de bebês." Enquanto isto as cifras astronômicas garantiram ao "setor" um faturamento em mais de US$ 1 bilhão por ano.[20]

Na Índia, a prática do aluguel do útero foi autorizada por votação legislativa, em 2002 e a partir daí o país tornou-se o centro mundial das barrigas de aluguel. Em 2019, O Parlamento do país aprovou uma disposição que proíbe alugar o útero para fins comerciais em todo o país. A lei autoriza a sub-rogação somente em caso de escolha altruísta, entre pessoas da mesma família e somente para casais de indianos casados –, pelo menos por 5 anos, que não têm outros filhos. Desta forma, a Índia estabelece

---

18. Disponível em: https://valorinveste.globo.com/objetivo/gastar-bem/noticia/2019/06/23/quanto-custa-uma-barriga-de-aluguel.ghtml. FILGUEIRAS, Isabel. Quanto custa uma barriga de aluguel?

19. Disponível em: http://g1.globo.com/mundo/noticia/2014/08/casal-australiano-abandona-bebe-com-sindrome-de-down-na-tailandia.html. G1-SP. Casal australiano abandona bebê com síndrome de Down na Tailândia.

20. Disponível em: https://recordtv.r7.com/fala-brasil/videos/fabrica-de-bebes-barrigas-de-aluguel-faturam-mais-de-us-1-bi-por-ano-na-india-06102018. FALA Brasil, Fábrica de bebês: barrigas de aluguel faturam mais de US$ 1 bi por ano na Índia.

regras bem mais rigorosas sobre o acesso a esta prática bárbara, que torna mulheres e crianças objetos de comércio. [21]

Com o refluir dos países asiáticos, mulheres dos EUA e do Leste Europeu passaram a ser a preferência de brasileiros, que não conseguem gerar seus filhos.[22]

Vê-se o quão tênue é a linha divisória entre a cessão temporária do útero de caráter altruísta, para o livre comercio da barriga de aluguel onde o consentimento é mascarado pela exploração à dignidade e ao corpo da "cedente" para atender uma finalidade utilitarista e egoísta dos beneficiários, que se recusam lançar mão da adoção, na constituição do projeto parental.

Esta mulher que cede temporariamente seu útero para satisfazer os desejos de um projeto parental de outrem está no exercício da sua autonomia, ou é uma maneira de exploração das suas vulnerabilidades? É possível falar em liberdade, ante a vulnerabilidade manifesta? Esta busca a qualquer preço, de um filho biológico, não passa subliminarmente, a mensagem da manutenção do preconceito existente em relação a adoção, principalmente aos casais homoafetivos? Ou, o planejamento familiar é direito absoluto e afasta todos os óbices?

Rodrigo Pereira mostrando-se favorável à barriga de aluguel enxerga que há muito preconceito em torno do tema e que, isto atrapalha a evolução jurídica. Neste contexto traz os seguintes argumentos:

> A questão sobre a qual se deve refletir é: por que não se pode remunerar uma mulher pelo "aluguel" de seu útero? O corpo é um capital físico, simbólico e econômico. Os valores atribuídos a ele são ligados a questões morais, religiosas, filosóficas e econômicas. Não seria a mesma lógica que permite remunerar o empregado no fim do mês pela sua força de trabalho, despendida muitas vezes em condições insalubres ou perigosas, e considerado normal? O que se estaria comprando ou alugando não é o bebê, mas o espaço (útero) para que ele seja gerado. Portanto, não há aí uma coisificação da criança ou objetificação do sujeito. [...] A regulamentação ou a licitude de um contrato de pagamento pelo "aluguel", ou melhor, pela cessão temporária de um útero, não elimina o espírito altruísta exigido pelo Conselho Federal de Medicina. Ao contrário, evitaria extorsões e clandestinidade. Afinal, quem não tem útero capaz de gerar um filho não deveria ter a oportunidade de poder buscá-lo em outra mulher? Quem sabe no futuro próximo, nesta mesma esteira da evolução do pensamento, alugar um útero para gerar o próprio filho, para aqueles que não querem adotar, ou porque o processo judicial de adoção é emperrado e caótico, passará da clandestinidade para uma realidade.[23]

A gestação de substituição, conforme repisado é de *per se* extremamente complexa e as repercussões no campo da filiação são impactantes e intensas. São inúmeras as controvérsias, principalmente quando investigamos os reflexos genéticos da mulher cedente da barriga em relação ao feto.

---

21. Disponível em: https://www.vaticannews.va/pt/mundo/news/2019-08/india-alugue-utero-maternidade.html. VATICAN News. Índia proíbe aluguel de útero.
22. Disponível em: https://istoe.com.br/os-novos-destinos-para-o-aluguel-de-barrigas. VILARDAGA, Vicente. Os novos destinos para o aluguel de barrigas.
23. Disponível em: http://www.ibdfam.org.br/artigos/1173/ Preconceito+em+rela%C3%A7%C3%A3o+%C3%A0+barriga+de+aluguel+atrapalha+evolu%C3%A7%C3%A3o +jur%C3%ADdica. PEREIRA, Rodrigo da Cunha. Preconceito em relação à barriga de aluguel atrapalha evolução jurídica. 2016.

CAPÍTULO 14 • RELAÇÕES EXISTENCIAIS INCOMPATÍVEIS COM A MULTIPARENTALIDADE | **119**

A respeito, o médico Joji Ueno (Doutor em Ginecologia – USP) afirma que:

Toda a carga genética do bebê vem dos doadores dos gametas utilizados na fertilização in vitro. Normalmente, dos pais da criança. A genética da doadora temporária de útero não influencia em nada na formação do feto.[24]

Em sentido, diametralmente, oposto trazemos pesquisa realizada por pesquisadores do Instituto Valenciano de Infertilidade, com a seguinte conclusão:

a gestante é capaz de modificar a genética do seu futuro filho, mesmo quando o óvulo é doado, ou seja, quando veio de outra mulher. A influência do ambiente intrauterino sobre o desenvolvimento genético do embrião é determinante, inclusive pela incidência de patologias dessas crianças relacionadas com circunstâncias da gestante, como obesidade e tabagismo.[25]

Na mesma direção dos estudos realizados pelo Instituto, estão as conclusões do Pesquisador do Laboratório de Helmintologia e Entomologia Molecular do Instituto de Bioquímica Médica da UFRJ, acerca da epigenética.

A epigenética é definida como modificações do genoma que são herdadas pelas próximas gerações, mas que não alteram a sequência do DNA. Por muitos anos, considerou-se que os genes eram os únicos responsáveis por passar as características biológicas de uma geração à outra. Entretanto, esse conceito tem mudado e hoje os cientistas sabem que variações não-genéticas (ou epigenéticas) adquiridas durante a vida de um organismo podem frequentemente serem passadas aos seus descendentes. A herança epigenética depende de pequenas mudanças químicas no DNA e em proteínas que envolvem o DNA. Existem evidências científicas mostrando que hábitos da vida e o ambiente social em que uma pessoa está inserida podem modificar o funcionamento de seus genes.[26]

Após este longo percurso, na compreensão e exploração da complexidade dos problemas relacionados a barriga de aluguel, inúmeros argumentos emergem para justificar o porquê de afastarmos a incidência da multiparentalidade nessas situações.

Em primeiro lugar, subjacente a utilização da gestação de substituição há uma visão utilitarista dos beneficiários da técnica. A mensagem reverbera o desejo do projeto parental, como fim que justifica o meio, inclusive na tentativa de suplantar o direito.

Por todo o exposto, o projeto parental fundado na utilização das técnicas de reprodução assistida heteróloga, de doador anônimo é incompatível com a multiparentalidade. A exceção, como demonstrado anteriormente é quando as partes declinam do sigilo do doador. Circunstância onde a multiparentalidade ocorre em face de ter sido consensualizada pelas partes envolvidas. Orientação coincidente com o Provimento do CNJ 63/2017, nos seguintes termos:

Art. 16 [...], § 3.º O conhecimento da ascendência biológica não importará no reconhecimento do vínculo de parentesco e dos respectivos efeitos jurídicos entre o doador ou a doadora e o filho gerado por meio da reprodução assistida.

---

24. Disponível em: https://clinicagera.com.br/barriga-de-aluguel. UENO, Joji. Barriga de aluguel: O que é? Guia completo!
25. Disponível em: https://hypescience.com/barriga-de-aluguel-altera-o-dna-do-bebe. ROMANZOTI, Natasha. Barriga de aluguel altera o DNA do bebê.
26. Disponível em: http://revistacarbono.com/artigos/03-epigenetica-e-memoria-celular-marcelofantappie. FANTAPPIÉ, Marcelo. Epigenética e Memória Celular. 2013, p 01.

QUARTA PARTE
A MULTIPARENTALIDADE NO ESTADO DE LOUISIANIA (EUA) E NO BRASIL

Capítulo 15
A MULTIPARENTALIDADE NO ESTADO DE LOUISIANA (EUA)

Em 1974, um julgamento instou a Suprema Corte a conciliar o direito de família da Louisiana, com o precedente estabelecido pela Suprema Corte dos Estados Unidos.[1] Tal fato propiciou o surgimento da tese da dupla paternidade na Louisiana, viabilizando-se jurisprudencialmente a simultaneidade do pai por presunção (pai *legal*), com o pai por reconhecimento, derivado da prova da paternidade biológica (pai *real*). Neste cenário, ambos passam a ter direitos parentais e responsabilidade financeira com o filho.[2]

A tese da dupla paternidade ingressou no sistema jurídico da Louisiana pelas vias jurisprudenciais e somente em 2005 foi incorporado no Código Civil. Até esse momento, o caminho prolongou-se por 14 anos e remonta ao ano de 1991, quando o Instituto de Direito do Estado da Louisiana (*Louisiana State Law Institute – LSLI*) iniciou o projeto que resultou numa profunda reformulação da lei de filiação. Durante esse período, o tema mais inquietante e controverso entre os revisores dizia respeito à inserção ou não da dupla paternidade na codificação civil.[3]

Katherine Shaw Spaht analisando o processo de revisão legislativa da Louisiana, entre o período de 1991 até 2005, ratifica que um dos temas mais controversos, durante todo este período foi o da dupla paternidade, em especial a discussão em torno de "quando e em que circunstâncias uma criança cuja filiação esteja previamente estabelecida, a lei permitirá o ingresso do pai biológico e, quais devem ser as consequências legais?"[4]

Nesse mesmo sentido, Raquel Kovach afirma que, durante o período de revisão legislativa, o debate em torno da recepção legal da dupla paternidade na Louisiana foi um dos mais controversos.[5]

---

1. Disponível em: https://digitalcommons.law.lsu.edu/lalrev/vol77/iss4/11. RAUSCHENBERGER, Henry S. To kill a cuckoo bird: Louisiana's Dual Paternity Problem. -The doctrine of dual paternity in Louisiana a rose from the 1974 Louisiana Supreme Court case of Warren v. Richard in attempt to reconcile Louisiana family Law with then-recent United States Supreme Court precedent. 2017, p. 1185.
2. Disponível em: http://digitalcommons.wcl.american.edu/jgspl/vol16/iss2/4.
   McGINNIS, Sarah. You Are Not The Father: How State Paternity Laws Protect (And Fail To Protect) the Best Interests of Children. 2008, p. 319.
3. Disponível em: https://digitalcommons.law.lsu.edu/lalrev/vol77/iss4/11.
   RAUSCHENBERGER, Henry S. To Kill a Cuckoo Bird: Louisiana 's Dual Paternity Problem, 2017, p. 1187-1188.
4. Disponível em: https://digitalcommons.law.lsu.edu/lalrev/vol67.
   SPAHT, Katherine Shaw. Who's Your Momma, Who Are Your Daddies? Louisiana's New Law of Filiation dies? 2007, p. 308.
5. Disponível em: https://law.loyno.edu/sites/law.loyno.edu/files/Kovach-FI-MSP-PRINT.pdf.
   KOVACH. Raquel L. Sorry daddy – your time is up: rebutting the presumption of paternity in Louisiana, 2011, p. 658.

Como se percebe, entre os próprios revisores, não havia consenso e o ponto nevrálgico era ter clareza do que estava em jogo. Afinal, a finalidade da adoção ou não da dupla paternidade era preservar a unidade conjugal e preservar o interesse da criança, ou reconhecer o vínculo biológico?[6]

Repise-se a multiparentalidade só foi regulada expressamente pelo Código Civil da Louisiana em 2005, portanto toda a aplicação do instituto, anterior a este período foi exclusivamente pela esfera jurisprudencial. O mesmo ocorrendo no Brasil, quer dizer: o ingresso da multiparentalidade no direito brasileiro se deu pela via jurisprudencial, por ocasião do julgamento do caso paradigma resultando na Tese 622-STF (2016). Realidade que permanece até o presente momento, ou seja, inexiste na legislação civil brasileira qualquer dispositivo regulando a multiparentalidade.

Razão pela qual reputamos importante compreender como o Código Civil da Louisiana (EUA) regula a dupla parentalidade e colher as impressões doutrinárias acerca da temática.

15.1 AS PRESUNÇÕES DE PATERNIDADE NA LEGISLAÇÃO CIVIL DO ESTADO DE LOUISIANA (EUA)

O Código Civil do Estado de Louisiana define a filiação como o relacionamento entre uma criança e seus pais (art.178), sendo este vínculo proveniente da prova de maternidade ou paternidade ou por adoção (art. 179). O capítulo destinado às provas da paternidade principia com a manutenção da clássica presunção *pater is est*, como a principal forma de atribuição de paternidade, mas ao lado dela, de maneira complexa e extensa, estabeleceu a presunção de paternidade por casamento subsequente e reconhecimento de outras origens de paternidade.

De maneira sucinta apresentaremos os dispositivos pertinentes à presunção *pater is est* e prosseguiremos com a regulamentação da dupla paternidade.

Subjacente a presunção *pater is est* (art.185) [7] centra-se a discussão da legitimidade ou ilegitimidade da filiação e, por extensão, a exclusividade do casamento associado ao critério biológico, com o condão de legitimar a filiação. Por muito tempo, a história legislativa da Louisiana foi marcada pela pecha da desigualdade na filiação e, aos poucos, esta barreira foi superada rumo ao tratamento igualitário dos filhos, em atenção ao princípio do melhor interesse.

A presunção *pater is est* apresenta-se de modo alternativo, ou seja, a presunção que o pai da criança é o marido da mulher incide na constância do casamento, no nascimento da criança, ou na morte do marido. Porém para estes dois últimos eventos, desde que ocorram dentro dos trezentos dias, a partir da data do término do casamento. A mãe casando-se novamente dentro daquele prazo estabelecido, e ocorrer o nascimento, a presunção *pater is est* permanecerá.

---

6. Disponível em: https://digitalcommons.law.lsu.edu/lalrev/vol67. SPAHT, Katherine Shaw. Who's your momma, who are your daddies? Louisiana's new law of filiation dies? 2007, p. 354.
7. Disponível em: legis.la.gov/Legis/Law.aspx?d=109243. Civil Code, art. 185.

e tribunais. O padrão figurativamente sustenta-se em um pêndulo que oscilará entre a excessiva discrição judicial e as normas legais.

Para ratificar sua hipótese, a autora se dedicou a fazer uma análise correlacionando o melhor interesse da criança aos problemas decorrentes da paternidade, incluindo as presunções e as disputas entre os pais. Para tanto, se valeu de um estudo comparado entre Reino Unido, Califórnia e Louisiana. Não obstante o panorama plurinacional escolhido pela autora, nossas considerações ficarão restritas ao Estado da Louisiana.

A reflexão inicial ressalta os impactos negativos incidentes no "padrão do melhor interesse" proveniente da miríade de decisões, sem a devida uniformidade, principalmente, àquelas envolvendo filhos legítimos e ilegítimos. Fato que ocasionou a declaração de inconstitucionalidade de muitas leis, pela Suprema Corte norte-americana. Este aspecto fomentou a necessidade de se uniformizar as decisões, o que redundou na elaboração de lei modelo nacional – dado a que nos EUA a legislação civil é estadual – denominada Lei Uniforme de Paternidade (*Uniform Parentage Act – UPA*)[16]-[17] cuja finalidade foi de "orientar as legislaturas estaduais, incentivar a uniformidade dos resultados nos casos de parentesco e proteger os melhores interesses das crianças".[18]

O Estado da Louisiana optou em não adotar as diretrizes da *UPA*, mas seguir uma abordagem própria consubstanciada "no sistema de classificação estruturado nas circunstâncias em torno do projeto e nascimento de uma criança".[19]

Seguimos com as reflexões de Melanie B. Jacobs.[20], em artigo de sua autoria intitulado "Meus dois pais: desagregação biológica e paternidade social." A autora inicia

---

16. Disponível em: https://www.americanbar.org/content/dam/aba/events/family_law/2018/16uniform parentage. pdf.

    The Uniform Parentage Act (UPA) is a uniform statutory scheme for determining a child's legal parentage. Originally approved by the National Conference of Uniform State Law Commissioners (NCCUSL), in 1973. At the time, the parentage laws in many states still discriminated against non marital children. A number of Supreme Court decisions suggested, however, that such laws were unconstitutional.1 "The UPA (1973) sought to help states comply with these constitutional mandates and to ful fill what was seen as important policy goal: eliminating the status of illegitimacy and establishing the principle of equality for all children." JOSLIN, Courtney G. Uniform Parentage Act (2017): what you need to know. Uniform Parentage Act (2017): An Overview Conference. American Bar Association (Section of Family Law), 2018. p. 1.

17. Disponível em: http://www.okdhs.org/okdhs%20pdf%20library/UniformParentageAct_css_10212013.pdf.

    As of December, 2000, UPA (1973) was in effect in 19 states stretching from Delaware to California; in addition, many other states have enacted significant portions of it. Among the many notable features of this landmark Act was the declaration that all children should be treated equally without regard to marital status of the parents. In addition, the Act established a set of rules for presumptions of parentage, shunned the term "illegitimate," and chose instead to employ the term "child with no presumed father." National Conference of Commissioners on Uniform State Laws. Uniform Parentage Act (Last Amended or Revised in 2002). 2002, p. 1.

18. Disponível em: http://digitalcommons.wcl.american.edu/jgspl/vol16/iss2/4.

    McGINNIS, Sarah. You Are Not The Father: How State Paternity Laws Protect (And Fail To Protect) the Best Interests of Children.–to guide state legislatures, encourage uniformity of out comes in parentage cases, and better protect the interests of children. 2008, p. 313.

19. Disponível em: https://digitalcommons.law.lsu.edu/lalrev/vol67.

    SPAHT, Katherine Shaw. Who's Your Momma, Who Are Your Daddies? Louisiana's New Law of Filiation dies? *Louisiana Law Review*.2007, p. 327. – "Since the late 1970s Louisiana's Law of filiation has reflected a highly structured classification system based up on the circumstances sur rounding a child's conception and birth."

20. Disponível em: http://digitalcommons.law.msu.edu/facpubs. JACOBS, Melanie B. My Two Dads: Disaggreagating Biological and Social Paternity. 2006.

suas considerações estabelecendo a crítica que a paternidade biológica não pode ser mantida como critério exclusivo na determinação de paternidade. As diversas formas de constituição de família reclamam uma tutela mais abrangente, no sentido de considerar também a intenção dos pais ou a interação com a criança. Isto implica na quebra do paradigma da paternidade binária, no sentido da superação do modelo de um pai único, mas na construção de um modelo, onde ambos os pais mantenham vínculos e responsabilidades com o filho.

Para Jacobs, ao invés de um único pai, o direito de família deveria avançar para um reconhecimento plural da paternidade. E, assim, defende a paternidade funcional e intencional, ao lado da paternidade biológica. Nesta quadra, localiza a desagregação da paternidade biológica, da paternidade social, inclusive defende a possibilidade de um pai ter mais direitos do que o outro, a depender do caso concreto.

Sua linha de raciocínio conduz a seguinte teorização:

> A paternidade biológica deve ser apenas um dos determinantes da plena paternidade; se um pai biológico não tem desejo ou intenção e não tem conexão funcional com a criança e nem conexão social com a mãe da criança, ele não deve ser o único pai legal da criança. Seu papel deve ser limitado a um apoio financeiro modesto, se apropriado e uma fonte de identidade genética e história para criança.[21]

Nesta formulação, o melhor interesse da criança seria preservado ao deixar a maior parte da responsabilidade, sob o encargo do pai social, consequentemente promovendo uma maior justiça quanto à parentalidade. A fundamentação da autora, para contextualizar a paternidade baseada em intenções ou funcional está presente na Lei Uniforme de Paternidade (UPA). A UPA, para além da presunção conjugal de paternidade, expande as circunstâncias para a chamada presunção baseada em intenções ou funcional. Nesta espécie presume-se que um homem é o pai de uma criança, se ele mora com a criança e "abertamente sustentou a criança como sua" durante os dois primeiros anos de vida da criança. UPA § 204 (a) (5). A presunção se aplica independentemente do relacionamento conjugal do pai com a mãe ou de seu relacionamento biológico com o filho. Esta disposição reconhece que um pai que não tem conexão biológica com a criança ainda pode pretender cuidar e ser pai da criança.[22] Neste grupo também está incluído quando voluntariamente o pai o reconhece a paternidade.[23]

---

21. Disponível em: http://digitalcommons.law.msu.edu/facpubs

    JACOBS, Melanie B. My two dads: disaggreagating biological and social paternity. 2006, p. 813. Biological father hood should be buton e determinate of full paternity; if a biological father has no desire orintent to parent, has no functional connection with the child, and has no social connection to the child's mother, hes hould not be the child's only legal father. His role should be limited to modest financial supportif appropriate, and a source of genetic identity and history for the child.

22. Disponível em: https://www.lawmoss.com/publication-moss-barnett-advocate.

    VEDDER, James J. e MILLER, Brittney M.Presumptions-in-paternity-cases-who-is-the-father-in-the-eyes-of--the-law. v. 40, n. 4, 2018.

23. Disponível em: https://www.lawmoss.com/publication-moss-barnett-advocate.

    VEDDER, James J. e MILLER, Brittney M. Paternity. Presumptions-in-the-age-of-the-modern-family, 2019.

A propósito, vale fazer uma pequena digressão, para lembrar a crítica de McGinnis, em relação às diretrizes da UPA, que não foram observadas de perto pela Louisiana.[24]

A desagregação entre a paternidade biológica e a paternidade social defendida por Jacobs está intrinsecamente relacionada com o conteúdo intencional e funcional da paternidade, reconhecidos como critério de incidência da presunção (UPA § 204 (a) (5). Fica patente a dissociação estabelecida entre vínculo biológico e paternidade, mas em contrapartida associa as duas espécies de paternidade, como forma ideal de suprimento, por parte do filho, de todas as necessidades e benefícios da paternidade.

Para embasar seu ponto de vista afirma que o critério biológico é importante na atribuição de paternidade, para fins de conferir identidade e herança genética ao filho, mas não é suficiente para preencher as demandas atuais do sentido de paternidade. E fundamenta suas considerações citando os escritos de Katharine K. Baker, para quem a manutenção do vínculo de uma paternidade, baseada unicamente na biologia, só se justifica em três causas possíveis. Quais sejam: punição do pai, assunção de risco e direito da criança.

A punição do pai é uma maneira de impedir o sexo irresponsável e de incentivar o uso do controle de natalidade. Em relação ao risco, refere-se ao fato de um homem ter relações sexuais com uma mulher, assume o risco de ela engravidar e, portanto, deve estar preparado para assumir as exigências de paternidade. Por último, o direito de a criança aparentemente incorporar dois componentes, um componente financeiro e uma identidade genética.[25]

Para a autora, a presunção *pater is est* pode ser contaminada com o que denomina de fenômeno do DNA, cujo efeito produz a desestabilização da paternidade, sob a fundamentação da "fraude de paternidade". Em contrapartida, tal risco não ocorre quando um homem intencionalmente quer ser pai e quer desenvolver uma parentalidade ativa e funcional, com àquela criança.

Melanie Jacobs ao analisar a importância de preservar a paternidade social, destaca a necessidade de reconhecer os direitos dos homens, que apoiam emocionalmente as crianças. Na busca pela fundamentação jurídica desta espécie de paternidade se mune das contribuições de Baker, que por sua vez se utiliza dos elementos da confiança e da intenção, próprias do direito contratual, como fundamentos da paternidade intencional/funcional, para determinar quem deve assumir os direitos e obrigações da paternidade, cujas expectativas é um determinante muito mais útil dos direitos dos pais do que apenas a conexão genética.

Na mesma acepção de Baker, Yehezkel Margalit teoriza que os institutos do direito contratual são aptos para responder os variados problemas decorrentes da paternidade legal, principalmente naqueles casos de utilização das técnicas de reprodução assistida. Defende que a lei passe a considerar o que define como critério determinante para pa-

---

24. Disponível em: http://digitalcommons.wcl.american.edu/jgspl/vol16/iss2/4. McGINNIS, Sarah. You are not the father: how state paternity laws protect (and fail to protect) the best interests of children. 2008, p. 311-334.

25. Disponível em: http://digitalcommons.law.msu.edu/facpubs. JACOBS, Melanie B. My Two Dads: Disaggreagating Biological and Social Paternity. 2006, p. 843-844.

ternidade legal revelado na intenção, no desejo e no acordo, lastreado na liberdade de contratar, como método válido de adquirir o status de progenitor, com seus requisitos e direitos.[26]

Melanie Jacobs esteia suas considerações em vários doutrinadores nos quais cristali-za-se o reconhecimento da paternidade social, como adequado ao direito de família atual.

Após as considerações acerca da paternidade biológica e paternidade social, a autora avança na defesa do reconhecimento de dois pais jurídicos para cada filho, a partir da realidade de Louisiana e, lastreado na crença que reconhecê-los promoverá uma melhor proteção e preservação dos melhores interesses de uma criança, pois a ela será assegurado manter seus vínculos emocional e genético intactos, sem ter que escolher entre um e outro vínculo, ao mesmo tempo garante uma maior justiça, entre os dois homens. [27]

Esta possibilidade só é viável havendo a desagregação entre as paternidades, com a consequente separação dos direitos e deveres inerentes à paternidade. Exemplifica-tivamente sugere que se o pai social continuar nutrindo e apoiando financeiramente o filho pode ser o principal responsável pelo suporte e, também pela guarda. Enquanto o pai biológico poderia estabelecer relação de visita limitada com a criança e se responsa-bilizar por pagar um apoio financeiro.

O reconhecimento do pai biológico dá à criança um vínculo com sua identidade genética e permite que ela desenvolva um relacionamento com seu pai biológico, se as duas pessoas, assim o desejarem.

Todavia, o pai biológico mostrando-se indiferente à paternidade pode ter sua pater-nidade reconhecida para fins de origem genética, mas o pai biológico será destituído de qualquer outro direito em relação à criança, ficando estes a cargo do pai social. É o que a autora denomina de esquema de "direitos relativos" correlacionados com o melhor interesse da criança. Porém reconhece a dificuldade em estabelecer esta equivalência ou a diferença dos direitos/deveres para cada um dos pais. Aspecto que ensejaria uma discricionariedade dos tribunais, naqueles casos indicativos de compartilhamento das responsabilidades parentais.

De positivo destaca que não haveria a exigência da sobreposição de um pai sobre o outro, mas sim o alinhamento entre eles, em prol do melhor interesse. Finaliza suas considerações torcendo para que os tribunais reconheçam e apliquem a tese da dupla paternidade, para variados contextos.[28]

Nessa orientação é o artigo de Jung Chul Hah, professor de direito da Baekseok University South Korea, intitulado "Paternidade dupla? Reconsiderando uma presunção

---

26. Disponível em: https://www.cambridge.org/br/academic/subjects/law/family-law/determining-legal-parentage-be-tween-family-law-and-contract-law?format=HB. MARGALIT, Yehezkel. Determining Legal Parentage: between family law and contract Law. 2019, p. 258-259.

27. Disponível em: http://digitalcommons.law.msu.edu/facpubs. JACOBS, Melanie B. My two dads: disaggreagating biological and social paternity. 2006, p. 850.

28. Disponível em: http://digitalcommons.law.msu.edu/facpubs. JACOBS, Melanie B. My two dads: disaggreagating biological and social paternity. 2006, p. 854-855.

conjugal de paternidade na nova era". [29] O autor apresenta a realidade da Coreia do Sul em relação aos critérios adotados para fins de paternidade. Sua proposta, como o próprio título enuncia, é no sentido de questionar a dupla paternidade enquanto proposta viável para a reconfiguração da presunção *pater is est*. Para ele, a presunção de paternidade centrada no casamento encontra-se incompatível com os variados arranjos familiares atuais. O formato tradicional de família erodiu e diante da crise é necessário se reinventar. Neste diapasão sugere uma revisão legislativa a fim de flexibilizar os requisitos da presunção e o reconhecimento de outros meios na atribuição de paternidade.

O Código Civil da Coreia do Sul aponta que a presunção conjugal incide em relação ao marido, quando a mulher der à luz entre 200 dias após o casamento e 300 dias após a dissolução dele. Decorrido o prazo torna-se uma presunção conclusiva da paternidade. A presunção da paternidade pode ser refutada apenas pelo marido ou esposa, e não pelo filho ou pai natural, dentro do prazo de 2 anos depois de saber que criança não é biologicamente sua.

Segundo Jung Chul Hah a adoção da presunção *pater is est* traz em seu âmago a ideia de preservar a integridade e a privacidade da família e, a proteção contra bastardia. Para este último aspecto pondera que deixou de ser crucial, como era no passado, vez que toda a discriminação contra "filhos ilegítimos" foi abolida do sistema legal. Todavia, pondera que toda e qualquer mudança será imprescindível considerar as necessidades emocionais das crianças em diversas situações e, desta forma garantir os melhores interesses. A dupla paternidade representa uma ruptura com o critério biparental da paternidade, portanto defende que a possibilidade de pais múltiplos, não deve ser descartada meramente com base na tradição. O critério que deverá ser determinante é o melhor interesse da criança, daí ser uma medida excepcional. Afirma o autor, que a manutenção da presunção nos moldes tradicionais traz alguns problemas quanto a biparentalidade da parentalidade. Argumenta que a relação paterno-filial, apenas com o pai presuntivo pode representar uma espécie de injustiça contra o suposto pai biológico. Como este não pode solicitar o estabelecimento de paternidade é impedido de estabelecer o próprio vínculo biológico ou emocional com uma criança, embora ele ou a criança possam querer.

Por outro lado, a ruptura de um estado de filiação consolidado, apenas em decorrência da ausência do vínculo biológico pode ser trazer severas lesões emocionais e seria devastador para a criança. É certo que, o conflito entre o pai presumido que nega a paternidade, ao descobrir a ausência de vinculação biológica e, o interesse da criança é inevitável, mas ratifica que o critério exclusivo do DNA, não pode ser determinante para suprimir uma história de vida.

Cogita se a superação dos prazos prescricionais, em prol da imprescritibilidade, não seria uma possibilidade, ainda que paradoxal de estabilização das relações, com o passar do tempo. Entretanto, não deixa de observar que àquele critério também é gerador de insegurança para o filho, que a qualquer momento pode ter sua paternidade contestada.

---

29. Disponível em: https://www.researchgate.net/search?context=publicSearchHeader&q=Paternity%3F%3A-Reconsidering+the+Marital+Presumption+of+Paternity+in+the+New+Era. HAH, Jung Chu. Dual paternity? Reconsidering the marital presumption of paternity in the new era. 2013, p. 337- 344.

Restam ainda àquelas hipóteses delicadas, a exemplo da família recomposta, quando a imposição de relações parentais exclusivas pode causar mais danos ao bem-estar psicológico dos filhos, bem como naqueles casos em que diante de ruptura conflituosa do casal, um dos pais impede ou dificulta o outro de manter os vínculos afetivos com o filho, mesmo contra a vontade de ambos.

O autor é peremptório ao afirmar que toda e qualquer mudança, nas regras da parentalidade é imprescindível considerar as necessidades emocionais das crianças em diversas situações e, desta forma garantir o melhor interesse. Nesta quadra também insere a dupla paternidade, ou seja, a possibilidade de pais múltiplos, não deve ser descartada meramente com base na tradição, mas acima de tudo se estiver em conformidade com o melhor interesse da criança, daí ser uma medida excepcional.

Ao discorrer sobre a possibilidade de múltiplos pais reporta-se à experiência, que vem sendo utilizada pelos tribunais de alguns estados americanos, com relação à guarda dos filhos após a dissolução do casamento, seguida pela recomposição familiar denominada de "comunidade de parentalidade ou torta de parentalidade," [30] na qual se verifica um compartilhamento de tarefas consensualmente assumidas pelos adultos, em relação à criança e, ao mesmo tempo funciona para reduzir o obstáculo conceitual da suposta indivisibilidade da paternidade.

Finaliza suas considerações sobre a dupla paternidade, se valendo da experiência legislativa da Louisiana, onde há o estabelecimento judicial de paternidade biológica, reconhecido posteriormente, mas preserva o status da criança como filho legal do marido da mãe. Ao pai biológico incumbirá o dever de apoio financeiro ao filho e, se for solteiro o filho pode reivindicar benefícios por morte ou direito de herança na morte do pai, mas é improvável que ele consiga a guarda ou o direito de visita, caso haja objeção da mãe e do marido.

Sem embargo, de defender a dupla paternidade, como um mecanismo de otimizar a adequação da lei à realidade social, mas o autor conclui que, o juiz pode considerar uma dupla paternidade como uma opção para uma criança, apenas em situações específicas.

Quando o processo de determinação do vínculo parental é involuntário, forçado por lei ou tribunal, a intervenção pode interferir na formação da identidade da criança. [31] O Estado não deve intervir nas famílias para criar novos direitos dos pais contra

---

30. Disponível em: https://www.researchgate.net/search?context=publicSearchHeader&q=Paternity%3F%3A-Reconsidering+the+Marital+Presumption+of+Paternity+in+the+New+Era. HAH, Jung Chu. Dual paternity? Reconsidering the marital presumption of paternity in the new era. 2013, p. 341. For example, with respect to child custody after dissolution of marriage, the concept of "Community parenting" [23] or "parenthood pie" has been introduced in many states of the U.S.

31. Disponível em: https://www.researchgate.net/search?context=publicSearchHeader&q=Paternity%3F%3. A Reconsidering+the+Marital+Presumption+of+Paternity+in+the+Era. When the process of determining parental attachmentisin voluntary, compelled by law or court intervention, the child's identity formation ma y bethrown.
HAH, Jung Chu. Dual paternity? Reconsidering the marital presumption of paternity in the new era. 2013, p. 341.

CAPÍTULO 15 • A MULTIPARENTALIDADE NO ESTADO DE LOUISIANA (EUA) **133**

os interesses da criança. Sem essa limitação, uma intervenção do Estado pode colocar em risco tradições profundas de valor insubstituível para a sociedade.[32]

Traçando um paralelo entre os dois textos há entre eles uma aproximação, quando propugnam pela quebra do sistema binário da filiação, como forma de adequação com a realidade mutante e complexa das variadas formas de família. Embora, a fundamentação de cada qual aponte para uma abordagem distinta, mas se entrecruzam ao mirar o princípio do melhor interesse como bastião para qualquer mudança, nas regras da paternidade.

Na sequência trazemos as considerações de Raquel Kovach,[33] cujo cerne consiste em estabelecer a crítica em relação à incidência da presunção de paternidade *pater is est*, em especial naquelas situações em que a criança é fruto de uma relação extramatrimonial. Kovach demonstra sua perplexidade, na verdade dispara uma árdua crítica, ao sistema legal da Louisiana quando afirma que: "Há uma anomalia existente na lei da Louisiana, pela qual um o homem é legalmente obrigado a apoiar financeiramente uma criança, com a qual não tem conexão biológica, sem lhe dar uma opção sobre o assunto".[34]

A autora continua sua indignação, sob o argumento que o prazo prescricional é exíguo e o marido será responsabilizado por um filho que não é dele. Busca a explicação do porquê de tamanha injustiça e sua ilação é que Louisiana é marcadamente moralista e esta característica se espraia no direito de família, que se volta a preservação da família, mediante a estabilidade matrimonial e ao interesse da criança. Mas, segundo ela, na prática o argumento da proteção da criança é ardilosa, pois esconde a verdadeira história de um marido que foi enganado por sua esposa, o dano emocional que sofreu por não ser o pai biológico do filho da sua mulher e ainda a injustiça legal de ser responsável por todos os encargos da paternidade, como se pai fosse.[35]

Segundo ela, o prazo legal de um ano, contado a partir do nascimento da criança, para o pai ingressar com a ação de impugnação, sob pena de prescrição, com a respectiva convalidação da paternidade é injusto, pois nem sempre o pai atenta para o problema neste período temporal. Ademais, aponta para àquelas situações em que a mulher, mes-

---

32. Disponível em: https://www.researchgate.net/search?context=publicSearchHeader&q=Paternity%3F%3AReconsidering+the+Marital+Presumption+of+Paternity+in+the+New+Era.The states hould not intervene in families to create new parental rights against child's interests. Without such limitation, the State's intervention to create new parental rights may end anger profound traditions in dirreplace able valueto society as well.
    HAH, Jung Chu. Dual paternity? Reconsidering the marital presumption of paternity in the new era. 2013, p. 342.
33. Disponível em: https://law.loyno.edu/sites/law.loyno.edu/files/Kovach-FI-MSP-PRINT.pdf.
    KOVACH. Raquel L. Sorry daddy – your time is up: rebutting the presumption of paternity in Louisiana. 2011.
34. Disponível em: https://law.loyno.edu/sites/law.loyno.edu/files/Kovach-FI-MSP-PRINT.pdf.
    This Comment criticizes an existing anomaly in Louisiana law, where by a man is legally bound to financially support a child to which he has no biological connection without giving him a choice in the matter.
    KOVACH. Raquel L. Sorry daddy – your time is up: rebutting the presumption of paternity in Louisiana. 2011. p. 651.
35. Disponível em: https://law.loyno.edu/sites/law.loyno.edu/files/Kovach-FI-MSP-PRINT.pdf.
    KOVACH. Raquel L. Sorry daddy – your time is up: rebutting the presumption of paternity in Louisiana. 2011. p. 653.

mo separada do primeiro marido, convola novas núpcias dentro do prazo dos 300 dias (Art.185) [36], o eventual nascimento de uma criança, em princípio incide a presunção. (Art. 186).[37]

Como solução, a autora propugnou à época, que houvesse uma mudança legislativa, no sentido de criar alternativas, no tocante ao prazo prescricional, de modo a garantir mais justiça ao pai não biológico e, evitar situações de "uma criança nascida de mãe adúltera, "mergulhe duas vezes" nos bolsos de dois pais, enquanto outras crianças estão limitadas pela fidelidade da mãe".[38]

E conclui afirmando que a dilação do prazo para fins de impugnação da paternidade propiciaria uma escolha do pai legal em relação à manutenção dos vínculos com a criança. Entretanto, a imposição legal da paternidade, em detrimento da escolha, traz mais consequências gravosas que benefícios à criança.[39]

A última contribuição doutrinária contempla as reflexões de Henry Rauschenberger, [40]que é manifestamente contrário a dupla paternidade e, seu principal argumento é que nela subjaz um latente "trio de insulto e injúria" ao marido, em razão da incidência da presunção de paternidade. Neste artigo percebe-se uma confluência teórica entre Rauschenberger e Kovach, quanto às críticas desferidas ao modelo adotado na Louisiana, da dupla paternidade. O autor referencia Kovach, quando ela faz afirma que a dupla paternidade imputa o marido um dano indiscutível, pois além da traição da esposa, descobre que aquela criança, não é seu filho biológico e, ainda é forçado a manter a responsabilidade financeira pela criança. [41]

Para além daqueles efeitos, o autor em questão aponta que os tribunais da Louisiana têm sido inconsistentes em lidar com a doutrina da dupla paternidade. Segundo ele, este problema decorre da falta de critérios claros e uniformes quanto a parte relativa da obrigação financeira que caberá a cada um dos pais e, esta situação enseja desigualdade e injustiça, vez que ambos são responsáveis pela criança.[42] A responsabilidade financeira do pai biológico decorre do dever legal, mas e a do pai legal, qual será o parâmetro? Até então, este problema persiste sem solução e, segundo ele a solução definitiva perpassa

---

36. Disponível em: legis.la.gov/Legis/Law.aspx?d=109243. Civil Code, art. 185.
37. Disponível em: legis.la.gov/Legis/Law.aspx?d=109243. Civil Code, art. 186.
38. Disponível em: https://law.loyno.edu/sites/law.loyno.edu/files/Kovach-FI-MSP-PRINT.pdf.
    Currently a child born to an adulterous mother is allowed to "double-dip" into the pockets of two fathers, while other children are limited by their mother's fidelity.
    KOVACH. Raquel L. Sorry daddy – your time is up: rebutting the presumption of paternity in Louisiana. 2011, p. 681.
39. Disponível em: https://law.loyno.edu/sites/law.loyno.edu/files/Kovach-FI-MSP-PRINT.pdf.
    KOVACH. Raquel L. Sorry daddy – your time is up: rebutting the presumption of paternity in Louisiana. 2011, p. 683.
40. Disponível em: https://digitalcommons.law.lsu.edu/lalrev/vol77/iss4/11.
    RAUSCHENBERGER, Henry S. To Kill a Cuckoo Bird: Louisiana 's Dual Paternity Problem. 2017.
41. Disponível em: https://law.loyno.edu/sites/law.loyno.edu/files/Kovach-FI-MSP-PRINT.pdf.
    KOVACH. Raquel L. Sorry daddy – your time is up: rebutting the presumption of paternity in Louisiana. 2011, p. 653.
42. Disponível em: https://digitalcommons.law.lsu.edu/lalrev/vol77/iss4/11.
    RAUSCHENBERGER, Henry S. To Kill a Cuckoo Bird: Louisiana 's Dual Paternity Problem. 2017, p. 1193.

CAPÍTULO 15 • A MULTIPARENTALIDADE NO ESTADO DE LOUISIANA (EUA) **135**

pela "ação legislativa que vise eliminar a ocorrência de dupla paternidade forçada por completo".[43]

Na ausência de solução, a alternativa é a observância pelos tribunais da Louisiana, das diretrizes formuladas pela doutrina visando estabelecer parâmetros equitativos, de modo a aferir, no caso concreto a necessidade da criança e, por outro lado a situação financeira de cada um dos pais. Vis a vis, critério semelhante ao binômio necessidade-possibilidade, utilizado no direito brasileiro.

Entende que a ausência de balizamento também repercute no melhor interesse da criança, na medida em que situações semelhantes podem ter resultados díspares, e uma criança receber menos apoio que outra e, vice versa.

Na verdade, para Rauschenberger a dupla paternidade é confusa e, renova suas convicções afirmando que, a medida reparadora desta injustiça é abolir uma presunção conjugal de paternidade que dá origem a dupla paternidade forçada. Ou, a alteração legislativa prolongando o período de impugnação da paternidade, em razão da grande maioria das situações de dupla paternidade ocorrer, durante o período prescritivo legal, o qual em Louisiana é o mais exíguo, que os demais Estados, neste tipo de ação.

Embora, tanto a legislação quanto o judiciário justifiquem o período de um ano, como prazo suficiente para haver a imputação paternidade. O autor encontra em Kovach, a razão da busca pela estabilidade. Esta instrumentalizará a "proteção da unidade familiar, a proteção da criança de dano emocional, em face do estigma da ilegitimidade e o reconhecimento do fato biológico".[44]

Rauschenberger reconhece que, a supressão da presunção da paternidade é inimaginável, então alternativamente vislumbra a possibilidade do Estado da Louisiana substituir o critério da atribuição de paternidade, com base na incidência da presunção, para o reconhecimento de uma filiação baseada em intenções. Esse modelo alternativo de filiação centra-se na escolha volitiva, manifestada por uma expressão de intenção ou por ações que refletem a intenção de ser pai, ante à assunção ativa de participação na vida daquela criança, independente de estado civil com a mãe, ou de critério biológico. Para ele, melhor ter uma paternidade querida e realizadora do melhor interesse, a uma paternidade atribuída ao pai legal contra sua vontade.

A segunda proposta, para resolver o problema da dupla paternidade seria a substituição da paternidade legal, pela paternidade biológica, devidamente comprovada, mas tem certeza de que esta solução também traria outros desmembramentos. E, por fim tornar imprescritível o prazo para impugnar a paternidade.

---

43. Disponível em: https://digitalcommons.law.lsu.edu/lalrev/vol77/iss4/11.
"it is legislative action aimed at eliminating the occurrence of forced dual paternity al together".
RAUSCHENBERGER, Henry S. To Kill a Cuckoo Bird: Louisiana 's Dual Paternity Problem. 2017, p. 1179.
44. Disponível em: https://law.loyno.edu/sites/law.loyno.edu/files/Kovach-FI-MSP-PRINT.pdf.
KOVACH. Raquel L. Sorry daddy – your time is up: rebutting the presumption of paternity in Louisiana. 2011. p. 653.

Note-se que houve uma alteração no art. 189 do Código Civil da Louisiana[45], que minimizou os efeitos da dupla paternidade, tão criticados pelo autor.

Estabelecendo o cotejo entre os artigos analisados encontramos em Jacobs e Hah argumentos favoráveis à dupla paternidade, embora àquele tenha se revelado mais entusiasta com a ideia, que este. Convergem, entretanto, quanto a valia do reconhecimento jurídico da paternidade legal e, da necessária adequação da lei, em particular o direito de família, frente à dinâmica complexa e plural dos arranjos familiares e, não o contrário, ou seja, às relações familiares moldarem-se aos ditames estáticos da lei.

Já as contribuições de Kovach e Rauschenberger mostraram-se precipuamente mais atreladas ao conservadorismo subjacente à paternidade adensada no critério biológico, para fins de legitimação da filiação. Rauschenberger, entre as variadas propostas dispostas ao longo do texto apresentou-se ainda mais radical, se comparado à Kovach. Inclusive sugerindo alteração legislativa, naqueles casos em que houvesse a confirmação posterior do vínculo biológico, o pai assumiria sozinho os encargos da paternidade e a paternidade legal seria anulada.

O certo é que ambos dispararam severas críticas ao modelo legal da dupla paternidade na Louisiana, aspecto que foi obtemperado, na seguinte situação: a viabilidade do modelo da dupla paternidade resta condicionada ao elemento volitivo do pai legal, que queira manter o vínculo de paternidade com a criança.

Quanto a imposição legal da dupla paternidade, Hah, Kovach e Rauschenberger concordam que não é o melhor caminho podendo inclusive comprometer a realização do melhor interesse da criança. Contudo, as opiniões de Kovach e de Rauschenberger difiram em relação à de Hah. Para àqueles, a vulnerabilidade recai na situação do pai legal e, não em relação à criança, conforme defende Hah.

Identificou-se o melhor interesse da criança, como elo comum entre os autores referenciados, embora analisados sob vieses distintos. Entretanto, McGinnis,[46] ao contrário dos outros, deteve sua percepção ao melhor interesse, à luz da codificação civil de Louisiana. A qual regulou expressamente um rol de fatores a serem observados pelos tribunais, a fim de apreender o que constitui o melhor interesse da criança, no caso concreto.

> Art. 134. Fatores para determinar o melhor interesse da criança
>
> A. Exceto conforme disposto no Parágrafo B deste Artigo, o tribunal deve considerar todos os fatores relevantes para determinar o melhor interesse da criança, incluindo:
>
> (1) O potencial de abuso da criança, conforme definido no Artigo 603 do Código da Criança, que deve ser a principal consideração.
>
> (2) O amor, carinho e outros laços emocionais entre cada parte e a criança.
>
> (3) A capacidade e disposição de cada parte de dar à criança amor, afeto e orientação espiritual e de continuar a educação e educação da criança.

---

45. Disponível em: legis.la.gov/Legis/Law.aspx?d=109243. Civil Code.
46. Disponível em: http://digitalcommons.wcl.american.edu/jgspl/vol16/iss2/4.
    McGINNIS, Sarah. You Are Not The Father: How State Paternity Laws Protect (And Fail To Protect) the Best Interests of Children. 2008.

CAPÍTULO 15 • A MULTIPARENTALIDADE NO ESTADO DE LOUISIANA (EUA) · 137

(4) A capacidade e disposição de cada parte de fornecer à criança alimentos, roupas, assistência médica e outras necessidades materiais.

(5) O período de tempo em que a criança vive em um ambiente estável e adequado e a conveniência de manter a continuidade desse ambiente.

(6) A permanência, como unidade familiar, da casa ou casas de custódia existentes ou propostas.

(7) A aptidão moral de cada parte, na medida em que afeta o bem-estar da criança.

(8) O histórico de abuso de substâncias, violência ou atividade criminosa de qualquer parte.

(9) A saúde mental e física de cada parte. A evidência de que um pai / mãe abusado sofre os efeitos de abuso passado do outro pai / mãe não deve ser motivo para negar a guarda dos pais.

(10) A história da casa, da escola e da comunidade da criança.

(11) A preferência razoável da criança, se o tribunal considerar que a criança tem idade suficiente para expressar uma preferência.

(12) A disposição e capacidade de cada parte de facilitar e incentivar um relacionamento próximo e contínuo entre a criança e a outra parte, exceto quando evidências objetivamente substanciais de conduta abusiva, imprudente ou ilegal específica tiverem causado uma parte a ter preocupações razoáveis segurança ou bem-estar da criança, sob os cuidados da outra parte.

(13) A distância entre as respectivas residências das partes.

(14) A responsabilidade pelo cuidado e educação da criança exercida anteriormente por cada parte.

B. Nos casos que envolvam histórico de cometer violência familiar, conforme definido na RS 9: 362, ou abuso doméstico, conforme definido na RS 46: 2132, incluindo abuso sexual, conforme definido na RS 14: 403 (A) (4) (b), quer uma parte tenha ou não procurado obter alívio de acordo com qualquer lei aplicável, o tribunal determinará uma sentença de custódia ou visita de acordo com as RS 9: 341 e 364. O tribunal só poderá encontrar um histórico de cometer violência familiar se o tribunal descobre que um incidente de violência familiar resultou em lesões corporais graves ou o tribunal encontra mais de um incidente de violência familiar.[47]

A autora constata, que apesar do disciplinamento dos fatores contemplativos do melhor interesse, direcionados ao tribunal, mas na prática a lista não é vinculativa, consequentemente a avaliação da motivação encontra-se restrita ao crivo de cada tribunal e, carreada de subjetivismo. Esta discricionariedade, ante a dupla parentalidade, contamina o critério adequado de aferição do melhor interesse.[48]

Para a aferição do melhor interesse sugere o "teste de equilíbrio," ou seja, a identificação de todos os interesses concorrentes, em igualdade de condições e, a respectiva ponderação, a fim de extrair o que deve se sobressair. Interesses, que estes geralmente não podem existir simultaneamente e devem ser equilibrados para determinar qual terá prevalência. O interesse do pai biológico não é potestativo, mas conformado aos outros interesses existentes.

Exemplificativamente, aponta como interesses concorrentes a seguinte disposição: a imposição da dupla paternidade, a um pai biológico solteiro, pode perturbar a estabilidade familiar, na sequência é interesse do filho que sua estrutura familiar seja preservada

---

47. Disponível em: legis.la.gov/Legis/Law.aspx?d=109243. Civil Code.
    Art. 134. Factors in determining child's best interest
48. Disponível em: http://digitalcommons.wcl.american.edu/jgspl/vol16/iss2/4.
    McGINNIS, Sarah. You Are Not The Father: How State Paternity Laws Protect (And Fail toProtect) the Best Interests of Children. 2008, p. 326-327.

e, o Estado forçando esta intromissão do pai biológico constitui uma interferência na vida privada da família.

> Portanto, Louisiana falha em agir no melhor interesse da criança, permitindo que um homem receba direitos de paternidade à custa de outros interesses importantes que afetam fortemente as crianças e superam seus próprios interesses. [49]

Arremata sua investigação desferindo uma contundente crítica, ao modelo afirmando que para resguardar o melhor interesse da criança, este deve ser analisado no caso concreto, a partir de critérios objetivos, cuidadosamente examinados, do contrário haverá intromissão de valores subjetivos na esfera privada familiar.[50]

Trazendo as reflexões extraídas da doutrina estrangeira e comparando-a à realidade doutrinária brasileira é clarividente que as duas estão a anos luz de distância. O que há muito foi apreendido pela doutrina brasileira relativo ao princípio jurídico da afetividade, bem como, ao reconhecimento legal do parentesco socioafetivo, em condições de igualdade com o parentesco biológico, o estado de Louisiana encontra-se tateando no reconhecimento da socioafetividade como fundamento das relações jurídicas de família. Ademais, pelas leituras empreendidas se percebe que Louisiana é um estado muito conservador, o que torna o critério biológico muito relevante na determinação da filiação. Razão pela qual a presunção de paternidade é considerada a "presunção mais forte da lei" da Louisiana.[51]

Por fim, Rauschenberger enxergou na imprescritibilidade da ação negatória de paternidade, a solução eficaz para sanar as injustiças provenientes da dupla paternidade forçada, imputada ao pai legal, salvo na hipótese deste voluntariamente quiser manter a paternidade. Apesar das modificações legislativas ocorridas na codificação civil em relação a dilação do prazo (art. 189). A imprescritibilidade na Louisiana não passou de uma proposta doutrinária, contrariamente ao que ocorreu na codificação civil brasileira.

A opção legislativa brasileira de tornar a ação negatória de paternidade imprescritível foi inserida com a Subemenda de Redação do Relator-Geral 35 (Deputado Ricardo Fiuza) no PL 634-C/1975 [1998] (CD 2º Turno)[52], a qual foi acolhida integralmente na redação final da Lei 10.406/2002[53], sob a justificativa que "as inovações constitucionais

---

49. Disponível em: http://digitalcommons.wcl.american.edu/jgspl/vol16/iss2/4, 2008.

    The before, Louisiana fails to act in the child's best interests by allowing a man to receive paternity rights at the expense of other important interests that strongly affect children and outweigh his own interests.

    McGINNIS, Sarah. You Are Not The Father: How State Paternity Laws Protect (And Fail toProtect) the Best Interests of Children. 2008, p. 330.

50. Disponível em: http://digitalcommons.wcl.american.edu/jgspl/vol16/iss2/4, 2008.

    McGINNIS, Sarah. You Are Not The Father: How State Paternity Laws Protect (And Fail toProtect) the Best Interests of Children. 2008, p. 333.

51. Disponível em: https://digitalcommons.law.lsu.edu/lalrev/vol77/iss4/11.

    RAUSCHENBERGER, Henry S. To Kill a Cuckoo Bird: Louisiana 's Dual Paternity Problem. 2017, p. 1197.

52. Disponível em: https://www2.senado.leg.br/bdsf/handle/id/242712

    PASSOS, Edilenice; LIMA, João Alberto de Oliveira. *Memória legislativa do Código Civil*. 2012. v. 4. p. 51-52.

53. CC/02, art. 1.601. Cabe ao marido o direito de contestar a paternidade dos filhos nascidos de sua mulher, sendo tal ação imprescritível.

sobre o reconhecimento da filiação tem como suporte a busca da verdade real," partindo desta premissa nada mais adequado que a imprescritibilidade das ações relativas à filiação.

Outro argumento utilizado foi a adequação da codificação civil aos preceitos da súmula 149 do STF[54] e do art. 27 do ECA.[55] Como em ambos, a imprescritibilidade da investigação de paternidade está garantida, por decorrência lógica há de se dar o mesmo tratamento em relação a ação negatória de paternidade.

A recepção artigo 1.601 foi muito negativa, tanto pela doutrina como pela jurisprudência brasileiras, diante do retrocesso nele cristalizado. Seu conteúdo revelou uma submissão atávica ao critério biológico da paternidade, em frontal colidência com as conquistas alcançadas em torno do reconhecimento jurídico da paternidade socioafetiva, naquela ocasião amplamente capilarizada na realidade do direito de família.

Relativamente, a preocupação externada por McGinnis, acerca da imputação da dupla paternidade ensejar a intromissão de valores subjetivos na esfera privada familiar.[56] Também está presente nas inquietações de Rolf Madaleno.

> qual o sentido em admitir uma paternidade dúplice de uma esposa que traiu o marido, teve um filho fora do casamento e trouxe para convívio com o filho (aparentemente conjugal) a figura do pai biológico, fruto da traição, com direito à averbação de seu nome na certidão de nascimento da criança, que passa a ser filho presumido do casamento e filho concomitante do adultério, sendo isto consignado aos olhos de todos na sua certidão de nascimento, causando incontestável constrangimento para os pais matrimoniais? [...]. Deve ser sopesado qual o real proveito da interferência de um segundo progenitor na vida de uma criança que vive sob o abrigo dos seus pais conjugais, chamando o pivô de um adultério para o exercício de paternidade adulterina e colateral, com interferência direta na família que ele invadiu por manter um *affair* com a esposa de outro, a quem engravidou, e agora quer registrar na certidão de nascimento da criança a marca da sua invasão.[57]

> Art. 1513 CC. É defeso a qualquer pessoa, de direito público ou privado, interferir na comunhão de vida instituída pela família.

A preocupação externada pelos dois autores, acima mencionados, quanto a decisões com a interferência na vida privada, traz subliminarmente à lume, as disposições contidas na Convenção Europeia dos Direitos do Homem, que estatui no rol dos direitos e liberdades, o respeito pela vida privada e familiar (art. 8°).

> 1. Qualquer pessoa tem direito ao respeito da sua vida privada e familiar, do seu domicílio e da sua correspondência.

> 2. Não pode haver ingerência da autoridade pública no exercício deste direito senão quando esta ingerência estiver prevista na lei e constituir uma providência que, numa sociedade democrática,

---

54. Disponível em http://www.stf.jus.br/portal/jurisprudencia/listarJurisprudencia.asp?s1=149.NUME.%20NAO%20S.FLSV.&base=baseSumulas
    STF. Súmula 149 - É imprescritível a ação de investigação de paternidade, mas não o é a de petição de herança. (13/12/1963).
55. ECA/90, art. 27. O reconhecimento do estado de filiação é direito personalíssimo, indisponível e imprescritível, podendo ser exercitado contra os pais ou seus herdeiros, sem qualquer restrição, observado o segredo de Justiça.
56. Disponível em: http://digitalcommons.wcl.american.edu/jgspl/vol16/iss2/4, 2008.
    McGINNIS, Sarah. You Are Not The Father: How State Paternity Laws Protect (And Fail to Protect) the Best Interests of Children. 2008, p. 333.
57. MADALENO, Rolf. *Direito de Família*, 2020, p. 520-521.

seja necessária para a segurança nacional, para a segurança pública, para o bem-estar económico do país, a defesa da ordem e a prevenção das infracções penais, a protecção da saúde ou da moral, ou a protecção dos direitos e das liberdades de terceiros. [58]

A respeito do princípio em comento, merece destaque a obra de Suzana Almeida que analisa sua aplicação jurisprudencial, juntamente com o princípio da proibição de discriminação[59] nas diversas formas de família, perante o Tribunal Europeu de Direitos Humanos.

Na incursão realizada na jurisprudência do TEDH, a autora percebeu que na aplicação do art. 8º, uma certa dilação e até mesmo um elo entre o conceito de vida privada e vida familiar a fim garantir a vitalidade desta disposição convencional e de tutelar um maior número de situações familiares. E nesse quadrante afirma:

> O Tribunal Europeu foi, portanto, dilatando a noção de "vida familiar", de modo a compreender não apenas as relações familiares *de jure*, tradicionalmente fundadas no casamento, mas também as relações familiares *de facto*, onde os seus membros convivem proximamente fora do casamento. [...]. Concedendo assim progressivamente um enquadramento jurídico às novas constelações familiares que ganham cada vez mais expressão no universo social europeu. [...]. O direito jurisprudencial de Estrasburgo é, efetivamente, um direito igualitário e não discriminatório, centrado inteiramente no melhor interesse da criança, quando a aplicação do princípio do respeito pela vida privada e familiar.[60]

---

58. Disponível em: https://www.echr.coe.int/Documents/Convention_POR.pdf. Convenção Europeia dos Direitos do Homem. 1950.

59. Disponível em: https://www.echr.coe.int/Documents/Convention_POR.pdf. Convenção Europeia dos Direitos do Homem. 1950. Art. 14. Proibição de discriminação O gozo dos direitos e liberdades reconhecidos na presente Convenção deve ser assegurado sem quaisquer distinções, tais como as fundadas no sexo, raça, cor, língua, religião, opiniões políticas ou outras, a origem nacional ou social, a pertença a uma minoria nacional, a riqueza, o nascimento ou qualquer outra situação.

60. ALMEIDA, Suzana. *O respeito pela vida (privada e) familiar na jurisprudência do Tribunal Europeu dos Direitos do Homem*: a tutela das novas famílias, 2008, p. 264-265.

Capítulo 16
DA RELAÇÃO BINÁRIA DE FILIAÇÃO À MULTIPARENTALIDADE: TRANSIÇÃO NECESSÁRIA NO BRASIL?

Conforme expusemos alhures, esta quarta e última etapa tem por fito principal, questionar se a tese da multiparentalidade implicou no efetivo avanço do direito de família brasileiro, *ou, em sentido diametralmente oposto revelou-se desnecessária e inadequada, ante a consolidação da socioafetividade e o grau de adequação do sistema jurídico brasileiro atual para enfrentamento da controvérsia.*

Resta demostrado que a arquitetura do estatuto jurídico da socioafetividade está solidamente assimilada na doutrina, jurisprudência e legislação brasileiras. O enlaçamento da socioafetividade, nos três âmbitos serve de instrumental no enfrentamento de demandas hipercomplexas, ínsitas à uma sociedade caracterizada pela multiplicidade de arranjos familiares. "No Brasil existem 71,2 milhões de famílias ou arranjos familiares," segundo dados estatísticos de 2018.[1]

O referencial teórico construído em torno da socioafetividade já contava com grande consenso doutrinário, sendo alcançado de inopino pelo caminho tortuoso e desconhecido da multiparentalidade.

Saliente-se que a socioafetividade é a referência inicial do enunciado da Tese do STF sobre a multiparentalidade, assim enunciada "a paternidade socioafetiva, declarada ou não em registro público, não impede o reconhecimento do vínculo de filiação concomitante baseado na origem biológica, com os efeitos jurídicos próprios".[2]

Repise-se que a equação paradigmática da Tese da multiparentalidade é a concomitância das parentalidades socioafetiva e biológica. Do enunciado extrai-se que as duas espécies de paternidade estão em igualdade de condições perante o ordenamento jurídico brasileiro.

Outra questão bastante diferente é a compreensão que a relação binária da filiação deixou de ser regra e sucumbiu frente à filiação múltipla. Ideia equivocada, pois a multiparentalidade, para guardar a devida correlação com a Tese há de ser aplicada restritivamente a casos semelhantes e nos limites da questão constitucional de repercussão geral, qual seja: a controvérsia gravitante em torno da prevalência ou não da paternidade socioafetiva em detrimento da paternidade biológica.

---

1. Disponível em: http://estatico.redeglobo.globo.com/2018/05/14/Fotografia rev2.pdf. FOTOGRAFIA do Brasil. dados & indicadores nacionais, 2018.
2. Disponível em: stf.jus.br. STF. RE 898060 (SC). Tema de RG 622. Tese aprovada em 22.09.2016.

Esse aspecto é importante, para demarcar o quanto a distinção entre estado de filiação e origem genética está em evidência, no cenário da multiparentalidade. Exatamente, porque a coexistência de vínculos parentais é uma medida excepcional, perante o direito de família brasileiro.

A propósito da distinção entre estado de filiação e origem genética trazemos à colação uma crítica muito tenaz quanto ao risco da multiparentalidade provocar a degenerescência do paradigma da afetividade diante da malversação dos conceitos de parentalidade e ascendência genética.

> A decisão emanada do Supremo Tribunal Federal, todavia no ímpeto de conferir concretude a princípios como o da proteção à dignidade humana e da parentalidade responsável, nivelou dois conceitos, que embora não sejam forçosamente excludentes, tampouco são equivalentes, colocando lado a lado, ombro a ombro, num mesmo posto, pai e genitor.

> O equívoco no qual laborou o aresto em questão foi conferir equivalência à parentalidade e ancestralidade genética para fins de conformação de um vínculo parental múltiplo, olvidando que uma e outra refletem facetas distintas dos direitos fundamentais tutelados, dando margem a repercussões jurídicas igualmente distintas.

> O que se nota, portanto, é que o Supremo Tribunal Federal partiu de uma premissa verdadeira para, na sequência, alcançar uma conclusão equivocada. Demonstrou esmero ao afirmar que a família contemporânea não é subserviente a qualquer modelo predefinido, também não se curvando a filiação a uma estrutura hierarquizante. Todavia, ao conferir concretude a essas máximas, cotejando-as com o caso conflituoso submetido à sua apreciação pecou ao reconhecer que o vínculo biológico (ascendente-descendente) deflagraria de *per si,* o estado de filiação. Fê-lo para reconhecer a possibilidade de "concurso" de vínculos paterno-filiais, ignorando por completo o fato de que o compartilhamento de dados genéticos não possui tal virtude, sendo incapaz de, isoladamente, timbrar como pai alguém que nunca desejou sê-lo e nunca efetivamente fora. [...]. Ao assim proceder, criou um autêntico avatar parental-um vínculo fantasmático desprovido de engajamento, avesso à vivência familiar e apartado de qualquer essência afetiva, humanista e solidária. [3]

A coexistência de parentesco já foi experenciada no passado do direito brasileiro, com o instituto da adoção simples, posteriormente suprimida, conforme se depreendia dos seguintes dispositivos do Código Civil de 1916.

> Art. 336. A adoção estabelece parentesco meramente civil entre o adotante e o adotado (art. 375).

> Art. 376. O parentesco resultante da adoção (art. 336) limita-se ao adotante e ao adotado, salvo quanto aos impedimentos matrimoniais, á cujo respeito se observará o disposto no art. 183, ns. III e V.

> Art. 378. Os direitos e deveres que resultam do parentesco natural não se extinguem pela adoção, exceto o pátrio poder, que será transferido do pai natural para o adotivo.

Em relação aos efeitos desse tipo de adoção, na perspectiva de vínculos plurais, Pontes de Miranda aditou os sucessórios:

> O adotado não deixa de ser filho de seu pai e de sua mãe; o parentesco civil não apaga o natural. O direito à sucessão do adotante, que adquire, não exclui que possa herdar do pai natural, ou da mãe natural, segundo os princípios da sucessão legítima e testamentária.[4]

---

3. AMARILLA, Silmara D. Araújo. A multiparentalidade e a ânsia por pertencimento: desafios jurídicos na recognição dos vínculos parentais plúrimos. *Revista Nacional de Direito de Família e Sucessões.* 2018, p. 46,47 e 48.

4. PONTES DE MIRANDA, Francisco Cavalcanti. *Tratado de Direito Privado*, t. IX, p. 194.

Posteriormente, a Lei 3.133/1957, que atualizou o instituto da adoção do Código Civil, contemplou o efeito na adoção, em relação aos apelidos de família.

Art. 2º No ato da adoção serão declarados quais os apelidos da família que passará a usar o adotado.

Parágrafo único. O adotado poderá formar seus apelidos conservando os dos pais de sangue; ou acrescentando os do adotante; ou, ainda, somente os do adotante, com exclusão dos apelidos dos pais de sangue.

Chamamos atenção para a permanência da experiência de vínculos simultâneos, no instituto da guarda da criança /adolescente em família substituta, prevista no ECA/90. Reputamos a manutenção desta situação de duplicidade de vínculos, dada a precariedade da medida, pois se extingue se houver a adoção posteriormente.

Art. 33. A guarda obriga a prestação de assistência material, moral e educacional à criança ou adolescente, conferindo a seu detentor o direito de opor-se a terceiros, inclusive aos pais.

§ 4º Salvo expressa e fundamentada determinação em contrário, da autoridade judiciária competente, ou quando a medida for aplicada em preparação para adoção, o deferimento da guarda de criança ou adolescente a terceiros não impede o exercício do direito de visitas pelos pais, assim como o dever de prestar alimentos, que serão objeto de regulamentação específica, a pedido do interessado ou do Ministério Público. (Incluído pela Lei 12.010, de 2009).

Apesar da experiência histórica da adoção, a duplicidade de vínculos e a situação atual da guarda em nada se assemelham à condição de multiparentalidade.

Por todo o exposto, a resposta preliminar quanto à necessidade da transição da relação binária da filiação para a multiplicidade de vínculos revela-se desnecessária no direito brasileiro.

Capítulo 17
SOLUÇÕES EXISTENTES NO DIREITO BRASILEIRO ANTE O DESCUMPRIMENTO DOS DEVERES PARENTAIS: DISPENSA DA MULTIPARENTALIDADE?

O descumprimento dos deveres parentais ocorre em duas dimensões: a primeira diz respeito ao pai que reconhece a paternidade, mas em algum momento deixa de cumpri-los. A segunda dimensão ocorre quando o pai nem reconhece a paternidade, nem cumpre os deveres parentais inerentes à paternidade. Esta segunda situação correspondente ao caso julgado pelo STF.

No Código Civil, o descumprimento dos deveres parentais está previsto nas hipóteses de suspensão ou perda do poder familiar. O questionamento é saber se estas sanções se mostram eficazes, para evitar os danos morais e/ou materiais causados ao filho? De plano respondemos negativamente e demonstramos a necessária interlocução do direito de família com diversas áreas do conhecimento, em perspectiva interdisciplinar inclusive, a fim de proporcionar respostas adequadas e, em conformidade com o melhor interesse da filiação, na solução dos problemas relacionados ao descumprimento dos deveres parentais.

O abalo na dignidade da pessoa do filho e todas as repercussões no direito da persona-lidade são indiscutíveis e a primeva e principal violação é quando o seu direito ao estado de filiação não é observado.[1]

O direito ao estado de filiação e o corresponde dever de reconhecimento da paternidade estão entre as garantias conferidas às crianças e adolescentes, superiormente afirmadas na Declaração dos Direitos da Criança, no Princípio 3 – Desde o nascimento, toda criança terá direito a um nome e a uma nacionalidade e na Convenção sobre os Direitos da Criança, máxime no art. 7.2 – "A criança deve ser registrada imediatamente após seu nascimento e, desde o momento do nascimento, terá direito a um nome, a uma nacionalidade e, na medida do possível, a conhecer seus pais e ser cuidada por eles."

A chamada da responsabilidade dos pais, tutores legais ou outras pessoas le-galmente responsáveis pela criança é uma constante e se espraia ao longo da norma convencional.

---

1. Disponível em: http://www.ibdfam.org.br/noticias/7024/Paternidade+respons%C3%A1vel%3A+mais+de+5%-2C5+milh%C3%B5es+de+crian%C3%A7as+brasileiras+n%C3%A3o+t%C3%AAm+o+nome+do+pai+na+cer-tid%C3%A3o+de+nascimento. Paternidade responsável: mais de 5,5 milhões de crianças brasileiras não têm o nome do pai na certidão de nascimento.

No ECA, com a mesma diretriz, o referido direito encontra-se expresso no artigo 27, com a seguinte redação: "O reconhecimento do estado de filiação é direito personalíssimo, indisponível e imprescritível, podendo ser exercitado contra os pais ou seus herdeiros, sem qualquer restrição, observado o segredo de Justiça."

Na Constituição Federal de 1988 encontramos a mais incisiva disposição legal acerca dos deveres jurídicos emanados da parentalidade: "Art. 229. Os pais têm o dever de assistir, criar e educar os filhos menores [...]". Quem não assume a parentalidade incide nas consequências jurídicas da violação e do inadimplemento desses deveres jurídicos, inclusive no plano da reparação dos danos sofridos pelos filhos biológicos (descumprimento do dever de reconhecimento) relativamente à falta da assistência moral e material, da criação formadora da personalidade e da educação familiar e escolar. Entretanto, para responder por tais violação e inadimplemento não há necessidade de ser investido como pai ou mãe registrais (casos de paternidade socioafetiva proveniente da posse de estado de filho, onde o estado de filiação resta consolidado, todas as consequências jurídicas incidem).

Na perspectiva do princípio constitucional da solidariedade familiar trazemos as considerações de Oliveira e Muniz. Os autores, debruçados na intricada questão dos direitos subjetivos, investigaram a viabilidade de aplicar às suas notas, aos chamados direitos pessoais de família e concluíram afirmativamente que os direitos pessoais de família são verdadeiros direitos subjetivos. Embasaram o raciocínio, a partir da noção de direitos e deveres e a interpenetração deles na relação conjugal e na relação entre pais e filhos. "As relações jurídicas pessoais condicional de acordo com o seu conteúdo direitos e deveres de características especiais."

> O pai e a mãe têm em face do filho direito e dever a contribuir, em medida ao dever, a que o filho, em seu respectivo estado de desenvolvimento possa existir como personalidade, de modo adequado a suas disposições naturais e qualidades adquiridas. [...]. O que há de peculiar, portanto, na relação jurídica familiar, é que direitos subjetivos são exercidos e deveres jurídicos são cumpridos através de uma mesma ação do titular do direito e do dever. É que o interesse de quem realiza a ação (um dos cônjuges, o pai) e o interesse da outra pessoa (o outro cônjuge, o filho) são conjuntos. É por isso que, na relação jurídica familiar, não podem ser pensados de modo separado os direitos e os deveres. [2]

No plano da codificação civil visualizamos a mesma orientação nos direitos da personalidade, em particular do direito conferido a toda pessoa ao nome, nele compreendidos o prenome e o sobrenome (art. 16), bem como no rol de deveres decorrentes do poder familiar, atribuídos conjuntamente aos pais (art. 1.634).

Nesta linha é possível assentar o elo do direito de família com o direito obrigacional nos seguintes termos: o filho é o credor (direito ao reconhecimento), na relação onde pai/mãe são devedores de prestação positiva de fazer – dever de prestar o reconhecimento da parentalidade. Se o pai ou a mãe não cumprirem voluntariamente a prestação, então abre-se para o credor (filho) a pretensão de exigir a prestação, de acordo com a regra geral do CC, art. 189. No caso, não incide o prazo prescricional, pois conforme dispositivo legal o reconhecimento do estado de filiação é imprescritível.

---

2. OLIVEIRA, José Lamartine Corrêa de e MUNIZ, Francisco José Ferreira. *Direito de família* (direito matrimonial). 1990, p. 31, 32 e 33.

CAPÍTULO 17 • SOLUÇÕES NO DIREITO BRASILEIRO ANTE O DESCUMPRIMENTO DOS DEVERES PARENTAIS **147**

Da pretensão do credor (filho) nasce para o devedor a obrigação.[3] Não cumprida a obrigação[4], o devedor ingressa no campo do inadimplemento da obrigação respondendo por perdas e danos.[5]

E no campo da responsabilidade civil é possível esta interlocução? Tradicionalmente, a regra geral da responsabilidade civil relaciona-se aos atos ilícitos (art. 186), os quais fomentam a consequente obrigação de indenizar (art. 927), com a vertente do dano patrimonial. Entre nós, por muito tempo não havia consenso quanto a possibilidade de indenização por danos morais. Conflito que foi superado com a CF/88, art. 5º, X.

Nesta toada, Diogo Campos, atendo-se à análise da responsabilidade civil afirma que o conceito tradicional de dano está intrinsecamente relacionado ao critério patrimonial, mas, chama atenção para o surgimento de inúmeras situações que importam danos não patrimoniais e reclamantes de tutela jurídica específica. Destaca como exemplo desta espécie de dano, os resultantes das ofensas aos direitos da personalidade.

O mencionado autor reconhece a dificuldade na aferição do quantum indenizatório para os danos não patrimoniais e, nestes termos se posiciona:

> A indemnização do dano não patrimonial tem de ser concebida em termos completamente diversos dos do dano patrimonial, na medida em que nada se reintegra, nada se restitui, como sucede no dano patrimonial, eliminável "in natura" ou por equivalente. Nos chamados danos não patrimoniais não haveria uma indemnização verdadeira e própria, mas, antes uma reparação, a atribuição de uma soma em dinheiro que se julga adequada para compensar. [...]. A liquidação do dano não patrimonial aparece, para muitos, como um desvio da função do dinheiro e uma degradação dos bens lesados.[6]

A responsabilidade civil ressignificou-se abandonando em grande medida a culpa, para se associar ao viés objetivo e ao intento que a vítima não restasse indene. Noutros termos, a responsabilidade civil passa a mirar à vítima e os danos por ela sofridos, quase independentemente das razões de quem os causou.

Este olhar redirecionado e o crescimento de demandas por danos não patrimoniais rendem ensanchas ao diálogo entre a responsabilidade civil e o direito de família tornando-o parte integrante da realidade doutrinária e jurisprudencial brasileiras. Sem dúvida é uma experiência bastante recente, pois até então os dois ramos apresentavam-se distanciados, principalmente pelas funções próprias de cada qual, denotando uma aparente incompatibilidade, o que a experiência prática dissipou. E o que antes era caminhos paralelos se entrecruzaram, de modo a permitir a densa recepção das ações de responsabilidade civil, na relação paterno-filial. Neste cenário exsurgem as ações de responsabilidade civil por abandono afetivo.

---

3. CC/02, art. 247. Incorre na obrigação de indenizar perdas e danos o devedor que recusar a prestação a ele só imposta, ou só por ele exequível.
4. CC/02, art. 389. Não cumprida a obrigação, responde o devedor por perdas e danos, mais juros e atualização monetária segundo índices oficiais regularmente estabelecidos, e honorários de advogado.
5. CC/02, art. 402. Salvo as exceções expressamente previstas em lei, as perdas e danos devidas ao credor abrangem, além do que ele efetivamente perdeu, o que razoavelmente deixou de lucrar.
   CC/ 02, art. 403. Ainda que a inexecução resulte de dolo do devedor, as perdas e danos só incluem os prejuízos efetivos e os lucros cessantes por efeito dela direto e imediato, sem prejuízo do disposto na lei processual.
6. CAMPOS, Diogo Leite. *Nós*. Estudos sobre os direitos da pessoa. 2004, p. 319.

O cerne destas ações consiste em comprovar o nexo de causalidade, elemento imprescindível da responsabilidade civil, entre a omissão do pai e o dano causado ao filho. O embasamento desta ação é o direito a ter um pai. Direito previsto na Convenção sobre os Direitos da Criança, no art. 7°. 1 "A criança deve ser registrada imediatamente após seu nascimento e, desde o momento do nascimento, terá direito a um nome, a uma nacionalidade e, na medida do possível, a conhecer seus pais e ser cuidada por eles".

Entendemos que os fundamentos destas ações podem ser inseridos na dimensão constitucional do dano à dignidade do filho, em particular do dano aos direitos de personalidade, ou na dimensão infraconstitucional, mediante a infração aos deveres jurídicos decorrentes do poder familiar, conjugado com a violação ao direito fundamental à convivência familiar.

Neste diapasão Celina Bodin, posicionando-se sobre dano indenizável, entende cabível nas relações decorrentes de parentalidade "oriundo de abandono, embora lhe pareça mais adequado falar de abandono moral em vez de abandono afetivo". E continua afirmando que:

> afeto ou amor são conceitos abstratos, correspondendo a uma determinação subjetiva do humano, insubordinada, que se situa, portanto, fora do campo jurídico. Existem, porém, deveres jurídicos de conteúdo moral entre os membros da família, e é para eles que o julgador deve voltar sua atenção.
>
> [...]
>
> Em caso de abandono moral ou material, são lesados os direitos implícitos na condição jurídica de filho e de menor, cujo respeito, por parte dos genitores é pressuposto para o sadio e equilibrado crescimento da criança, além de condição para sua adequada inserção na sociedade. [7]

Em trabalho anterior, a autora, sobre a mesma temática da responsabilidade civil nas relações parentais, estabelece como base desta discussão, o deslocamento da responsabilidade civil da perspectiva do causador do dano, para a vítima e os danos sofridos. Desta maneira a criança, enquanto vulnerável, todo o olhar jurídico volta-se a tutelá-la integralmente. A discussão não perpassa se o pai ama seu filho e, muito menos a lei obrigá-lo a nutrir tal sentimento, o que está no foco é o cumprimento dos deveres jurídicos decorrentes da lei.

> O viés jurídico, já garantido pelo direito de família positivo, passa pela conscientização de que a lei obriga e responsabiliza os pais no que toca aos cuidados com os filhos. A ausência desses cuidados, o abandono moral, viola a integridade psicofísica dos filhos, bem como o princípio da solidariedade familiar, valores protegidos constitucionalmente. Esse tipo de violação configura dano moral. Em caso de dano moral, determina também a Constituição, no art. 5°, X surge o dever de indenizar.[8]

Como bem argumenta Giselda Hironaka:

> O dano causado pelo abandono afetivo é, antes de tudo, um dano culposamente causado à personalidade do indivíduo. Macula o ser humano enquanto pessoa, dotada de personalidade, que, certamente,

---

7. MORAES, Maria Celina Bodin de. A parentalidade e suas diversas vertentes. *Revista IBDFAM*, 2014, p. 11-12.
8. MORAES, Maria Celina Bodin de. Deveres parentais e responsabilidade civil. *Revista Brasileira de Direito de Família*, 2005, p. 66.

CAPÍTULO 17 • SOLUÇÕES NO DIREITO BRASILEIRO ANTE O DESCUMPRIMENTO DOS DEVERES PARENTAIS **149**

existe e manifesta-se por meio do grupo familiar, responsável que é por incutir na criança o sentimento de responsabilidade social, por meio do cumprimento das prescrições, de forma a que ela possa, no futuro, assumir a sua plena capacidade de forma juridicamente aceita e socialmente aprovada. Trata-se de um direito da personalidade, portanto. [...]. O pressuposto desse dever de indenizar – além da presença insofismável do dano – é a existência efetiva de uma relação paterno-filial. [...]. Já o fundamento desse dever de indenizar, por certo, demanda uma reflexão lastreada na dignidade da pessoa humana e no correto desenvolvimento socio psicocultural dos filhos.[9]

Nesta temática registramos, da mesma autora, trabalho anterior onde enveredou fundamentadamente para o liame entre responsabilidade civil e direito de família, na perspectiva interdisciplinar subjacente à temática e mergulhou na filosofia para radicar a autoridade dos pais e a correlata responsabilidade paterno-filial. E, após o caminho percorrido, assim se posiciona:

nesta vertente da relação paterno-filial em conjugação com a responsabilidade, este viés naturalmente jurídico, mas essencialmente justo, de se buscar compensação indenizatória em face de danos que pais possam causar a seus filhos, por força de uma conduta imprópria, especialmente quando a eles é negada a convivência, o amparo afetivo, moral e psíquico, bem como a referência paterna ou materna concretas, acarretando a violação de direitos próprios da personalidade humana, magoando seus mais sublimes valores e garantias, como a honra, o nome, a dignidade, a moral, a reputação social, o que, por si só, é profundamente grave. [10]

Rodrigo da Cunha Pereira posicionando-se favoravelmente ao dano indenizável, nas relações paterno filiais, afirma:

O mal exercício do poder familiar é um dano ao direito de personalidade do filho. Abandonar e rejeitar um filho significa violar direitos. [...] A reparação pecuniária, de caráter compensatório, tem o objetivo de possibilitar ao filho uma reparação pelo dano sofrido, atenuando, em parte, as consequências da lesão.[11]

Várias demandas desta natureza foram apreciadas judicialmente, inclusive chegando às portas do STJ. Interessante registrar que no primeiro caso, ainda sob a égide do CC/16, o pleito autoral limitou-se a contextualizar o dano correlacionando-o à prática de ato ilícito decorrente da conduta omissiva perpetrada pelo pai, pela ausência de convivência afetiva, com o autor. Este caso foi julgado improcedente em primeiro grau, reformado em segunda instância e, no STJ restou assim ementado:

Responsabilidade civil. Abandono moral. Reparação. Danos morais. Impossibilidade. 1. A indenização por dano moral pressupõe a prática de ato ilícito, não rendendo ensejo à aplicabilidade da norma do art. 159 do Código Civil de 1916 o abandono afetivo, incapaz de reparação pecuniária. 2. Recurso especial conhecido e provido.[12]

---

9. Disponível em: http://www.ibdfam.org.br/artigos/289/novosite. HIRONAKA, Giselda. *Os contornos jurídicos da responsabilidade afetiva na relação entre pais e filhos* – além da obrigação legal de caráter material, 2007.
10. HIRONAKA, Giselda. Responsabilidade civil na relação paterno-filial. *Anais do III Congresso Brasileiro de Direito de Família* 2001.
11. PEREIRA, Rodrigo da Cunha. *Dicionário de direito de família e sucessões.* 2015, p. 573.
12. Disponível em: stj.jus.br. STJ – REsp: 757411 MG 2005/0085464-3, 4ª Turma, Relator: Ministro Fernando Gonçalves, Data de Publicação 27/03/2006.

A tese intentada ocasionou um rico debate, entre os ministros da turma, no sentido de identificar os elementos constitutivos do ato ilícito[13] e extrair deles, o nexo de causalidade entre o dano moral (violação à dignidade do filho) e a conduta omissiva do pai (abandono afetivo), com a consequente obrigação de reparação pelo dano causado.[14]

O ponto fulcral gravitou em dois aspectos: o primeiro, da pertinência das regras da responsabilidade civil incidirem do direito de família, vez que este continha sanções próprias e adequadas, no caso a suspensão ou perda do pátrio poder. O segundo, quanto à adequação do Estado obrigar um pai amar o filho, sob pena de responder monetariamente e, desta obrigação ensejar a tese da monetarização do afeto, como meio de instrumentalizar e estimular a vingança nas relações de família.

Se depreende da ementa supracitada, que esta foi a linha do voto condutor. Em princípio, imaginava-se que o julgado teria arrefecido a tese do abandono afetivo, mas, em 2012, a 3ª Turma do STJ se deparou com uma ação, cuja autora ingressou contra o pai, depois de ter obtido reconhecimento judicial da paternidade, por ter sofrido abandono material e afetivo durante a infância e adolescência.

Na primeira instância, o pedido foi julgado improcedente. A decisão foi reformada pelo Tribunal de Justiça de São Paulo, que fixou o valor da indenização em R$ 416 mil, com o valor atualizado a partir de 26 de novembro de 2008, data do julgamento pelo tribunal.

A Min. Relatora Nancy Andrighi, nos argumentos norteadores do voto, optou por um caminho diverso da tese do abandono afetivo e, centrou esforços em demonstrar as previsões legais e constitucionais impositivas de obrigações objetivas, independente de culpa, decorrentes da paternidade.

> Aqui não se fala ou se discute o amar e, sim, a imposição biológica e legal de cuidar. O amor estaria alheio ao campo legal, situando-se no metajurídico, filosófico, psicológico ou religioso. O cuidado é um valor jurídico apreciável e com repercussão no âmbito da responsabilidade civil, porque constitui fator essencial – e não acessório – no desenvolvimento da personalidade da criança. Nessa linha de pensamento, é possível se afirmar que tanto pela concepção, quanto pela adoção, os pais assumem obrigações jurídicas em relação à sua prole, que vão além daquelas chamadas *necessarium vitae*.
>
> Apesar das inúmeras hipóteses que poderiam justificar a ausência de pleno cuidado de um dos genitores em relação à sua prole, não pode o julgador se olvidar que deve existir um núcleo mínimo de cuidados parentais com o menor que, para além do mero cumprimento da lei, garantam aos filhos, ao menos quanto à afetividade, condições para uma adequada formação psicológica e inserção social"
>
> não existem restrições legais à aplicação das regras relativas à responsabilidade civil e o consequente dever de indenizar/compensar, no direito de família". E mais: a interpretação técnica e sistemática do Código Civil e da Constituição Federal apontam que o tema dos danos morais é tratado de forma ampla e irrestrita, regulando inclusive "os intrincados meandros das relações familiares.
>
> Em suma, "amar é faculdade, cuidar é dever".[15]

---

13. CC/16, art. 159. Aquele que, por ação ou omissão voluntária, negligência, ou imprudência, violar direito, ou causar prejuízo a outrem, fica obrigado a reparar o dano A verificação da culpa e a avaliação da responsabilidade regulam-se pelo disposto neste Código, arts. 1.521 a 1.532 e 1.542 a 1.553. (atualmente CC/02, art. 186).

14. CC/16, art. 1.518. Os bens do responsável pela ofensa ou violação do direito de outros ficam sujeitos à reparação do dano causado; e, se tiver mais de um autor a ofensa, todos responderão solidariamente pela reparação.

15. Disponível em: stj.jus.br. STJ. Recurso Especial 1.159.242 – SP (2009/0193701-9). 3ª Turma Relatora: Ministra Nancy Andrighi. 2012.

CAPÍTULO 17 • SOLUÇÕES NO DIREITO BRASILEIRO ANTE O DESCUMPRIMENTO DOS DEVERES PARENTAIS **151**

Em relação a compensação atribuída pelo TJSP, a turma entendeu o valor exacerbado e o reduziu para R$ 200.000,00.

Como se percebe, no direito brasileiro a aplicação das regras da responsabilidade civil por descumprimento dos deveres parentais atingiu um grau de estabilidade perante a doutrina e jurisprudência, de modo que a perplexidade de outrora quanto ao diálogo entre os dois ramos do direito quedou-se superada. O que nos leva a concluir que o direito brasileiro já continha soluções adequadas, restando despicienda a multiparentalidade, enquanto instrumento impositivo ao pai recalcitrante quanto ao cumprimento dos seus deveres parentais.

A título de curiosidade, o Codigo Civil y Comercial de la Nacion também contempla a interação entre a responsabilidade civil e o direito de família também é manifesta. O diálogo é materializado quando às regras da filiação ajuntam-se às da responsabilidade civil, entremeadas pela responsabilidade parental. A codificação civil argentina ao tratar da filiação estabelece como espécies às provenientes da natureza, das técnicas de reprodução humana assistida ou por adoção e, que há igualdade de efeitos entre elas. Expressamente dispõe que nenhuma pessoa pode ter vínculos filiais múltiplos, independentemente da natureza da filiação,[16] ou seja, o código civil argentino expressamente proíbe a multiparentalidade. As regras da filiação antecedem os princípios gerais da responsabilidade parental[17] e os correspondentes deveres parentais.[18] Na parte relativa à filiação, a codificação dispõe que o dano causado ao filho, por falta de reconhecimento [19] é reparável e remete ao capítulo destinado à responsabilidade civil.[20]

---

16. Codigo Civil y Comercial de La Nacion. Ley 26.994/2014.
Articulo 558 Fuentes de La filiación. Igualdad de efectos. La filiación puede tener lugar por naturaleza, mediante técnicas de reproducción humana asistida, o por adopción. La filiación por adopción plena, por naturaleza o por técnicas de reproducción humana asistida, matrimonial y extramatrimonial, surten los mismos efectos, conforme a lãs disposiciones de este Código. Ninguna persona puede tener más de dos vínculos filiales, cual quiera se a la naturaleza de la filiación.

17. Articulo 638. Responsabilidad parental. Concepto. La responsabilidad parental es el conjunto de deberes y derechos que corresponden a los progenitores sobre la persona y bienes del hijo, para suprotección, desarrollo y formación integral mientras sea menor de edad y no se haya emancipado.

18. Articulo 646. Enumeración. Son deberes de los progenitores: a) cuidar del hijo, convivir com él, prestarle alimentos y educarlo; [...]

19. Articulo 587. Reparación del daño causado. El daño causado al hijo por la falta de reconocimiento es reparable, reunidos los requisitos previstos e nel Capítulo 1 del Título V de Libro Tercero de este Código.

20. Articulo 1716. Deber de reparar. La violación deldeber de no dañar a otro, o el incumplimiento de una obligación, da lugar a la reparación del daño causado, conforme com las disposiciones de este Código.
Articulo 1737. Concepto de daño. Hay daño cuando se lesiona um derecho o uninterés no reprobado por el ordenamiento jurídico, que tenga por objeto la persona, el patrimonio, o um derecho de incidência colectiva.
Articulo 1749. Sujetos responsables. Es responsable direct o quienin cumple una obligación u ocasiona um daño injustificado por acción u omisión.

CONCLUSÃO

A multiparentalidade ingressou de modo surpreendente no direito de família brasileiro sem a formação prévia e consolidada da dogmática jurídica correspondente, gerando perplexidades quanto ao seu conteúdo, alcance e interlocução com os demais modos de filiação reconhecidos, notadamente com a parentalidade socioafetiva.

Desde o julgamento pelo STF do *leading case* estabelecendo a multiparentalidade no direito brasileiro, que resultou na Tese 622 (RE 898060, 2016), a inquietação em relação ao tema tornou-se recorrente.

O ponto central da Tese do STF está expresso no voto do Ministro Relator, nos seguintes termos:

> Ex positis, nego provimento ao Recurso Extraordinário e proponho a fixação da seguinte tese para aplicação a casos semelhantes: A paternidade socioafetiva, declarada ou não em registro público, não impede o reconhecimento do vínculo de filiação concomitante baseado na origem biológica, com todas as suas consequências patrimoniais e extrapatrimoniais.[1]

A Ementa do Acórdão do mencionado Recurso Extraordinário 898060, no mesmo sentido do voto do Ministro Relator, expressamente dispõe que a tese jurídica se aplica "a casos semelhantes". Sem referência expressa a casos semelhantes em seu enunciado, a Tese foi assim fixada:

> A paternidade socioafetiva, declarada ou não em registro público, não impede o reconhecimento do vínculo de filiação concomitante baseado na origem biológica, com os efeitos jurídicos próprios.

Nem o Acórdão nem a Tese delimitam ou especificam as configurações de casos semelhantes, o seu âmbito de aplicação e os efeitos jurídicos próprios. Nesse cenário de incertezas, transitamos para demarcar doutrinariamente os lindes desse novo instituto da parentalidade e seus pontos de convergência e distinção com a consolidada parentalidade socioafetiva, no direito brasileiro.

A investigação que procedemos das transformações da filiação no direito brasileiro permite-nos afirmar as seguintes teses conclusivas:

1. A história do direito de família brasileiro é marcada pela desigualdade entre os cônjuges e entre os filhos. O casamento era a única forma de constituição de família e com ele o homem assumia o papel de provedor e chefe, sendo-lhe conferida titularidade exclusiva do exercício do poder marital e do pátrio poder. O estatuto jurídico da filiação estruturou-se, assim, na diretriz da desigualdade da filiação. A desigualdade da filiação, com a consequente superação dos critérios determinantes de legitimidade e ilegitimidade, radicados na família matrimonializada, demandou um processo lento de

---

1. Disponível em: stf.jus.br. STF. RE 898060. Tema de Repercussão Geral 622, (22.09.2016).

conquistas de direitos e inclusão dos filhos de qualquer origem ao longo do Século XX, desembocando na Constituição Federal de 1988, que finalmente estatuiu o princípio da igualdade plena da filiação, o que veio a ser reafirmado no Código Civil de 2002 e na legislação que lhe seguiu. O reconhecimento jurídico progressivo da igualdade da filiação, de qualquer origem ou dimensão, apresenta percurso necessariamente inconcluso, ante a complexidade crescente dos projetos parentais.

2. Os princípios jurídicos constitucionais e infraconstitucionais do melhor interesse da criança e do adolescente, da paternidade responsável e da afetividade definem o sentido e alcance de qualquer filiação no direito de família brasileiro. A filiação socioafetiva é assim reconhecida em hipóteses distintas da origem biológica ou genética. A filiação biológica e a filiação socioafetiva são iguais em direitos e deveres jurídicos, sem primazia de uma sobre a outra. São três as modalidades legais de filiação socioafetiva, segundo a terminologia utilizada na legislação civil: a filiação oriunda da adoção, a filiação oriunda de inseminação artificial heteróloga e a posse de estado de filiação. Apenas em relação a esta última pode haver concorrência com a multiparentalidade.

3. O estatuto jurídico da socioafetividade revela-se devidamente consolidado no direito brasileiro para demarcar com exatidão a distinção entre estado de filiação e origem biológica ou genética. A origem biológica, ainda quando não for requisito de filiação juridicamente reconhecida, legitima o direito da personalidade ao seu conhecimento, sem efeitos de parentesco nem desconstituição do registro civil.

4. O parentesco por afinidade, que se origina da relação com os parentes do outro cônjuge ou companheiro, não autoriza, por si só, a existência de parentalidade socioafetiva ou de multiparentalidade, pois tem natureza distinta, salvo se houver sua conversão em posse de estado de filiação, entre padrasto ou madrasta e enteado, se conviverem e se tratarem estavelmente como pais e filhos. É possível, todavia, sem alteração da natureza do parentesco por afinidade e da filiação registral, haver o acréscimo do sobrenome do padrasto ou madrasta, de acordo com a lei de registros públicos, com efeito meramente simbólico e identitário.

5. Demonstrou-se que a solução da multiparentalidade era desnecessária, ante o quadro legal existente no Brasil, máxime com a consolidação da socioafetividade, para a imputação de responsabilidades e consequências jurídicas àquele que não assumiu a parentalidade, uma vez que o descumprimento dos deveres jurídicos correspondentes (assistência material e moral, educação e criação, previstos na Constituição e na legislação civil), faz incorrer o imputável na regra geral das obrigações, inclusive reparação por dano moral e material, sem necessariamente se lhe atribuir paternidade ou maternidade, em concorrência com as já existentes e constantes do registro civil. Ainda no âmbito da responsabilidade civil, cogita-se de dano à dignidade do filho e ao abandono afetivo, cujo nexo de causalidade se revela na conduta omissiva do que não assumiu os deveres de pai ou mãe, rendendo ensejo a reparação por lesão aos direitos da personalidade do filho.

6. O alcance da multiparentalidade é limitado aos casos iguais ou semelhantes ao caso paradigma, objeto do julgamento do STF. Nesse sentido, deve ter observância e aplicação restritivas. Casos iguais ou semelhantes são aqueles onde haja a coexistência de

vínculos socioafetivos e biológicos paternos, considerando-se a igualdade jurídica entre eles, e que correspondam à relação básica ocorrida no caso paradigma e às finalidades do enunciado da Tese 622 do STF. Nesse sentido, configuram hipóteses semelhantes as em que ocorram concorrência de parentalidades (não apenas paternidades) biológicas e quaisquer parentalidades socioafetivas comprovadas (ainda que não registradas ou judicialmente reconhecidas), sem a ordem do caso paradigma. Assim: paternidade(s) biológica(s) + paternidade(s) socioafetiva(s); maternidade(s) socioafetivas + maternidade(s) biológica(s); maternidade biológica(s) + maternidade(s) socioafetivas(s).

7. A aplicação da multiparentalidade, nas relações provenientes da parentalidade socioafetiva, somente é cabível, quando for o caso, nas relações socioafetivas provenientes da posse de estado de filiação. Não pode ser aplicada a multiparentalidade nas filiações provenientes da adoção e de inseminação artificial heteróloga. Nessas filiações, o vínculo biológico de origem é rompido, por força expressa de normas legais (art. 41 do ECA e art. 1.597, V, do Código Civil), que permanecem em vigor e não foram declaradas inconstitucionais ou incompatíveis com a Tese 622 pelo STF. Por outro lado, a desvinculação com a família de origem é da natureza dessas hipóteses de filiação socioafetiva: na adoção, o filho adotado integra-se exclusiva e inteiramente na nova família, e a inseminação artificial heteróloga apenas ocorre com o expresso consentimento do marido ou companheiro da mãe biológica, assumindo definitivamente a paternidade do filho havido com material genético de terceiro, por presunção legal absoluta.

8. A multiparentalidade não pode ser aplicada também nas hipóteses de concepções decorrentes de técnicas de reprodução assistida (RA), quando o material genético for recolhido de doadores anônimos, cujas ações desinteressadas não se destinam a projetos parentais daqueles, mas dos que se valerem das referidas técnicas.

9. Em qualquer das hipóteses cabíveis, a multiparentalidade depende para sua aplicação da comprovação de dois requisitos fundamentais: a realização do melhor interesse do filho biológico ou socioafetivo e o consentimento ou vontade presumida da pessoa que passa a ter pais ou mães plúrimos. Ter mais de um pai ou mais de uma mãe nem sempre significa a realização do melhor interesse da pessoa, nas suas relações existenciais, afetivas, sociais e patrimoniais. A decisão judicial há de ser especificamente fundamentada em provas e em estudos psicossociais que o demonstrem, inclusive no que concerne ao compartilhamento da autoridade parental e da convivência. Por outro lado, torna-se indispensável o consentimento do representante legal da criança ou adolescente de até dezesseis anos, ou o consentimento assistido do adolescente entre dezesseis a dezoito anos, ou o consentimento do pretenso filho maior de dezoito anos. Para a criança ou adolescente, de acordo com a Convenção Internacional sobre os Direitos da Criança – com força de lei interna – e o ECA, exige-se que sejam ouvidos sobre tal decisão que se projetará futuramente em toda sua vida. A concorrência das parentalidades biológica e socioafetiva para fins de multiparentalidade, ainda que comprovada, tem natureza de reconhecimento de filiação, o que provoca a incidência do art. 1.614 do CC, o qual faculta ao filho rejeitar tal reconhecimento após completar a maioridade, dentro do prazo decadencial de quatro anos, e determina o prévio consentimento do filho a ser reconhecido, se maior.

As normas da Convenção sobre os Direitos da Criança foram determinantes para instaurar no direito brasileiro a diretriz de que todas as crianças e adolescentes são sujeitos de direitos dotados de absoluta prioridade e titulares da proteção integral, materializadas no princípio do melhor interesse da criança e do adolescente. Princípio esse explicitado na Constituição Federal de 1988, na codificação civil, no Estatuto da Criança e do Adolescente e na Lei de Adoção. O princípio do melhor interesse da criança e do adolescente é o farol para todas as questões relacionadas à proteção da pessoa dos filhos, cujo pressuposto basilar centra-se na manutenção dos vínculos afetivos, notadamente com os pais que não vivam mais sob o mesmo teto. O princípio se explicita no direito fundamental à convivência familiar e comunitária. No caso da multiparentalidade, esse princípio passa a ter relevância exponencial, razão pela qual sustentamos sua natureza de requisito para sua aplicação. O princípio do melhor interesse, na dimensão das relações de família, relaciona-se com o direito do filho à convivência familiar, para fins de manutenção dos vínculos afetivos com os pais.

10. Tendo em vista as graves consequências que acarreta à vida pessoal e de relações do filho, que se vê inserido em mais de uma família, a multiparentalidade deve ser objeto de decisão judicial, ainda que haja consentimento de todos os envolvidos, não sendo possível mediante ato extrajudicial perante o registrador civil, refutando-se a autorização a tal procedimento por provimento ou resolução do CNJ, pois essa matéria, que redunda em atribuições, modificações ou restrições de direitos e deveres recíprocos, está contida em reserva legal.

11. Da multiparentalidade, no âmbito do direito de família, emergem os efeitos pessoais (nome, parentesco), patrimoniais (alimentos), e relacionais (compartilhamento do poder familiar, se se tratar de criança ou adolescente, modalidade da guarda – compartilhada ou exclusiva –, convivência familiar e com os parentes de cada um dos pais e ou mães). A multiplicidade de titulares no exercício dos deveres parentais apresenta evidente complexidade, principalmente para realização da solidariedade familiar. Desses múltiplos interesses, a probabilidade de emergir um conflito é forte. Portanto, o compartilhamento dos direitos e deveres paterno-filiais entre os diversos pais e ou mães, na multiparentalidade, terá de contemplar o melhor interesse do filho e não necessariamente daqueles.

12. A multiparentalidade é exceção, diferentemente da exclusiva parentalidade socioafetiva ou da exclusiva parentalidade biológica, as quais permanecem como regras de atribuição da filiação, no direito brasileiro.

13. A irreversibilidade do julgamento e a constatação que a Tese de Repercussão Geral ainda não alcançou sua finalidade principal de uniformização da matéria, ante as variadas problematizações decorrentes e sem as devidas respostas caberá a doutrina, o relevante papel de colmatar as lacunas relativas à multiparentalidade.

14. Por fim temos que a sociafetividade é o contorno necessário da multiparentalidade, que a aplicação da multiparentalidade, nas relações provenientes da parentalidade socioafetiva, somente é cabível, quando for o caso, nas relações socioafetivas provenientes da posse de estado de filiação, portanto com limite restritos aos casos iguais ou seme-

lhantes aos da Tese de Repercussão Geral e a finalidade da dupla paternidade é acabar com a necessária escolha entre uma ou a outra espécie de paternidade, mas desde que conformada aos requisitos do princípio do melhor interesse e do consentimento, o que também ratifica que a aplicação judicial da multiparentalidade nem sempre resulta na medida mais acertada.

ANEXO

CÓDIGO CIVIL DA LOUISIANA – ARTIGOS REFERENCIADOS NO TRABALHO (CAPÍTULO 15)[1]

Art. 134. Factors in determining child's best interest

A. Except as provided in Paragraph B of this Article, the court shall consider all relevant factors in determining the best interest of the child, including:

(1) The potential for the child to be abused, as defined by Children's Code Article 603, which shall be the primary consideration.

(2) The love, affection, and other emotional ties between each party and the child.

(3) The capacity and disposition of each party to give the child love, affection, and spiritual guidance and to continue the education and rearing of the child.

(4) The capacity and disposition of each party to provide the child with food, clothing, medical care, and other material needs.

(5) The length of time the child has lived in a stable, adequate environment, and the desirability of maintaining continuity of that environment.

(6) The permanence, as a family unit, of the existing or proposed custodial home or homes.

(7) The moral fitness of each party, insofar as it affects the welfare of the child.

(8) The history of substance abuse, violence, or criminal activity of any party.

(9) The mental and physical health of each party. Evidence that an abused parent suffers from the effects of past abuse by the other parent shall not be grounds for denying that parent custody.

(10) The home, school, and community history of the child.

(11) The reasonable preference of the child, if the court deems the child to be of sufficient age to express a preference.

(12) The willingness and ability of each party to facilitate and encourage a close and continuing relationship between the child and the other party, except when objectively substantial evidence of specific abusive, reckless, or illegal conduct has caused one party to have reasonable concerns for the child's safety or well-being while in the care of the other party.

(13) The distance between the respective residences of the parties.

---

1. Civil Code Louisiana. Disponível em: https://www.legis.la.gov/legis/Law.aspx?d=108693

(14) The responsibility for the care and rearing of the child previously exercised by each party.

B. In cases involving a history of committing family violence, as defined in R.S. 9:362, or domestic abuse, as defined in R.S. 46:2132, including sexual abuse, as defined in R.S. 14:403(A)(4)(b), whether or not a party has sought relief under any applicable law, the court shall determine an award of custody or visitation in accordance with R.S. 9:341 and 364. The court may only find a history of committing family violence if the court finds that one incident of family violence has resulted in serious bodily injury or the court finds more than one incident of family violence.

Art. 185. Presumption of paternity of husband

The husband of the mother is presumed to be the father of a child born during the marriage or within three hundred days from the date of the termination of the marriage.

Art. 186. Presumption if child is born after divorce or after death of husband; effect of disavowal

If a child is born within three hundred days from the day of the termination of a marriage and his mother has married again before his birth, the first husband is presumed to be the father.

If the first husband, or his successor, obtains a judgment of disavowal of paternity of the child, the second husband is presumed to be the father. The second husband, or his successor, may disavow paternity if he institutes a disavowal action within a peremptive period of one year from the day that the judgment of disavowal obtained by the first husband is final and definitive.

Art. 187. Disavowal action; proof

The husband may disavow paternity of the child by clear and convincing evidence that he is not the father. The testimony of the husband shall be corroborated by other evidence.

Art. 189. Time limit for disavowal by the husband

The action for disavowal of paternity is subject to a liberative prescription of one year. This prescription commences to run from the day of the birth of the child, or the day the husband knew or should have known that he may not be the biological father of the child, whichever occurs later.

Nevertheless, if the husband lived separate and apart from the mother continuously during the three hundred days immediately preceding the birth of the child, this prescription does not commence to run until the husband is notified in writing that a party in interest has asserted that the husband is the father of the child.

Art. 196. Formal acknowledgment; presumption

A man may, by authentic act, acknowledge a child not filiated to another man. The acknowledgment creates a presumption that the man who acknowledges the child is the father. The presumption can be invoked only on behalf of the child. Except as otherwise provided in custody, visitation, and child support cases, the acknowledgment does not create a presumption in favor of the man who acknowledges the child.

Art. 197. Child's action to establish paternity; proof; time period

A child may institute an action to prove paternity even though he is presumed to be the child of another man. If the action is instituted after the death of the alleged father, a child shall prove paternity by clear and convincing evidence.

For purposes of succession only, this action is subject to a peremptive period of one year. This peremptive period commences to run from the day of the death of the alleged father.

Art. 198. Father's action to establish paternity; time period

A man may institute an action to establish his paternity of a child at any time except as provided in this Article. The action is strictly personal.

If the child is presumed to be the child of another man, the action shall be instituted within one year from the day of the birth of the child. Nevertheless, if the mother in bad faith deceived the father of the child regarding his paternity, the action shall be instituted within one year from the day the father knew or should have known of his paternity, or within ten years from the day of the birth of the child, whichever first occurs.

In all cases, the action shall be instituted no later than one year from the day of the death of the child.

The time periods in this Article are peremptive.

REFERÊNCIAS

REFERÊNCIAS DOUTRINÁRIAS

AGUIRRE, João Ricardo Brandão. *Reflexões sobre a multiparentalidade e a repercussão geral 622 do STF.* Redes: R. Eletr. Dir. Soc., Canoas: UNILASALLE, v. 5, n. 1, maio, 2017. p. 269-291. Disponível em: https://revistas.unilasalle.edu.br/index.php/redes/article/view/3670.

ALBUQUERQUE JR. Roberto Paulino de. A filiação socioafetiva no direito brasileiro e a impossibilidade de sua desconstituição posterior. *Revista Brasileira de Direito de Família.* Porto Alegre: Síntese, IBDFAM, v.8, n. 39, dez/jan., 2007, 52-78.

ALMEIDA, Suzana. *O respeito pela vida (privada e) familiar na jurisprudência do Tribunal Europeu dos Direitos do Homem*: a tutela das novas famílias. Coimbra: Faculdade de Direito da Universidade de Coimbra, 2008.

AMARILLA, Silmara D. Araújo. A multiparentalidade e a ânsia por pertencimento: desafios jurídicos na recognição dos vínculos parentais plúrimos. *Revista Nacional de Direito de Família e Sucessões.* Porto Alegre: LexMagister, v.24, maio/jun. 2018, p.37-54.

ASSOCIAÇÃO dos Registradores de Pessoas Naturais do Estado de São Paulo (ARPEN-SP). *Decisão inédita em São Paulo reconhece multiparentalidade sem necessidade de configurar socioafetividade.* Disponível em: www.arpensp.org.br/?pG=X19leGliZV9ub3RpcY2lhcw==&in=NDA4NDY

BBC BRASIL. *Doador de sêmen é forçado a pagar pensão em Londres.* 2007. Disponível em:https://www.bbc.com/portuguese/reporterbbc/story/2007/12/071204_esperma_np.shtml.

BEVILAQUA, Clovis. *Projecto de Codigo Civil Brazileiro.* Rio de Janeiro: Livraria Francisco Alves, 1906.

CALDERÓN, Ricardo. *Reflexos da decisão do STF de acolher socioafetividade e multiparentalidade.* Disponível em: https://www.conjur.com.br/2016-set-25/processo-familiar-reflexos-decisao-stf-acolher-socioafetividade-multiparentalidade. set, 2016.

CALDERÓN, Ricardo. Parentalidades simultâneas. (matéria de capa). *Revista do Instituto Brasileiro de Direito de Família.* Belo Horizonte: IBDFAM, ed. 29, out/nov. 2016.

CÂMARA DOS DEPUTADOS. Estatuto da Reprodução Assistida. PL 4892/2012 e a ele apensados os PL 115/2015, PL 7591/2017 e PL 9403/2017. Disponível em: www.camara.leg.br/proposicoesWeb

CAMBI, Eduardo. O paradoxo da verdade biológica e socioafetiva na ação negatória de paternidade, surgido com o exame de DNA, na hipótese de "adoção à brasileira". *Revista Trimestral de Direito Civil*, a.3, v.12, out/dez, 2002.

CAMPOS, Diogo Leite. Nós. Estudos sobre os direitos da pessoa. Coimbra: Almedina, 2004.

CANDIDO, Marcos. *Por coronavírus, Justiça ordena que pai se afaste da filha após viagem.* Disponível em: https://www.uol.com.br/universa/noticias/redacao/2020/03/13/por-coronavirus-justica-ordena-que-pai-se-afaste-da-filha-apos-viagem.htm.

CANOTILHO, J.J. Gomes. *Direito constitucional e teoria da Constituição.* 3. ed. Almedina, 1998.

CASSETTARI, Christiano. *Multiparentalidade e parentalidade socioafetiva.* São Paulo: Ed. Atlas, 2014.

CASTRO, Rodrigo. *Com audiências suspensas nos fóruns, casamentos virtuais viram moda em Pernambuco*. Disponível em: https://epoca.globo.com/brasil/com-audiencias-suspensas-nos-foruns-casamentos-virtuais-viram-moda-em-pernambuco.

CASTRO Jr., Torquato da Silva. Constitucionalização do direito privado e mitologias da legislação: código civil versus constituição? In: SILVA, Artur Stamford da (Org.). *O judiciário e o discurso dos direitos humanos*. Recife: Ed. Universitária da UFPE, 2011, p. 59- 66.

CASTRO Jr., Torquato da Silva. *A pragmática das nulidades e a teoria do ato jurídico inexistente*: reflexões sobre metáforas e paradoxos da dogmática privatista. São Paulo: Noeses, 2009.

CATALAN. Marcos. Um ensaio sobre a multiparentalidade: explorando no ontem pegadas que levarão ao amanhã. *Revista da Faculdade de Direito – UFPR*. Curitiba: UFPR, n.55, 2012, p.143-163.

CATALAN. Marcos. La multiparentalidad bajo el lente de los Tribunales Brasileños: hoy, tal vez, la elección de Sofía habria sido outra. *Revista de Derecho da Universidad de Concepción*. N. 238, a. LXXXIII, jul.-dic. 2015, p. 207-226. Disponível em: http://www.revistadederecho.com/main.php.

CIVIL CODE. Disponível em: legis.la.gov/Legis/Law.aspx?d=109243.

CNJ. *Cartilha pai presente*, 2015. Disponível em: www.cnj.jus.br.

CNJ. *Novos modelos de certidões de nascimento, casamento e óbito passam a vigorar nesta sexta-feira*. 2009. Disponível em: https://www.cnj.jus.br/novos-modelos-de-certidoes-de-nascimento-casamento-e-obito-passam-a-vigorar-nesta-sexta-feira.

CODE CIVIL. (Version consolidée au 14 février 2020). Disponível em: https://www.legifrance.gouv.fr/

CODIGO CIVIL Y COMERCIAL DE LA NACION.

CONREP. *Avanços da engenharia genética, questões bioéticas e seus impactos nas relações familiares*. Constitucionalização das Relações Jurídicas Privadas (CONREP) Reunião do grupo de pesquisa. 2020. Disponível em youtube/jaC28d-1YV8.

CONVENÇÃO EUROPEIA DOS DIREITOS DO HOMEM. 1950. Disponível em: https://www.echr.coe.int/Documents/Convention_POR.pdf.

CONVENÇÃO INTERNACIONAL DOS DIREITOS DA CRIANÇA. Disponível em: https://www.unicef.org/brazil/convencao-sobre-os-direitos-da-crianca.

COULANGES, Numa Denis Fustel de. *A cidade antiga*. Trad. J. Cretella Jr. e Agnes Cretella. 2. ed. São Paulo: Ed. RT, 2011.

DECLARAÇÃO DOS DIREITOS DA CRIANÇA. Disponível em: https://www2.camara.leg.br/atividade-legislativa/comissoes/comissoes-permanentes/cdhm/comite-brasileiro-de-direitos-humanos-e-politica-externa/DeclDirCrian.html.

DECLARAÇÃO UNIVERSAL DO GENOMA HUMANO E DOS DIREITOS HUMANOS. 29a sessão da Conferência Geral da Unesco. 1997. Disponível em: http://www.ghente.org/doc_juridicos/dechumana.htm.

DIAS, Maria Berenice. *Proibição das famílias multiparentais só prejudica os filhos*. Disponível em: https://www.conjur.com.br/2016-mai-01/processo-familiar-proibicao-multiparentalidade-prejudica-filhos. maio, 2016.

FACHIN, Luiz Edson. *Da paternidade*: relação biológica e afetiva. Belo Horizonte: Del Rey, 1996.

FACHIN, Luiz Edson. *Palestra proferida durante o II Congresso Nacional de Direito Civil e Processo*, Recife-PE, ago. 2002.

FALA Brasil, *Fábrica de bebês*: barrigas de aluguel faturam mais de US$ 1 bi por ano na Índia. Disponível em: https://recordtv.r7.com/fala-brasil/videos/fabrica-de-bebes-barrigas-de-aluguel-faturam-mais-de-us-1-bi-por-ano-na-india-06102018.

FANTAPPIÉ, Marcelo. Epigenética e Memória Celular. *Revista Carbono*, n. 03, 2013, p 01- 05. Disponível em: http://revistacarbono.com/artigos/03-epigenetica-e-memoria-celular-marcelofantappie.

FILGUEIRAS, Isabel. *Quanto custa uma barriga de aluguel?* Disponível em: https://valorinveste.globo.com/objetivo/gastar-bem/noticia/2019/06/23/quanto-custa-uma-barriga-de-aluguel.ghtml.

FOTOGRAFIA do Brasil. *Dados & indicadores nacionais*, 2018. Disponível em: http://estatico.redeglobo.globo.com/2018/05/14/Fotografia_rev2.pdf.

FREITAS, Augusto Teixeira de. *Consolidação das Leis Civis*. EA fac-sim. Brasília: Senado Federal, 2003, T1. 2 V. (Coleção história do direito brasileiro. Direito civil).

FREITAS, Augusto Teixeira de. *Esboço do Código Civil*. Brasília: Ministério da Justiça, 1983.

FREITAS, Juarez. O intérprete e o poder de dar vida à constituição. In: GRAU, Eros Roberto e GUERRA FILHO, Willis Santiago (Org.). *Direito Constitucional. Estudos em homenagem a Paulo Bonavides*. São Paulo: Malheiros, 2001.

FRITZ, Karina Nunes. *Clínica de reprodução temo dever de informar a identidade do doador de sêmen*. Disponível em: https://www.migalhas.com.br/coluna/german-report/303148, maio/2019.

GAIO. *Institutas*. Trad. Alfredo di Pietro. Buenos Aires: Abeledo-Perrot, 1997.

GOMES, Orlando. *Raízes históricas e sociológicas do Código Civil brasileiro*. São Paulo: Martins Fontes, 2003.

GOMES, Orlando. *O novo direito de família*. Porto Alegre: Fabris,1984.

GONZAGA, Daniele de Faria Ribeiro. *STJ decide pela prisão domiciliar para devedores de pensão alimentícia, em razão da pandemia de covid-19*. Disponível em: https://www.migalhas.com.br/depeso/323757/stj-decide-pela-prisao-domiciliar-para-devedores-de-pensao-alimenticia-em-razao-da-pandemia-de-covid-19.

G1-SP. *Casal australiano abandona bebê com síndrome de Down na Tailândia*. Disponível em: http://g1.globo.com/mundo/noticia/2014/08/casal-australiano-abandona-bebe-com-sindrome-de-down-na-tailandia.html.

HAH, Jung Chu. Dual Paternity?:Reconsidering the Marital Presumption of Paternity in the New Era. *International Journal of Digital Content Technology and its Applications (JDCTA)* v. 7, Number 11, July 2013, p. 337- 344. Disponível em: https://www.researchgate.net/.

HIRONAKA, Giselda Maria Fernandes Novaes. *Os contornos jurídicos da responsabilidade afetiva na relação entre pais e filhos – além da obrigação legal de caráter material*, 2007. Disponível em: http://www.ibdfam.org.br/artigos/289/novosite.

HIRONAKA, Giselda. Responsabilidade civil na relação paterno-filial. *Anais do III Congresso Brasileiro de Direito de Família*. Belo Horizonte: IBDFAM, 2001.

HOUAISS, Antônio e SALLES, Vilar Mauro de. *Dicionário Houaiss da Língua Portuguesa*. Rio de Janeiro: Objetiva, 2001.

HOUZEL. Didier. As implicações da parentalidade. Ser pai, ser mãe. SOLIS-PONTON, Letícia e SILVA, Maria Cecília Pereira da (Org.) *Parentalidade*: um desafio para o terceiro milênio. Editora Casa do Psicólogo, 2004, p. 47- 51.

IBDFAM. *Decisão comentada*. Multiparentalidade: TJSC- Apelação Cível 0300233-75.2017.8.24.0068. Revista IBDFAM: Famílias e Sucessões, Belo Horizonte: IBDFAM, v. 37, jan./fev., 2020, p.126-133.

IBDFAM. *Consulado brasileiro impede que pai registre gêmeos gerados no exterior após barriga de aluguel*; Especialistas vão contra a decisão. Disponível em: www.ibdfam.org.br/noticias/6221.

IBDFAM. *Menina terá duas mães e um pai no registro de nascimento*, no Rio Grande do Sul. Disponível em: https://ibdfam.jusbrasil.com.br/noticias/169482147.

IBDFAM. *TJSP permite adoção por padrasto e multiparentalidade*. Disponível em: www.ibdfam.org.br/noticias/5838.

IBDFAM. *Multiparentalidade reconhecida, nome de pai adotivo é inserido em registro sem a exclusão do pai biológico*. Disponível em: http://www.ibdfam.org.br/noticias/7011.

IBDFAM. *Justiça de São Paulo reduz valor de pensão alimentícia por causa da pandemia do coronavírus*. http://www.ibdfam.org.br/noticias/7201.

IBDFAM. *Pandemia do coronavírus não pode ser usada para rompimento do convívio parental*. Disponível em: http://www.ibdfam.org.br/noticias/7242.

IBDFAM. *Paternidade responsável*: mais de 5,5 milhões de crianças brasileiras não têm o nome do pai na certidão de nascimento. Disponível em: http://www.ibdfam.org.br/noticias/7024.

IBGE. *Censo Demográfico 2010*. Famílias e domicílios. Resultados da amostra. Disponível em: https://www.ibge.gov.br/

IBGE. *Estatísticas do Registro Civil*. Disponível em: https://agenciadenoticias.ibge.gov.br/agencia-noticias/2012.

IBGE. PNAD – *Uma análise das condições de vida da população brasileira*. 2016. Disponível em: https://www.ibge.gov.br/.

JACOBS, Melanie B. My Two Dads: Disaggreagating Biological and Social Paternity. *Michigan State University College of Law*, n 38, 2006, p. 809- 856. Disponível em: http://digitalcommons.law.msu.edu/facpubs.

JERUSALINSKY, Alfredo. Entrevista. *Revista do Instituto Brasileiro de Direito de Família*, Ed. 29, out/nov, 2016.

JORNADAS *de Direito Civil*. Disponível em: www.cjf.jus.br.

JOSLIN, Courtney G. Uniform Parentage Act (2017): what you need to know. Uniform Parentage Act (2017): *An Overview Conference. American Bar Association* (Section of Family Law), 2018. p.1-9. Disponível em: https://www.americanbar.org/content/dam/aba/events/family_law/2018/16uniform parentage.pdf.

JURISTAS. *Justiça paulista nega inclusão de nome do pai biológico em registro de nascimento*. março/2020. Disponível em: https://juristas.com.br/2020/03/15/pai-biologico-2.

KANT, Immanuel. *Fundamentação da metafísica dos costumes*. Trad. Paulo Quintela. Lisboa: Edições 70, 1997.

KOPPER, Max Guerra. Adoção à brasileira-existência, efeitos e desconstituição. *Revista de Doutrina e Jurisprudência*, v. 58, set/dez, 1998.

KOVACH. Raquel L. *Sorry daddy* – Your time is up: rebutting the presumption of paternity in Louisiana. Loyola University New Orleans, v.56 2011. p.651-684. Disponível em: https://law.loyno.edu/sites/law.loyno.edu/files/Kovach-FI-MSP-PRINT.pdf.

LANÇA. Hugo Cunha. Pinceladas sobre a condição jurídica da mulher, quarenta anos depois do 25 de abril: uma análise de antropologia jurídica. *Revista IBDFAM: Famílias e Sucessões*. Belo Horizonte: IBDFAM, 2014, v.4 (jul./ago.).

REFERÊNCIAS 167

LEMOS, Vinicius. *Carrego seu filho por R$ 100 mil*: o mercado online da barriga de aluguel. Disponível em: https://www.bbc.com/portuguese/brasil-42573751, jan./2018.

LOBO, Fabiola Albuquerque. Os princípios constitucionais e sua aplicação nas relações jurídicas de Família. In: EHRHARDT JÚNIOR, Marcos; LOBO, Fabíola Albuquerque; ANDRADE, Gustavo (Coord.). *Direito das relações familiares contemporâneas*: estudos em homenagem a Paulo Luiz Netto Lobo. Belo Horizonte: Fórum, 2019.

LOBO, Fabíola Albuquerque. Direito à privacidade e as limitações à multiparentalidade. In: EHRHARDT JÚNIOR, Marcos; LOBO, Fabíola Albuquerque (Coord.). *Privacidade e sua compreensão no direito brasileiro*. Belo Horizonte: Fórum, 2019.

LOBO, Fabiola Albuquerque e VIDAL, Adriano Gonçalves. *Conflitos éticos e legais na maternidade de substituição*: a constitucionalidade da prática reprodutiva no Brasil. Projeto de Iniciação Científica (IC) PIBIC/UFPE/CNPQ (2020-2021). Escorço.

LOBO, Fabíola Albuquerque e BRITTO, Geni Cristina Xavier de. *Convivência familiar em tempos de pandemia e os reflexos na alienação parental*. Projeto de Iniciação Científica (IC) PIBIC/UFPE/CNPq (2020-2021). Escorço.

LOBO, Paulo. *Direito Civil* – Famílias. 10. ed. São Paulo: Saraiva Educação, 2020. v.5.

LOBO, Paulo. Direito à privacidade e sua autolimitação. In EHRHARDT JÚNIOR, Marcos; LOBO, Fabíola Albuquerque (Coord.). *Privacidade e sua compreensão no direito brasileiro*. Belo Horizonte: Fórum, 2019.

LOBO, Paulo. Quais os limites e a extensão da tese de repercussão geral do STF sobre socioafetividade e multiparentalidade? *Revista IBDFAM: Famílias e Sucessões*. Belo Horizonte: IBDFAM, v.22, jul./ago. 2017, p. 11-27.

LOBO, Paulo. Interpretação e protagonismo da doutrina juscivilista no Brasil – Escorço. *Revista Fórum de Direito Civil – RFDC*. Belo Horizonte: Fórum, ano 4 - n. 10 | setembro/dezembro – 2015, p. 347- 351.

LOBO, Paulo. Princípio da solidariedade familiar. In: PEREIRA, Rodrigo da Cunha (Coord.). *Anais do VI Congresso Brasileiro de Direito de Família*. São Paulo, 2008.

LOBO, Paulo. Paternidade socioafetiva e o retrocesso da súmula n. 301/ STJ. In: PEREIRA, Rodrigo da Cunha (Coord.). *Anais do V Congresso Brasileiro de Direito de Família*. São Paulo: IOB Thomson, 2006, p. 795-810.

LOBO, Paulo. Direito ao estado de filiação e direito à origem genética: uma distinção necessária. In: PEREIRA, Rodrigo da Cunha (Coord.). *Afeto, ética, família e o novo Código Civil*. Belo Horizonte: Del Rey, 2004.

LOBO, Paulo. *Código civil comentado*: direito de família, relações de parentesco, direito patrimonial. Álvaro Villaça Azevedo (Coord.). São Paulo: Atlas, 2003. v. XVI.

LOBO, Paulo. Direito ao estado de filiação e origem genética: uma distinção necessária. *Revista Brasileira de Direito de Família*. Porto Alegre: Síntese, n. 19, ago./set., 2003, p. 133-156.

LOBO, Paulo. Do poder familiar. In: DIAS, Maria Berenice e PEREIRA, Rodrigo da Cunha (Coord.). *Direito de família e o novo código civil*. Belo Horizonte: Del Rey, 2001.

LOBO, Paulo. Entidades familiares constitucionalizadas: para além do *numerus clausus*. *Revista Brasileira de Direito de Família*. Porto Alegre: Síntese, IBDFAM, v.1, n 1, abr./jun., 1999, p. 40- 55.

LOBO, Paulo. A repersonalização das relações de família. In: BITTAR, Carlos Alberto (Coord.). *O direito de família e a constituição de 1988*. São Paulo: Saraiva, 1989.

LUQUE. Matheus. *Nova York legaliza casamentos por facetime e outros apps de videoconferência*. Disponível em: olhardigital.com.br/coronavirus/noticia/nova-york-legaliza-casamentos-por-facetime-e-outros-apps-de-videoconferencia/99676.

MADALENO, Rolf. *Direito de Família*. 10. ed. Rio de Janeiro: Forense, 2020.

MADALENO, Rolf. Decisão Comentada. *Revista IBDFAM: Famílias e Sucessões*. Belo Horizonte: IBDFAM, v.37, jan./fev. 2020, p. 133-139.

MADALENO, Rolf. Filhos adotados em confronto com os filhos destoados do recurso extraordinário 898.060 do STF. *Revista IBDFAM*, ed. 29, out/nov, 2016.

MADALENO, Rolf. *A sacralização da presunção na investigação de paternidade*. Disponível em: www.rolfmadaleno.com.br/web/artigo/a-sacralizacao-da-presuncao-nainvestigacao-de-paternidade.

MARGALIT, Yehezkel. *Determining Legal Parentage*: between family law and contract Law. Cambridge University Press, 2019. Disponível em: https://www.cambridge.org/br/academic/subjects/law/family-law/determining-legal-parentage-between-family-law-and-contract-law?format=HB.

MARTINS, Rodrigo. *Na quarentena, a violência doméstica e a fome caminham de mãos dadas*. Disponível em: https://www.cartacapital.com.br/sociedade/na-quarentena-a-violencia-domestica-e-a-fome-caminham-de-maos-dadas (20/04/2020).

McGINNIS, Sarah. You Are Not The Father: How State Paternity Laws Protect (And Fail To Protect) the Best Interests of Children. *Journal of Gender, Social Policy & the Law*, v. 16, issue 2, 2008, pp. 311-334. Disponível em: http://digitalcommons.wcl.american.edu/jgspl/vol16/iss2/4.

MENEZES, Joyceane Bezerra de. A família e o direito de personalidade: a cláusula geral de tutela na promoção da autonomia e da vida privada. In: MENEZES, Joyceane Bezerra de e MATOS, Ana Carla Harmatiuk (Org.). *Direito das famílias por juristas brasileiras*. São Paulo: Saraiva, 2013.

MIGALHAS. *Estado de Minas Gerais. Comarca de Uberaba. 1ª Vara de Família e Sucessões*. Disponível em: https://www.migalhas.com.br/quentes/299348/homem-que-morou-desde-crianca-com-chico-xavier-nao-consegue-reconhecimento-de-paternidade. 04/2019.

MINISTÉRIO PÚBLICO FEDERAL. *Procuradoria Geral da República*. N. 159600/2016 – ASJCIV/SAJ/PGR.

MORAES, Maria Celina Bodin de. A parentalidade e suas diversas vertentes. *Revista IBDFAM*, ed. 14, set, 2014.

MORAES, Maria Celina Bodin de. Deveres parentais e responsabilidade civil. *Revista Brasileira de Direito de Família*. Porto Alegre: Síntese, IBDFAM, a. VII, n. 31, ago./set., 2005, p.39 -66.

NATIONAL CONFERENCE OF COMMISSIONERS ON UNIFORM STATE UNIFORM PARENTAGE ACT (Last Amended or Revised in 2002). p.1- 87, 2002, p.1. Disponível em: http://www.okdhs.org/okdhs%20pdf%20library/UniformParentageAct_css_10212013.pdf.

OLIVEIRA, José Lamartine Corrêa de e MUNIZ, Francisco José Ferreira. *Direito de família (direito matrimonial)*. Porto Alegre: Sergio Antonio Fabris, 1990.

OLIVEIRA, Maria Rita de Holanda Silva. Os limites jurídicos do projeto Parental no Brasil: crítica estrutural à multiparentalidade. direito civil: estudos – *Coletânea do XV Encontro dos Grupos de Pesquisa – IBDCIVIL*. São Paulo: Blucher, 2018, p. 393-418. Disponível em: https://openaccess.blucher.com.br/article-details/18-21247.

OLIVEIRA, Pedro Ivo. *Organização Mundial da Saúde declara pandemia de coronavírus*. Agência Brasil. Disponível em: https://agenciabrasil.ebc.com.br/geral/noticia/2020-03/organizacao-mundial-da-saude-declara-pandemia-de-coronavirus.

REFERÊNCIAS

OSWALD, Vivian. *Coronavírus*: após confinamento, cidade na China registra recorde em pedidos de divórcio. Disponível em: https://noticias.uol.com.br/ultimas-noticias/bbc/2020/03/24/coronavirus-confinamento-teria-causado-numero-recorde-de-divorcios-em-cidade-da-china.htm.

PAIS amigos. *Coparentalidade*. Disponível em: https://paisamigos.com/coparentalidade.

PASSOS, Edilenice; LIMA, João Alberto de Oliveira. *Memória legislativa do Código Civil*. Brasília: Senado Federal, 2012. v. 4. Disponível em: https://www2.senado.leg.br/bdsf/handle/id/242712.

PENA, Sergio Danilo. *A revolução dos testes de DNA*. www.cienciahoje.org.br/coluna/ a revolução dos testes de DNA, 2010.

PEREIRA. Caio Mário. *Reconhecimento de paternidade e seus efeitos*. Atualizadora Lúcia Maria Teixeira Ferreira. 6. ed. Rio de Janeiro: Forense, 2006.

PEREIRA, Caio Mario da Silva. *Instituições de Direito Civil- Direito de Família*. Atualizadora Tânia da Silva Pereira. 14. ed. Rio de Janeiro: Forense, 2004.

PEREIRA, Lafayette Rodrigues. *Direitos de família*. Obra fac-similar -1889. Brasília: Senado 2004.

PEREIRA, Rodrigo da Cunha. *Dicionário de direito de família e sucessões*. São Paulo: Saraiva, 2015.

PEREIRA, Rodrigo da Cunha. *Preconceito em relação à barriga de aluguel atrapalha evolução jurídica*. IBDFAM, 2016. Disponível em: http://www.ibdfam.org.br/artigos/1173.

PEREIRA, Rodrigo da Cunha. *Direito de família: uma abordagem psicanalítica*. 3. ed. Belo horizonte: Del Rey, 2003.

PEREIRA, Rodrigo da Cunha. Família, direitos humanos, psicanálise e inclusão social. *Revista Brasileira de Direito de Família*. Porto Alegre, n. 16, jan./mar. 2003, p. 08

PERLINGIERI, Pietro. *Perfis do direito civil*. Rio de Janeiro: Renovar: 1999.

PONTES DE MIRANDA, Francisco Cavalcanti. *Tratado de Direito Privado*. 4. ed. São Paulo: Ed. RT, 1974. t. IX.

PONTES DE MIRANDA, Francisco Cavalcanti. *Fontes e evolução do direito civil brasileiro*. 2. ed. Rio de Janeiro: Forense,1981.

PRIORE. Mary Del. *História do amor no Brasil*. São Paulo: Contexto, 2005.

RAUSCHENBERGER, Henry S. To kill a cuckoo bird: Louisiana's Dual Paternity Problem. Louisiana Law Review, v.77, (2017), n.4. p. 1177-1208. Disponível em: https://digitalcommons.law.lsu.edu/lalrev/vol77/iss4/11.

REINA, Eduardo. *Venda e doação ilegais de esperma crescem no Brasil e Facebook é o grande mercado*. Disponível em: www.diariodocentrodomundo.com.br, nov. 2017.

REIS, Luís Eduardo Bittencourt dos. Agosto/2010. Disponível em: www.pailegal.netreistemot.asp.

Revista Consultor Jurídico. *Adoção à brasileira gera graves consequências*. Disponível em: www.conjur.com.br/2014-fev-09/pratica-ainda-comum-adocao-brasileira-gera-graves-consequencias.

Revista Consultor Jurídico. *Cartórios não podem registrar união poliafetiva, decide CNJ*. Disponível em: www.conjur.com.br. jun./2018.

Revista do Instituto Brasileiro de Direito de Família. *Decisão*. Ed. 29, out/nov, 2016, p. 11.

RIBEIRO, Joaquim de Sousa. Constitucionalização do direito civil. *Boletim da Faculdade de Direito*, Coimbra, v. LXXIV, 1988, p. 729 a 755.

RIZZARDO, Arnaldo. Direito de Família. 8. ed. Rio de Janeiro: Forense, 2014.

RODRIGUES, Silvio. *Direito Civil - Direito de família*. 28. ed. São Paulo: Atlas, 2004, v.6.

ROMANZOTI, Natasha. *Barriga de aluguel altera o DNA do bebê*. https://hypescience.com/barriga-de-aluguel-altera-o-dna-do-bebe.

ROSPIGLIOSI, Enrique Varsi e CHAVES, Marianna. La multiparentalidad- la pluralidad de padres sustentados en el afecto y en lo biológico. *Revista de derecho y genoma humano*, n. 48, December/2018. Disponível em: https://www.researchgate.net/publication/330006295_La_multiparentalidad-_la_pluralidad_de_padres_sustentados_en_el_afecto_y_en_lo_biologico.

ROSPIGLIOSI, Enrique Varsi e CHAVES, Marianna. Paternidad socioafectiva. La evolución de las relaciones paterno-filiales del imperio del biologismo a la consagración del afecto. *Novedades jurídicas*, a. XII, n. 111, 2015, p. 24 -37.

RUSSEL Bertrand. *Casamento e moral*. Trad. Fernando Santos. São Paulo: UNESP, 2015.

SCHREIBER, Anderson & LUSTOSA, Paulo Franco. Efeitos jurídicos da Multiparentalidade. *Revista Pensar*. Fortaleza: UNIFOR, v. 21, n.3, p 847-873, set./dez., 2016.

SCHREIBER, Anderson. Multiparentalidade e seus reflexos. *Revista do Instituto Brasileiro de Direito de Família*. Belo Horizonte: IBDFAM, ed. 29, out/nov, 2016.

SIMÃO, José Fernando. A multiparentalidade está admitida e com repercussão geral. Vitória ou derrota do afeto? *Jornal Carta Forense*, 2017. Disponível em: http://www.cartaforense.com.br/conteudo/colunas/a-multiparentalidade-esta-admitida-e-com-repercussao-geral-vitoria-ou-derrota-do-afeto/17235.

SOLOMON, Andrew. *As famílias evoluíram. As línguas devem fazer o mesmo*. Trad. Bruno Mattos - 25.06.2020. Disponível em: https://www.fronteiras.com/artigos/as-familias-evoluiram-as-linguas-devem-fazer-o-mesmo.

SPAHT, Katherine Shaw. Who's Your Momma, Who Are Your Daddies? Louisiana's New Law of Filiation dies? *Louisiana Law Review*, v. 67, (2007), n.2. p. 307-386.

SERUR Advogados. *LIVE | PL 1.179/20*: Covid-19 e o regime jurídico emergencial e transitório no Direito Privado. Disponível em: https://www.youtube.com/watch?v=zMTEU373bHE.

SUPREME Court da Louisiana. (553 2d 847 (1989). *Ledora McCathen SMITH v. Playville Joseph COLE.89-C-1134)*. Disponível em: https://law.justia.com/cases/louisiana/supreme-court/1989/89-c-1134-2.html.

TEPEDINO, Gustavo e TEIXEIRA, Ana Carolina Brochado. *Fundamentos do Direito Civil*: Direito de Família. Rio de Janeiro: Forense, 2020, v. 6.

TODA *Matéria: conteúdos escolares/* Engenharia genética. 2018. Disponível em: www.todamateria.com.br/engenharia-genetica

UENO, Joji. *Barriga de aluguel*: o que é? Guia completo. Disponível em: https://clinicagera.com.br/barriga-de-aluguel.

VATICAN News. *Índia proíbe aluguel de* útero. Disponível em: https://www.vaticannews.va/pt/mundo/news/2019-08/india-alugue-utero-maternidade.html.

VEDDER, James J. e MILLER, Brittney M. *Paternity*. Presumptions-in-the-age-of-the-modern-family, 2019. Disponível em: https://www.lawmoss.com/publication-moss-barnett-advocate.

VEDDER, James J. e MILLER, Brittney M. *Presumptions-in-paternity-cases-who-is-the-father-in-the-eyes-of-the-law*. v. 40, n. 4, 2018. Disponível em: https://www.lawmoss.com/publication-moss-barnett-advocate.

VELOSO, Zeno. *Direito brasileiro da filiação e paternidade*. São Paulo: Malheiros, 1997.

VIEGAS, Cláudia Mara de Almeida Rabelo e PAMPLONA FILHO, Rodolfo. Coparentalidade: a autonomia privada dos genitores em contraponto ao melhor interesse da criança. *Revista IBDFAM: Famílias e Sucessões*. Belo Horizonte: IBDFAM, v. 36, nov./dez. - 2019. p. 09 – 43.

VILARDAGA, Vicente. *Os novos destinos para o aluguel de barrigas*. Disponível em: https://istoe.com.br/os-novos-destinos-para-o-aluguel-de-barrigas.

VILELA. João Baptista. Desbiologização da paternidade. *Revista da Faculdade de Direito da UFMG*. Belo Horizonte: UFMG, v. 27, n.21, 1979 p. 400-418.

VILELA, João Baptista. O modelo constitucional da filiação: verdade & superstições. *Revista Brasileira de Direito de Família*. a.I, n. 02, jul.-set, 1999.

WEBJORNAL *OERJ* – O Estado RJ. Coparentalidade responsável o novo conceito. Disponível em: oestadorj.com.br/coparentalidade-responsavel-o-novo-conceito.

WELTER, Belmiro Pedro Igualdade entre as filiações biológica e socioafetiva. *Revista Brasileira de Direito de Família*. a.IV, n. 14, jul./set., 2002.

REFERÊNCIAS JURISPRUDENCIAIS

STF. RE 898060 (SC). Tema de RG 622. Tese aprovada em 22.09.2016. Disponível em: stf.jus.br.

STF começa a julgar recurso sobre reconhecimento de duas uniões estáveis para rateio de pensão. Set,2019. Disponível em: http://www.stf.jus.br/portal/cms/verNoticiaDetalhe.asp?idConteudo=424625&caixaBusca=N.

STJ. AREsp 1.042.172 SP. Ministra Relatora Assusete Magalhães, Data de Publ. 11/10/2017. Disponível em: stj.jus.br.

STJ. Direito Civil. União estável. T4, ed. 50, 2015. Disponível em: https://scon.stj.jus.br/SCON/jt/toc.jsp?edicao=EDI%C7%C3O%20N.%2050:%20UNI%C3O%20EST%C1VEL.

STJ. REsp 1607056. Ministro Luís Felipe Salomão. Data da publ. 05/12/2018. Disponível em: stj.jus.br.

STJ. REsp 1.159.242 – SP (2009/0193701-9). 3ª Turma. Relatora: Ministra Nancy Andrighi. 2012. Disponível em: stj.jus.br.

STJ. Informativo de Jurisprudência do Superior Tribunal de Justiça – 0481. REsp 1.087.163-RJ, Rel. Min. Nancy Andrighi, julgado em 18/8/2011. Disponível em: stj.jus.br.

STJ. 4ª Turma – Terceiros interessados podem pedir anulação de registro civil. Disponível em: https://www.conjur.com.br/2014-set-24/terceiros-interessados-podem-pedir-anulacao-registro-civil.

STJ. 4ª Turma – reconhece ação investigatória de paternidade ajuizada por filho adotado à brasileira contra pai biológico. Disponível em http://www.editoramagister.com/noticia_24069255_STJ_Reconhece_acao_investigatoria_de_paternidade_ajuizada_por_filho_adotado_a_brasileira_contra_pai_biologico.

STJ. 3ª Turma – Reconhecimento-de-multiparentalidade-esta-condicionado-ao-interesse-da-crianca. Disponível em: http://www.stj.jus.br/sites/portalp/Paginas/Comunicacao/Noticias-antigas/2018/2018-04-25_07-11_Reconhecimento-de-multiparentalidade-esta-condicionado-ao-interesse-da-crianca.aspx.

TJDF, 20161410019827 – Rel. Des. Getúlio de Moraes Oliveira, 7ª Turma cível, pub. 24/01/2017. Disponível em: https://www.tjdft.jus.br/.

TJDFT admite nome da mãe biológica e da socioafetiva na mesma certidão de nascimento. Disponível em: https://www.tjdft.jus.br/institucional/imprensa/noticias/2016/setembro/tjdft-admite-nome-da-mae-biologica-e-da-socioafetiva-na-mesma-certidao-de-nascimento.

TJMG. AC 10.025/5 – 5ª C.Cív., Rel. Des. José Loyola – DJMG 10.03.1995. Disponível em: https://www.tjmg.jus.br/

TJMG. AC 209.426-6/00 – 3ª C.Cív., Rel. Des. Isalino Lisbôa – DJMG 05.09.2001. Disponível em: https://www.tjmg.jus.br/

TJMG. AC 000.231.621-4/00 – 2ª C.Cív., Rel. Des. Abreu Leite. Disponível em: https://www.tjmg.jus.br/

TJRS. Apelação civil – TJRS 70016410912, 8ª CC, Rel. Des. Claudir Fidélis Faccenda, julgado em 05.10.2006.

TJRS. Apelação Cível n. 70007104326, 10a CC, Rel. Des. Ana Lúcia C. Pinto Vieira, julgado em 12/08/2004.

TJRS. EI 599.277.365 – 4º G.C.Cív., Relª Desª p/o Ac. Maria Berenice Dias – DJRS 21.10.199910.21.1999.

TJSC. Agravo de Instrumento 2011.024143-5 e Apelação Civel nº 2011.027498-4. (setembro/2011).

TJSC. Embargos Infringentes 2012.038525-9. Origem: Capital – 2ª Vara (novembro/2013).

TJSC. Comarca da Capital. 2ª Vara da Família. Proc. 023. 03.060121-8.

TJSP. AC 218.764-4/5 – 3ª CDPriv. – Rel. Des. Ênio Santarelli Zuliani – J. 19.02.200202.19.2002.

TJSP. AC 218.764-4/5 – 3ª CDPriv. – Rel. Des. Ênio Santarelli Zuliani – J. 19.02.200202.19.2002.

TRF3. Apelação Cível 0007052-98.2013.4.03.6102/SP. Relator. Mairan Maia, DJ. 23/11/15. Disponível em: https://www.trf3.jus.br/.